칼뱅의 『기독교 강요』 읽기

세창명저산책_058

칼뱅의 『기독교 강요』 읽기

초판 1쇄 인쇄 2018년 7월 27일
초판 1쇄 발행 2018년 8월 3일

-

지은이 박찬호
펴낸이 이방원
기획위원 원당희
편집 홍순용·김명희·이윤석·안효희·강윤경·윤원진
디자인 손경화·박혜옥   **마케팅** 최성수

-

펴낸곳 세창미디어

출판신고 2013년 1월 4일 제312-2013-000002호

주소 03735 서울시 서대문구 경기대로 88 냉천빌딩 4층

전화 02-723-8660   팩스 02-720-4579

이메일 edit@sechangpub.co.kr   홈페이지 http://www.sechangpub.co.kr/

-

ISBN 978-89-5586-527-1 02160

이 도서의 국립중앙도서관 출판시도서목록(CIP)은 서지정보유통지원시스템 홈페이지(http://seoji.nl.go.kr)와
국가자료공동목록시스템(http://www.nl.go.kr/kolisnet)에서 이용하실 수 있습니다. CIP제어번호: CIP2018021149

세창명저산책_058

Jean CALVIN

박찬호 지음

칼뱅의 『기독교 강요』 읽기

세창미디어
MEDIA

머리말

    칼뱅의 『기독교 강요』는 이른바 개신교 종교개혁 시대인 16세기에 저술된 가장 영향력 있는 책 가운데 하나이다. 칼뱅은 독일 비텐베르크에서 종교개혁을 시작한 루터나 스위스 취리히에서 종교개혁을 시작한 츠빙글리와는 달리 종교개혁 2세대에 속하는 사람이다. 루터나 츠빙글리에 비해 칼뱅은 한 세대 후 인물인 것이다. 다시 말해 루터가 1517년 종교개혁을 시작할 때 칼뱅은 8살의 어린아이에 불과했던 것이다. 또한 칼뱅은 종교개혁이 시작된 지 20년 가까운 세월이 지난 1536년에야 비로소 역사의 전면에 등장한 사람이다. 칼뱅은 프랑스 사람이다. 그는 20대 초반의 나이에 고국에서 추방되었으며 30세 어간에 스트라스부르에 3년을 거주한 것을 제외하고는 스위스의 서쪽 접경지역인 제네바 시에서 종교개혁의 소임을 감당하였던 사람이다. 이런 태생적인 한계에도 불구하고 칼뱅의 영향력은 그의 생전에 이미 제네바와 스위스 전역을 넘어 독일과 네덜란드, 그리고 도버 해협을 건너 영국에까지 미치게 되었다. 그 이유는 여러 가지가 있겠지만 가장 중요한 것이 『기독교 강요』라는 책 때문이라고 할 수 있다.

오늘의 한국교회에는 싫든 좋든 칼뱅의 그림자가 짙게 드리워져 있다고 할 수 있다. 전 세계에서 특별히 장로교회가 다수를 이루는 몇 안 되는 지역에 해당하는 한국교회에서 칼뱅의 권위는 가히 절대적이라 할 수 있다. 우리나라 장로교회는 미국 장로교회를 통해 복음을 전수받았다. 미국 장로교회의 뿌리에 해당하는 것이 바로 스코틀랜드 장로교회요 영국의 청교도들이라고 할 수 있는데 이들의 배후에 역시 칼뱅의 권위가 있다고 보아야 할 것이다. 하지만 우리나라에서 정작 칼뱅에 대한 연구가 본격적으로 진행된 것은 비교적 최근이라고 할 수 있다. 『기독교 강요』 또한 일반 독자들이 접할 수 있는 형태로 번역된 것은 고작 30년 안팎이라고 할 수 있다. 『기독교 강요』가 기독교 고전이라고 하지만 정작 잘 읽혀지지 않는 이유는 그 내용이 방대하기 때문일 것이다. 다행히 여러 번역판들이 나오면서 이제는 관심이 있는 독자들이라면 얼마든지 접할 수 있게 되었다. 하지만 일반 독자들의 입장에서는 여전히 일상의 빠듯한 시간을 내어 읽기에는 부담스러운 분량인 것이 사실이다.

2년여 전 세창미디어로부터 『칼뱅의 《기독교 강요》 읽기』라는 책의 저술을 부탁받았을 때 필자에게 든 생각은 무엇보다 필자 자신에게 정말 좋은 기회가 되겠구나라는 것이었다. 글을 쓰고 책을 낸다는 것은 그 누구보다 저자 자신에게 가장 큰 발전의 기회가 되기 때문이다. 대학생들이 이해할 수 있는 수준으로 쉽게 그것도 각주 없이 써 달라는 부탁이었는데 칼뱅 전문가들이 보아도 문제가 없게 써야 하기에 먼저 넓고 깊게 "칼뱅"과 『기독교 강요』와 그 주변 전반에 대하여 살피게 되었고 그런 과정에서 필자는 작년에 『개신교는 가톨릭을 이길 수 있을까?: 종교개혁 500주년을 맞이하며 개신교 목사가 던지는 질문』(기독교문서선교회, 2017년)이라는 책을 저술하게 되었다. 그리고 작년 가을에는 칼뱅과 함께 개혁신학의 원조 격에 해당하는 츠빙글리가 눈에 들어와 그에 대한 논문을 두 번 정도 발표하게 되었다. 처음에는 "개혁신학에 대한 츠빙글리의 영향"이라는 제목으로, 이후에 "츠빙글리의 개혁신학: '참 종교와 거짓 종교에 대한 주해'를 중심으로"라는 제목으로 수정하여 발표한 후 최종적으로 한국복음주의조직신학회 회지인 「조직신학연구」 27호에 게재하였다. 뜻하지 않은 이런 연구성과는 『칼뱅의 《기독교 강요》 읽기』라는 책의 저술을 의뢰해 준 세창미디어 덕택이라고 생각한다. 마음 깊이 감사할 따름이다.

　집필 후 박사과정에서 함께 공부한 학우들에게 회람하게 하였더니 조직신학 입문서로 좋겠다는 반응이 돌아왔다. 그래서 살짝 염려 아닌 염려가 되는 것은 일반독자들이 보기에는 어렵지 않을까 하는 것이다. 읽어 보면 알겠지만 대부분은 칼뱅의 글을 그대로 가져왔다. 보충이 필요한 대목에 필자가 가르치는 조직신학의 내용들을 채워 넣다 보니 일반독자인 대학생이 아니라 신학을 공부하는 초년생들로 주 대상이 바뀐 것은 아닌가 염려가 된다. 칼뱅이 『기독교강요』라는 책을 통해 생각했던 것이 일반성도들을 위한 교리문답서의 형식에서 신학을 공부하는 학생들을 위한 교과서로 바뀐 것과도 유사하다는 생각이 들어 마음에 조금은 자위가 된다. 억지스러운 합리화라면 할 말은 없다. 하지만 어느 신학자의 말마따나 "모든 사람은 신학자이다." 그런 의미에서 무릇 진지한 독자는 모두 신학자요 신학도이기에 이런 필자의 기우가 기우에 불과함을 넉넉히 입증해 주리라 기대해 본다.

2018년 6월 23일

| CONTENTS |

1장
『기독교 강요』를 열며

칼뱅의 『기독교 강요』는 이른바 고전이다. 고전이라고 하는 것은 모름지기 세월의 풍상을 이겨 낸 책이라고 할 수 있다. 한 시대에 반짝한 책이 아니라 오고 오는 세대에게 읽히며 오늘에도 여전히 영감을 주는 책이 고전이라고 할 수 있다. 우리가 『기독교 강요』를 읽어야 하는 이유는 무엇일까? 기독교 정통교리를 발견하기 위해 『기독교 강요』를 읽어야 하는가? 그러기 위해서는 아마도 최신의 조직신학 책들을 읽는 것이 더 좋을 것이다. 『기독교 강요』보다 이해하기 쉬운 필체로 그리고 현대적인 토론까지 담은 책들이 우리 주변에 얼마든지 있다. 『기독교 강요』를 읽지 않고는 정통교리에 대해 알 수 없다고 주장한다면 그것은 복고적인 태도가 아닐 수 없다. 그렇게 되면 기독교는 미래보다는 과거 회고적인 종교가 되고 말 것이다. 실제로『기독교 강요』에는 온건한 형태, 그러면서도 한쪽으로 치우치지 않은 균형 잡힌 기독교 사상의 체계가 들어 있다. 하지만 우리가 오늘『기독교 강요』를 읽어야 하는 보다 중요한 이유는 우리가 서 있는 자리가 어디인지를 알기 위해서라고 할 수 있다. 우리가 서 있는 자리가 어디인지를 알 때 우리는 어디로 가야 하는지 바르게 알 수 있을 것이다. 우리가 서 있는 자리가 어디인지는 과거에 대한 반추를 통해 가능하기에 먼저 500여 년의 세월을 거슬러 올라가야 한다. 그래서 우리는『기독교 강요』를 열며 종교개혁 시대의 세 사람 루터와 츠빙글리, 그리고 칼뱅에 대해 살펴보는 것으로 시작해야 할 것이다.

루터와 츠빙글리는 종교개혁 1세대라고 할 수 있는데 이들의 신학적인 성향은 뚜렷한 대조를 이루었다.『기독교 강요』는 2세대 종교개혁자라고 할 수 있는 칼뱅의 저작인데 1536년에서 1559년까지 20년 이상의 세월에 걸쳐 쓰여진 책이다. 종교개혁 시대의 가장 중요한 저술이요 후대에 가장 큰 영향을 미친 책 중에 하나이다. 루터가 독일을 중심으로 한 루터교회의 원조가 되었다면, 츠빙글리와 칼뱅은 보다 국제적인 공조체제라고 할 수 있는 개혁교회의 원조격에 해당한다. 물론 이들 세 사람의 공통적인 영적 권위는 성경과 초대교회 교부 아우구스티누스 Auegustine, 354-430였다.

1. 마르틴 루터

지금부터 500여 년 전인 1517년은 개신교 종교개혁의 시발점이 된 해로 알려져 있다. 당시 34세의 무명의 수도사 마르틴 루터Martin Luther, 1483-1546는 신학박사였으며 1502년에 설립된 비텐베르크 대학의 신학 교수였다. 면죄부에 대한 95개조의 반박문을 1517년 10월 31일 비텐베르크 성당 문에 붙이는 것으로 자신의 종교개혁을 시작하였다는 통념과는 달리 사실 루터는 거창한 종교개혁의 계획을 가지고 그런 일을 한 것은 아니었다. 단지 면죄부의 효능에 대하여 학문적인 토론을 제안하였을 따름이다. 하지만 이 사건은 일대 격랑을 일으켰고 1518년 하이델베르크 논쟁을 통해 루터는 스콜라 신학자들의 영광의 신학에 반대하여 십자가 신학을 참된 신학으로 제시하였으며, 1519년 라이프치히 논쟁을 통해 교황의 수위권에 대하여 의문을 제기하였다. 그리고는 1520년에 이르러 루터는 종교개혁 3대 논문인 「독일 크리스천 귀족들에게 보내는 글」과 「교회의 바빌론 유수」, 그리고

「그리스도인의 자유」를 발표하였는데 「그리스도인의 자유」 발표 이후 교황청에 의해 파문을 당하게 된다. 이 논문들은 사실 95개 조항보다 더 큰 파괴력을 지녔으며 이른바 '루터 사건'이 신성로 마제국 전체의 문제로 확대된 것도 이들 문서의 신속한 확산과 관계가 있다.

칼뱅의 『기독교 강요』와 직접적인 관련이 있는 것은 루터가 1529년에 발간한 『대소교리문답』이었다. 이 교리문답서를 루터 는 1525년의 『노예의지론』과 함께 자신의 신학적 저술로 자랑스 러워했다. 루터는 이 교리문답서에서 1장부터 5장까지 각각 십 계명, 사도신경, 주기도문, 세례, 성만찬에 대해 다루고 있다. 칼 뱅은 루터의 교리문답서의 순서를 따라서 자신의 『기독교 강요』 의 초판(1536년)을 구성하였다.

루터의 동역자 필립 멜란히톤Philip Melanchton, 1497-1560은 1521년 『신학총론Loci Communes』을 발간하였다. 이 책은 1535년과 1543년 그리고 최종적으로 1559년에 개정 증보되었다. 로마서의 주도 적인 사상들을 토론하며 기독교 교리를 제시하고 있는 이 책은 개신교 최초의 조직신학 책이라는 영예를 가지고 있다. 특별히 이 책의 1판과 2판은 칼뱅이 『기독교 강요』 2판(1539년)을 집필하 는 데 영향을 미친 것으로 알려져 있다.

개신교protestantism라는 말의 기원에 대해 당시 신성로마제국의 황제였던 칼 5세Karl V, 1500-1558; 재위 1519-1556에 의해 1521년 4월 소집된 보름스 의회Diet of Worms와 1529년 3월에 열린 제2차 슈파이어 의회Diet of Speyer가 언급되곤 한다. 보름스 의회에서 자신의 의견을 철회할 것을 종용받지만 거부한 루터는 위험한 이단이며 신성로마제국의 안전을 위협하는 인물임을 선언하는 칙령이 반포되었으며 루터는 법의 보호를 받지 못하는 사람으로 선언되었다. 하지만 그럼에도 1521년의 보름스 의회 칙령은 단지 합스부르크 왕가가 지배하는 영지들 안에서만 실행되었을 뿐 그 밖의 다른 영지들에서는 다소 어물쩍한 상태로 넘어가고 있었는데 그 이유는 보름스 의회를 주도하였던 칼 5세가 보름스 의회 직후 프랑스왕 프랑수아 1세Francis I, 1494-1547; 재위 1515-1547와 전쟁에 돌입하였기 때문이었다. 1526년 제1차 슈파이어 의회Diet of Speyer에서 결정적인 변수가 된 것은 교황의 주도로 결성된 반反 합스부르크 동맹이었다. 교황은 정치적인 이유로 종교개혁을 적극적으로 저지할 형편이 못 되었고, 따라서 1차 슈파이어 의회는 보름스 칙령의 실행을 유보하고 현 상태를 인정하는 것으로 합의하였다. 보름스 의회 이후 거의 8년의 시간이 지난 2차 슈파이어 의회(1529년 3월)에서 비로소 보름스 칙령의 실행을 강력하게 요구하는 결의안이 힘으로 통과되었다.

하지만 제국 의회의 이런 결정은 결국 아무것도 바꾸지 못하는 무력한 것임이 드러나고 말았다. 이러한 결정에 격분한 6명의 독일 제후들과 14명의 자치 도시 대표자들이 종교의 자유를 철저히 박탈하는 이 뜻밖의 조치에 맞서 공식 항거 대열에 합류했고 그들과 그들이 대표하는 운동에 '항의자들'이라는 뜻을 가진 라틴어 '프로테스탄테스protestantes'가 붙여졌다.[1] 개신교도들이라는 말이 새로이 생겨나게 된 순간이다. 비록 개신교 종교개혁의 기원은 독일의 종교 상황에 있었지만 이 운동은 그와 관련된 개혁 운동들에 급속히 응용되었다. 대표적으로는 스위스의 홀드리히 츠빙글리Huldrych Zwingli, 1484-1531와 관련된 운동, '재세례파 운동'이라 불렸던 보다 과격한 개혁운동들, 그리고 장 칼뱅John Calvin, 1509-1564과 관련된 제네바 시의 개혁 운동이 그것이다. 여기에 우리는 영국 성공회를 추가할 수 있을 것이다. 일반적으로 영국 성공회는 외형적인 형식에서는 가톨릭을, 교리석인 면에서는 개혁신학을 신종하는 것으로 알려져 있다.

2. 훌드리히 츠빙글리

가톨릭교회에 대항한 독일에서의 루터의 항거는 당시 기독교 계를 양분하며 서로를 향한 도전과 응전이 계속되었다. 하지만 가톨릭에 대한 종교개혁은 비텐베르크가 유일한 것은 아니었 다. 1519년 1월 1일 츠빙글리는 스위스 취리히 대성당에서 '민중 의 사제people's priest'로 취임함으로써 자신의 35번째 생일을 축하 하였다. 츠빙글리는 스위스 종교개혁을 논하는 데 없어서는 안 될 중요한 역할을 했다. 츠빙글리는 옛 스콜라주의 사상이 인문 주의 사상으로 대체되어 가고 있던 시기에 빈 대학교에서 공부 하였으며 스위스 동부의 인문주의자 그룹들과 유대를 맺었다.

츠빙글리를 사로잡은 것은 완전히 새로운 모습으로 태어 나 사도使徒 시대의 소박함과 생명력을 회복한 '거듭난 기독교 Christianismus renascens'라는 인문주의적 이상이었다. 츠빙글리의 개 혁 비전은 1510년대 중반에 아인지델른Einsiedeln의 베네딕트 수 도원에서 '민중의 사제'로 있을 동안 전개되기 시작했다. 츠빙글 리도 루터와 마찬가지로 성경을 자신의 개혁 프로그램의 중심으 로 여겼다.

흥미로운 것은 츠빙글리의 개혁 프로그램이 "오직 믿음으로

의롭다 함을 얻는다"는 루터의 핵심 교리를 전혀 언급하지 않았
다는 것이다. 개혁을 도덕적 차원에서 이해하는 츠빙글리와 하
나님의 은혜를 강조하는 루터 사이에 엄연한 긴장관계가 존재하
였던 것이다. 그런 면에서 츠빙글리의 개혁에 대한 생각은 희랍
및 로마의 고전들과 신약성경을 가르쳐 제도와 도덕 개혁을 이
루려고 했던 에라스무스Erasmus, 1466-1536의 이상에 훨씬 더 가까
웠다. 1520년대 스트라스부르에서 개혁운동을 이끌고 있던 마
르틴 부서Martin Bucer, 1491-1551도 성경으로 돌아가자는 루터의 입
장을 기꺼이 따랐지만 루터의 이신칭의보다는 제도의 소박함과
도덕 갱신에 관심을 기울였던 에라스무스로부터 더 큰 영향을
받았다. 츠빙글리가 1525년 9월에 쓴『참 종교와 거짓종교에 관
한 주해』는 "개혁주의 신앙에 대한 최초의 체계적 해설"로 알려
져 있다. 츠빙글리는 이 책을 10여 년 후 칼뱅이『기독교강요』를
헌정하게 될 프랑스왕 프랑수아 1세에게 헌정했는데 이 책이 소
르본대학의 신학자들에 의해 검토되기를 기대하였기 때문이다.
이 책에서 츠빙글리는 교황을 죄에 굴복한 인간으로서 적그리
스도라고 비판하였으며 루터처럼 세속정부가 로마교회를 바로
잡아야 한다고 생각했다. 츠빙글리의 개혁은 루터와는 달리 에
라스무스의 인문주의적 이상을 그 목표로 하였다. 하지만 점차

적으로 츠빙글리는 자신에게 인문주의적인 영향을 끼쳤던 에라스무스를 교회의 위계구조의 권력을 과감하게 끊지 못한 낙오한 선각자로 보게 되었으며, 인간은 오직 그리스도의 의에 의해 의롭다 여김을 받는 것임을 주장하는 칭의론에서, 츠빙글리는 루터와 마찬가지로 에라스무스적인 자유의지 옹호를 단호하게 거부하였다.

루터와 츠빙글리는 성찬에 대한 견해에서 첨예하게 대립하였다. 헤센 공 필립Philip I of Hessen, 1504-1567은 마르부르크 회담Marburg Colloquy, 1529년에서 루터와 츠빙글리의 화해를 시도하였지만 회담은 결렬되었다. 보통 루터의 견해는 공재설로, 츠빙글리의 견해는 상징설 또는 기념설로 알려져 있다. 칼뱅은 처음에 성찬에 대한 츠빙글리의 견해를 싫어하였다고 알려져 있지만 나중에 취리히에서의 츠빙글리의 후계자인 하인리히 불링거Heinrich Bullinger, 1504-1575와 취리히 합의Consensus Tigurinus, 1546년에 이르게 되었고, 『기독교 강요』에서 칼뱅은 주로 가톨릭의 화체설과 루터파의 공재설을 비판하고 있다. 그래서 해석하는 것에 따라서는 칼뱅의 영적 임재설을 츠빙글리가 예견했다고 보기도 한다. 츠빙글리와 칼뱅은 루터파의 그리스도의 육체적 임재를 반대하는 면에서는 동일한 입장이었다.

3. 장 칼뱅

칼뱅은 루터보다 26살이 어리다. 보통 하는 말로는 한 세대 정도가 어린 셈이라고 할 수 있다. 그래서 칼뱅은 루터와 츠빙글리와는 달리 종교개혁 2세대라고 할 수 있다. 칼뱅이 등장할 즈음 1530년대의 종교개혁의 상황은 루터의 독일 종교개혁과 츠빙글리의 스위스 취리히 종교개혁으로 양분되어 있는 상태였다.

칼뱅의 생애에 대해 많은 것이 알려져 있지는 않다. 특별히 제네바에서의 사역 이전에 대한 것은 거의 알려져 있지 않다. 칼뱅은 프랑스 북부도시 노용Noyon에서 출생하였으며 오를레앙대학에서 법학을 공부한 법학도였다. 칼뱅의 첫 저술은『세네카의 관용론 주석』(1532년)이었는데 인문주의의 영향을 엿볼 수 있는 책이다. 1533년 칼뱅의 친구인 니콜라 콥Nicolas Cop, c. 1501-1540은 "마음이 가난한 사람은 복이 있나니 천국이 저희의 것임이요"(마 5:3)를 본문으로 한 파리 대학교 학장 취임 설교에서 개혁을 역설했다. 이 설교의 사본은 칼뱅의 친필 기록 속에 남아 있다. 그래서 많은 사람들이 칼뱅을 이 설교의 진정한 저자로 지목하고 있다. 그렇지 않다면 적어도 그 연설문을 초안하는 데 칼뱅이 참여했을 것으로 추정하고 있다. 어쨌거나 칼뱅은 콥과 함께 체포를 피해 파리를 떠나야 했다. 1534년 10월, 파리 곳곳에 '무시무시하고 엄청나며 참을 수 없는 교황의 미사 남용에 관한 진실'이라는 제목이 붙은 반가톨릭 벽보들이 나붙었다. 이 일을 계기로 프랑수아 1세는 개신교도들을 향한 심한 박해를 시작하였다. 더욱이 재세례파의 뮌스터 점령(1534년)을 목격하면서 프랑수아 1세는 교회 개혁에 관심을 가진 사람이라면 누구든 치안을 위협할 수 있는 인물로 간주하게 되었다. 칼뱅은 스트라스부르를 거쳐 결국 개신교의 보루가 된 스위스 바젤로 가 몸을 숨겼다.

'칼뱅이 최종적으로 종교개혁 사상을 인식하게 된 때가 정확하게 언제인가?'라는 질문에 대해서는 여전히 논쟁 중이다. 1527년 이미 칼뱅은 루터나 부서의 저술을 알고 있었다고 한다. 칼뱅은 1528년 스트라스부르를 방문하였는데 그것도 그의 종교개혁적인 회심에 영향을 끼쳤다고 볼 수 있다. 칼뱅 자신의 증언에 따르면 칼뱅의 종교개혁적인 전향은 소위 '갑작스런 회심'으로 이루어졌다. 칼뱅의 회심은 내적인 갈등과 투쟁이 있던 1533년 8월에서 1534년 5월 사이에 일어난 것으로 볼 수 있다. 이 시점에 칼뱅은 12살부터 받기 시작하였던 자신의 성직록을 포기하였다.

바젤에 은신하는 동안 시간을 갖게 된 칼뱅은 자신이 지지하던 개혁파의 관점에서 바라본 기독교 신앙의 기본 요소들을 제시한 작은 책을 저술했다. 그는 이 책에 십계명과 사도신경, 그리고 주기도문에 관한 자신의 견해와 함께 프랑수아 1세에게 바치는 서문을 기록해 놓았다. 그는 이 서문에서 온건한 복음적 형태의 기독교에 관용을 베풀어 줄 것과 이 기독교를 과격하고 폭력적인 재세례파와 구별하여 봐 줄 것을 호소했다. 이리하여 1536년 5월에 첫 출간된『기독교 강요』는 결국 16세기에 나온 가장 영향력 있는 출판물 가운데 하나가 되었다. 그것은 이 책이 기독교 개혁파의 기본요소들을 명료하고 체계적이며 설득력 있게 설명하고 있기 때문이다. 사람들은 대체로 칼뱅이『기독교 강요』를 쓸 때 그 구성형식에서 1529년에 나온 루터의『대소교리문답』을 따르고 있으며 루터가 1520년에 발간한 논문인「그리스도인의 자유」및「교회의 바빌론 유수」를 인용했다는 점에 동의하고 있다.

1536년 여름 칼뱅은 하룻밤만 머물 작정으로 제네바에 잠시 들르게 된다. 칼뱅을 알아본 기욤 파렐Guillaume Farel, 1489-1565은 제네바에 소개된 개혁조치들을 공고히 다지는 일에 칼뱅의 도움을 요청하게 되었고 내키지는 않았지만 칼뱅은 제네바에 머물기로 했다. 칼뱅은 제네바에서 처음 성경 '교사' 또는 '독사讀師, lector' 직을 맡았다. 하지만 칼뱅은 어떤 의미의 '서품이나 안수'는 받지 않았다. 물론 제네바에 온 그 이듬해 칼뱅은 제네바 목사회에 허입되었다.

당시 제네바에서는 피에르 비레Pierre Viret, 1511-1571가 파렐과 함께 동역하고 있었는데 1536년 9월에 로잔 시는 제네바 시를 따라 종교개혁 원리들을 수용할 것인지에 대해 토론회를 열게 되었다. 파렐과 비레는 당시 의사 결정 과정에서 필수 요소였던 공개 토론에 참석하고자 로잔으로 갔고 이때 그들은 칼뱅도 데려갔다. 로잔 지역의 성직자들과 비레와 파렐의 토론은 파렐과 비레에게 불리하게 전개되었다. 가장 핵심적인 질문 가운데 하나는 제네바에서 실시한 개혁 프로그램의 핵심을 건드리는 동시에 재세례파의 망령을 떠올리게 만들었다. "비레와 파렐은 사람들이 초기 교회 저술가들의 견해를 진지하게 고려하지 않고 성경을 마음 내키는 대로 해석하도록 허용하지 않았는가?"라는 질문이 바로 그것이었다. 만일 제네바의 개혁이 재세례파와 같은 급진파와 연관이 있는 것으로 결론이 난다면 제네바 개혁의 신뢰성에 결정타를 입히게 될 상황이었다. 이때 칼뱅이 일어나 답변했다. 칼뱅은 자신이 외우고 있던 초기 기독교 저술가들을 분명하게 인용하면서, 자신과 자신의 동료들은 이 저술가들을 아주 진지하게 받아들일 뿐만 아니라 중요한 권위자로 간주한다는 점을 강조했다. 청중들은 칼뱅의 명석한 설명에 압도당했다. 칼뱅이 자리에 앉을 때쯤에는 모든 사람들이 두 가지를 분명히 알게 되었다. "첫째는 제네바 종교개혁이 교회의 갱신이자 연속이라는 것이요, 둘째는 개신교라는 하늘에 새 별이 등장했다는 것이었다."[2]

이후 비레는 피에르 카롤리Pierre Caroli, 1480-1550와 함께 로잔에서의 개혁 운동을 이어 갔고 칼뱅과 파렐은 제네바에서의 개혁을 이어 가게 되었다. 하지만 잘 알려진 대로 제네바에서 칼뱅의 사역은 순탄하지 않았다. 얼마 전에 사보이공국이라는 정치권력과 교황이라는 종교권력을 몰아냈던 제네바 시는 반드시 예배에 참석하여 다소 긴 설교를 들어야 할 의무를 받아들이기를 거부하였고 1538년 4월 파렐과 칼뱅은 제네바에서 추방당했다. 3년여의 스트라스부르 체재 기간 동안 칼뱅은 『기독교 강요』 초판을 개정하고 확장한 『기독교 강요』 2판을 펴냈고(1539년), 이어서 『기독교 강요』의 초판을 불어로 번역하였다(1541년). 이 기간 칼뱅은 스트라스부르의 유력한 개혁자 마르틴 부서와 교분을 나누었다. 이윽고 1541년 가을, 칼뱅은 제네바로부터 돌아와 달라는 요청을 받아들여 돌아왔고 죽을 때까지 제네바 개혁의 임무를 수행하였다.

칼뱅의 제네바 귀환 이후의 사역은 비교적 평탄하였다. 하지만 갈등과 반대가 아주 없었던 것은 아니었다. 특히 세르베투스 사건과 관련해 심각한 갈등이 있었지만, 사실 칼뱅은 유명한 재세례파인 미카엘 세르베투스Michael Servetus, 1509/1511~1553를 정죄하고 처형한 이 사건에서 비교적 작은 역할을 했을 뿐이었다. 그런 면에서 칼뱅이 제네바에서 신정정치의 이상을 구현하려 했다는 말은 더 이상 받아들여지지 않고 있다. 하지만 그럼에도 이 사건은 종종 칼뱅을 살인마에 가까운 잔인한 사람으로 묘사하는 데 빌미를 제공하였다. 이 세르베투스 사건에 대해 많은 사람들은 당시 정황에 비추어 판단해야만 한다고 주장하고 있다. 물론 칼뱅이 잘한 행동이었다고 말하는 것은 억지가 될 수 있겠지만 그 행동 하나로 모든 것을 매도해 버리려는 것 또한 경계해야 한다. 종교개혁 시대는 공공질서를 유지할 목적으로 인간의 생명을 범상하게 빼앗던 시대였다. 또한 칼뱅은 시 당국의 위촉을 받아 종교문제를 담당하던 사람이었지 제네바 시의 통치자가 아니었다는 점을 기억해야만 한다.

4. 『기독교 강요』

우리는 지금 『기독교 강요』를 조직신학 책으로 알고 접근하지만 이 책을 저술할 당시 칼뱅이 가지고 있던 생각은 조금은 달랐다. 『기독교 강요』의 초판부터 최종판까지 책 앞머리에 한결같이 붙어 있는 프랑스왕 프랑수아 1세에게 쓴 "헌사"에서 칼뱅은 자신의 책의 목적을 다음과 같이 밝히고 있다.

저의 목적은 단지 어떤 기초적인 사실들을 전달함으로 그것에 의해 종교에 열심을 가진 사람들이 참된 경건에 도달하게 하는 것이었습니다. 그리고 저는 특별히 우리 프랑스 사람들을 위하여 이 일에 착수하였는데 그들 중 상당수는 제가 보기에 그리스도에 굶주리고 목마른 사람들이었습니다. 그리스도에 대해 약간의 지식이라도 가지고 있는 자는 극소수에 불과했던 것입니다.

말하자면 기독교 신앙에 대한 "단순하고도 초보적인 가르침"을 제시하는 것이 처음 칼뱅의 저술 목적이었다. 그래서 칼뱅은 루터의 대소교리문답의 순서를 따라 율법과 믿음, 그리고 기도, 성례에 대한 것을 다룬 후 가톨릭의 거짓 성례를 비판하고 마지막 6장에서 그리스도인의 자유와 교회의 권세, 그리고 세속 정부에 대하여 다루고 있다. 하지만『기독교 강요』는 판을 거듭하면서 그 구조와 저술목적이 달라지기 시작하였다.

1521년과 1536년에 나온 루터의 동역자 멜란히톤의『신학총론』의 영향을 받아 1539년 2판에서 칼뱅은『기독교 강요』의 구조를 바꾸게 되는데 처음의 교리문답 순서는 사라지고 일반적으로 사도신경의 순서를 따라 총 4권으로 구성된 최종판의 완성을 보게 된다. 물론 사도신경의 순서와『기독교 강요』의 순서가 완벽하게 일치하는 것은 아니다. 예컨대 종말론이 III권 구원론 뒷부분에 붙어 있는 것만 보아도 알 수 있다. 아울러 저술목적도 변화되었는데『기독교 강요』최종판의 "독자에게 드리는 글"에서 칼뱅은『기독교 강요』의 저술 목적을 다음과 같이 말하고 있다. "본서에서 내가 목적한 것은 신학을 공부하는 사람들로 하여금 하나님의 말씀을 읽을 수 있도록 준비시키고 가르쳐서 그들이 하나님의 말씀에 쉽게 접근하며 아무 장애 없이 그 말씀 안에서 생生의 걸음을 걸어 나갈 수 있게 하려는 것이다." 말하자면 신학을 공부하는 사람들을 위한 일종의 교과서로 읽혀지기를 원한 것이 칼뱅의 저술 목적이었음을 알 수 있다.

칼뱅이『기독교 강요』를 처음 출간하였을 때 나이는 27세였다. 하지만 칼뱅은 자신의 거의 전 생애에 걸쳐 『기독교 강요』를 증보하였다. 처음 칼뱅이 의도했던 것은 일종의 교리문답서였다면 1559년 50세에 완성한 최종판에 이르러서는 교리문답서의 형태는 알아보지 못할 정도가 되었는데 처음 6장으로 구성되어 있던 것이 열 배 이상인 80장으로 늘어났고 각각 18장과 17장, 그리고 25장, 20장으로 구성된 네 권으로 엮어졌다.

우리는 칼뱅에게서 루터와 멜란히톤의 뚜렷한 영향을 보게 된다. 칼뱅은 루터가 예외적으로 사도라고 생각할 정도로 그를 존경하였다. 칼뱅은 멜란히톤이 작성한 아우크스부르크 신앙고백 Augsburg Confession(1539년)에 시명하기를 조금도 주저하지 않은 것으로 보아 그의 사상에 적극 찬성하였다고 볼 수 있다. 하지만 칼뱅이 루터와 멜란히톤에게 모든 면에서 동의한 것은 아니었다. 루터의 영향을 칼뱅은 항상 의식하고 있었음에도 루터의 사상을 아무 비판 없이 받아들인 것은 아니었다. 시간이 지날수록 루터와 칼뱅의 차이점은 더욱 심해져서 성경의 정경성 문제, 예정, 교회, 그리스도, 성례관 등에서 현저한 불일치점을 보여 주었다. 칼뱅은 멜란히톤과의 관계에서도 가장 중요한 두 가지 교리에서 그와 결별해야 할 심각한 차이점을 드러내었는데, 그것은 자유의지와 예정 교리였다.

루터와 멜란히톤 이외에 칼뱅에게 영향을 미친 개혁자로는 스트라스부르의 개혁자 마르틴 부서를 들 수 있다. 특별히 칼뱅의 구원관과 예정의 교리는 부서의 사상의 중심을 이루는 문제들이었는데, 사실상 종교개혁의 전 시기는 선택 교리를 매우 소중히 여긴 시기였다. 부서는 또한 칼뱅과는 달리 교회의 표지로 말씀과 성례에 권징을 추가할 것을 주장하였는데 이것은 후대의 개혁신학에서 채택되었다.

그러면 칼뱅은 츠빙글리에게서 어떤 영향을 받았는가? 칼뱅은 츠빙글리가 복음의 전파와 엄격한 지역적인 애국심으로 작용된 선입관을 혼동하고 있었던 것을 이해할 수 없었다. 더욱이 칼뱅은 츠빙글리의 성례관이 잘못되어 있으며 츠빙글리가 지나치게 철학자들에게 오염되어 있으며 지나치게 역설을 좋아한다고 생각하였다. 그래서 칼뱅은 츠빙글리를 제대로 읽지 않은 것으로 보인다. 츠빙글리와 칼뱅을 함께 읽어 보면 여러 차이점에도 불구하고 공통적인 면을 많이 발견하게 된다.

츠빙글리의 『참된 종교와 거짓 종교에 대한 주해』의 해설을 쓴 안드레아스 베리거Andreas Beriger와 사무엘 루츠Samuel Lutz에 의하면 『기독교 강요』의 첫 번째 문장은 하나님 인식과 인간의 인식에서 곧바로 츠빙글리와 연결된다. 물론 나중에 다음 세대 개혁

교회의 교과서가 된 것은 취리히 개혁자인 츠빙글리의『참된 종교와 거짓 종교에 대한 주해』가 아니라 칼뱅의『기독교 강요』였다. 그렇지만 츠빙글리는 "개혁교회의 신앙 가르침들의 긴 연속성의 출발을 이루었고 이로써 조직신학에 방향을 제시하였다"라고 이들 해설자들은 주장하고 있다.[3]

츠빙글리가 개혁신학이라고 하는 신앙적인 가르침의 출발을 이루었다면 이렇게 시작된 개혁신학에 칼뱅은 합류한 사람이었다. 즉 칼뱅은 자신이 생각했던 것보다 훨씬 더 개혁신학자 츠빙글리와 뜻을 같이하는 사람이었던 것이다.[4] 물론 칼뱅은 단지 츠빙글리주의에 합류한 사람이 아니라 칼뱅주의로 그것을 대체하였고 개혁신학의 주된 흐름을 형성하게 되었다고 할 수 있다. 사실 개혁신학은 칼뱅 개인이 구축한 신학의 체계라기보다는 여러 국적의 다양한 사람들이 그 형성에 협력하고 조력한 기독교 사상이다. 이 부분을 사람들은 루터주의와 비견해서 설명하곤 한다. 루터교회가 추종하는 루터신학은 루터 한 사람이 결정적으로 형성한 신학이라면 개혁신학은 그렇지 않다. 루터신학을 신종하는 교회를 루터교회라고 하지만 칼뱅신학을 추종하는 교회를 칼뱅교회라고 부르지는 않는다. 때로 개혁교회라 하고 때로 장로교회라 하고 어떤 경우에는 회중교회라 한다. 칼뱅주의 또는 칼뱅신학은 그런 의미에서 개혁신학의 한 흐름이라고 할 수 있다. 다만 그 어떤 개혁신학자보다 칼뱅의 영향이 지대하였기에 때로 개혁신학을 칼뱅주의라 부르기도 하지만 엄격한 의미에서는 칼뱅주의가 개혁신학 전체를 대변한다고 볼 수는 없다. 그리고 처음 칼뱅주의라는 말이 형성되어 일반화되는 과정에서 개혁신학을 일종의 조롱조로 부르기 위한 이름이 칼뱅주의였음을 기억할 필요가 있다. 독일의 루터파 신학자들은 당시 독일 국민들의 애국심에 호소하기 위해 의도적으로 프랑스 사람 칼뱅을 추종하는 사람들이라는 의미에서 칼뱅주의 개혁신학을 자신들의 루터주의와 대조시켰다. 이런 과정에서 루터주의는 일정 부분 성공을 거두었지만 역설적으로 자신들을 독일이라는 울타리 안에 가두어 버리고 말았다. 반면에 칼뱅주의로 대변되는 개혁신학은 프랑스와 네덜란드, 그리고 잉글랜드를 넘어 스코틀랜드와 아일랜드 등으로 확산되어 나갔다. 그 가운데 결정적인 역할을 한 것이 바로 칼뱅의 『기독교 강요』라고 할 수 있다. 따라서 칼뱅의 『기독교 강요』는 "개신교 개혁파를 지리적·문화적 속박으로부터 해방"시킨 책이라고 할 수 있다.[5]

우리나라에는 『기독교 강요』 초판과 최종판(5판)이 번역되어 있다. 칼뱅은 장의 구조를 바꾸어 가면서 내용 수정도 하였지만 앞에 썼던 부분을 대부분은 그냥 두고 새로운 장을 덧붙여 가는 식으로 작업을 하였다. 그래서 초판의 구조는 최종판에 전혀 남아 있지 않지만 초판의 내용은 대부분 최종판에도 그대로 남아 있는 것을 확인할 수 있다. 예컨대 초판의 마지막 장에 있던 그리스도인의 자유와 교회 권세, 그리고 세속 권력에 대한 부분은 각기 최종판의 다른 부분에 흩어져 있다. 그리스도인의 자유는 III권 19장에, 교회의 권세는 IV권 앞부분에, 그리고 세속 권세에 대한 것은 IV권 마지막 부분에 그대로 등장한다.

칼빈신학교의 교회사 교수였던 리처드 멀러Richard Muller, 1948-는 『기독교 강요』와 관련하여 칼뱅의 사상을 이해하려면 『기독교 강요』만 보아서는 안 된다고 말하고 있다. 왜냐하면 칼뱅은 계속해서 하나님의 말씀을 연구해 가며 자신의 신학을 발전시켜 나갔는데 어떤 내용은 『기독교 강요』에, 어떤 부분은 주석에, 그리고 또 어떤 부분은 설교에 넣었기 때문이다. 가령 칼뱅의 창조론에 대한 것도 『기독교 강요』의 해당부분만 보아서는 안 되고 주석을 참조해야 한다는 것이다. 그런 면에서 『기독교 강요』를 연구하는 한계를 인정하고 『기독교 강요』에 대해 살피는 것을 시작하는 것이 좋을 것 같다. 『기독교 강요』는 칼뱅의 사상의 한 단면을 보여 줄 따름이다. 칼뱅의 주석과 설교는 분량적으로

『기독교 강요』의 분량을 훨씬 넘어선다. 『기독교 강요』를 출발점으로 해서 주석과 설교를 살피는 일을 시작할 수 있다.

지금까지 『기독교 강요』의 저자인 칼뱅과 『기독교 강요』에 대해 간략하게 살펴보았다. 초판은 영어에서 번역한 것과 라틴어 원문에서 번역한 것이 있는데 영어에서 번역한 책을 살피다가 문제되는 표현이 있을 경우 원문에서 번역된 것을 보고 오역을 발견하는 곳이 있기도 하지만 전문가들이 아니라면 별반 큰 문제는 없을 것 같다. 최종판은 생명의말씀사에서 한철하, 이종성 박사와 같은 여러 학자들이 공동으로 먼저 번역한 이후에 크리스챤다이제스트에서 원종연 한 사람에 의해 번역이 되어 있다. 아무래도 나중에 나온 원종연의 번역이 좀 더 매끄럽고 다듬어진 느낌이 있는 것이 사실이다. 그리고 생명의말씀사 번역은 영어 원서가 보통 신新정통신학 계열에서 각주를 달아 놓은 것을 번역했다고 해서 비판을 받는데 그런 비판을 받아야 하는 각주가 전체 4권 가운데 많지는 않아서 별반 문제가 되지는 않는다. 도리어 앞뒤 문맥이나 토론의 정황을 이해하기 위해서 꽤 유익한 각주들이 많이 있어 처음에는 생명의말씀사 번역으로 시작하는 것도 좋으리라고 생각한다. 이 책에서는 두 번역에서 편리한 대로 번역을 가져와 필요할 경우 인용하고 인용문은 페이지 표시를 하지 않고 권수와 장, 그리고 절을 표시하려고 한다.

본격적으로『기독교 강요』를 살피기 전에『만화 기독교 강요』에 대해 한마디 해야 할 것 같다. 김종두라고 하는 분이 두 권으로 직접 글을 쓰고 그림을 그린 것인데 본인이『기독교 강요』마니아로서『기독교 강요』를 열심히 읽었을 뿐 아니라『기독교 강요』에 관한 책들을 살피고 공부하여 출판하였다.『기독교 강요』의 내용이 그대로 나오기도 하고 매우 충실한 책임을 알 수 있다. 책값이 만만치 않아서 개인적으로는 어렵겠지만 교회마다 한 질씩은 꼭 비치해 두면 좋으리라고 생각한다. 서너 부분 사소한 오류(가령 틴데일William Tyndale, c. 1494-1536의 순교를 위클리프John Wycliff, 1320-1384와 거의 같은 시대의 사건으로 취급하고 있는데 사실 위클리프는 종교개혁 150년 전 사람이고 틴데일은 루터의 종교개혁 이후 20여 년이 지난 상태에서 순교하였다)가 눈에 띄기도 하지만 큰 문제는 아니라고 생각한다. 위에서 말한 생명의말씀사『기독교 강요』의 내용이 비교적 충실하게 잘 소개되어 있는 좋은 책이다.

I권으로 들어가기 전에『기독교 강요』최종판의 전체 구조를 간단히 살펴보자. 최종판은 1559년에 라틴어로 출간되었고 그 다음 해 1560년 불어로 번역되었다. 지금의 조직신학은 이른바 신학방법론과 성경론에 대하여 다루는 서론을 시작으로 신론,

인간론, 기독론, 구원론, 교회론, 종말론의 순으로 구성되어 있다. 4권으로 구성되어 있는 『기독교 강요』 최종판의 I권은 서론과 신론에 해당하고 II권은 기독론에, III권은 구원론에, IV권은 교회론에 해당한다고 볼 수 있다. 인간론은 I권과 II권에서 조금씩 다루어지고 있고, 종말론은 III권의 마지막 장에서 다루어지고 있다. 삼위 하나님과 관련하여 최종판을 분석한다면 I권은 성부 하나님, II권은 성자 예수님, III권과 IV권은 성령 하나님에 대해 다룬다고 볼 수도 있을 것이다. 초판에서 전체 구성이 6장에 불과했다면 최종판에서는 10배 이상 늘어나 I권은 18장, II권은 17장, III권은 25장, IV권은 20장으로 구성되어 있으며 전체 80장으로 이루어져 있다.

2장

『기독교 강요』 I권

창조주 하나님을 아는 지식

『기독교 강요』 I권의 제목은 "창조주 하나님을 아는 지식"이다. 지금의 조직신학으로 말하면 신론에 해당하는 내용이라고 할 수 있다. I권은 전체 18장으로 구성되어 있는데 성경과 함께 삼위일체론, 그리고 창조와 섭리에 대하여 다루고 있다. 그렇게 본다면 신학서론 즉 성경관에 대한 토론도 포함하고 있고 인간론 즉 인간창조에 대한 것도 포함하고 있는 것이 『기독교 강요』 I권이라고 할 수 있다.

1. 하나님을 아는 지식과 우리 자신을 아는 지식

『기독교 강요』의 초판부터 최종판까지『기독교 강요』의 첫 부분을 장식하고 있는 것은 하나님을 아는 지식과 인간을 아는 지식의 관련성에 대한 칼뱅의 주장이다.

> 우리가 가지고 있는 거의 모든 지혜, 곧 참되며 건전한 지혜는 두 부분으로 되어 있다. 그 하나는 하나님을 아는 지식이요, 다른 하나는 우리 자신을 아는 지식이다. 그러나 이 두 지식은 갖가지 끈으로 서로 연결되어 있어서, 그중 어느 것이 먼저 오며, 또 어느 것이 그 뒤에 결과로 따라오는 것인지를 분간하기가 쉽지 않다. 사람은 먼저 자기 생각을 돌려 자기가 "힘입어 살며 기동"(행 17:28)하고 있는바 하나님을 응시하지 않고는 아무도 자신을 살펴볼 수가 없는 것이다(I.1.1).

일반적으로 조직신학의 신론에서 가장 먼저 다루어지는 주제는 하나님의 존재에 대한 토론이다. 아퀴나스의 『신학대전』도 가장 먼저 하나님의 존재를 다루고 있다. 그런 면에서 하나님에 대한 "지식knowledge"을 다루고 있는 것은 칼뱅의 신학에 있어서 계시가 중심이라는 점이 강조되고 있다고 할 수 있다. 물론 여기서 말하는 지식은 순수한 객관적 지식이라기보다는 인격적이고 실존적인 앎이라고 할 수 있을 것이다.

칼뱅은 "우리 자신을 아는 지식은 우리를 일깨워서 하나님을 찾게 한다"(I.1.1)라고 주장한 후 "먼저 하나님의 얼굴을 바라보고 나서 거기서부터 내려와 자기 자신을 살피게 되지 않고서는 절대로 자기 자신에 대한 명확한 지식을 얻을 수 없다는 것도 분명한 사실"(I.1.2)이라고 설명하고 있다. 인간 정신의 능력은 하나님을 바로 파악할 수 없는 한계를 지니고 있다. 우리 유한한 인간은 태양 빛도 제대로 쳐다보지 못하는 연약한 존재이다.

그러나 일단 우리가 눈을 들어 태양을 똑바로 쳐다보게 될 때, 우리의 시력은 당장 그 큰 광채로 말미암아 눈이 부시고 혼란을 일으키게 될 것이다. 그리하여 우리는 지구상의 사물을 볼 때에는 그렇게 예리하던 시력이 태양을 쳐다볼 때에는 아주 흐려진다는 것을 인정하지 않을 수 없게 될 것이다(I.1.2).

땅에 있는 것들을 바라보는 것만으로 우리는 우리 자신의 바른 모습을 제대로 파악할 수 없다. 심지어는 우리 자신을 거의 신에 가까운 존재인 것처럼 상상하게 되기까지 한다.

우리의 영적인 가치들을 평가하는 데에서도 똑같은 현상이 일어난다. 땅 너머의 세계를 향하여 시선을 돌리지 않는 한, 우리는 우리 자신의 의와 지혜와 덕으로 완전히 만족하게 되고, 그리하여 우리 스스로 공연히 우쭐해지며, 우리를 마치 거의 신에 가까운 존재인 것처럼 상상하게 되는 것이다(I.1.2).

하나님을 아는 지식과 우리 자신을 아는 지식은 밀접하게 연결되어 있지만 올바른 가르침의 순서는 하나님을 아는 지식이 우리 자신을 아는 지식보다 앞서기에 칼뱅은 먼저 하나님을 아는 지식을 다룬다.

2. 경건으로서의 하나님을 아는 지식

하나님을 아는 지식은 두 부분으로 나누어진다. 창조주 하나님과 구속주 하나님에 대한 지식이 바로 그것이다.

하나님은 먼저 우주의 창조와 성경의 일반적인 교훈에서 자신을 창조주로 나타내셨다. 다음으로 그리스도의 얼굴을 통해(고후 4:6 참조) 자신을 구속주로 보여 주셨다. 여기서부터 하나님에 관한 이중의 인식이 생기는데, 우리는 여기서 전자를 먼저 생각하고, 후자는 적당한 곳에서 다루고자 한다(I.2.1).

이러한 "하나님에 관한 이중의 인식"은 『기독교 강요』의 최종판인 1559년판에 첨가된 것인데 이러한 "이중" 지식의 구별은 완성판 『기독교 강요』의 초석이 된다. "첫 번째" 지식, 즉 창조주 하나님에 대한 지식은 I권 전체에 걸쳐서 다루어지고 있고, "두 번째" 지식, 곧 구속주 하나님에 대한 지식은 II권에서 IV권에 걸쳐 광범위하게 다루어지고 있다. 그러나 보다 엄밀하게 말한다면, II권 6장부터 "두 번째" 지식이 다루어진다. 이 II권 6장은 1559년판에 처음 나오는 장으로서 이중 지식 중 두 번째 요소로 넘어가는 전기를 마련해 주고 있다.

칼뱅은 하나님을 아는 지식이 경건으로 연결되어야 함을 강조하고 있다. "'경건'이라는 것은 곧 하나님이 베푸시는 온갖 유익들을 아는 데서 생겨나는바 하나님에 대한 두려움과 그를 향한 사랑이 하나로 결합된 상태를 뜻한다"(I.2.1). 경건한 사람이라야 하나님에 대한 바른 지식을 가질 수 있다. "하나님은 과연 어떤 분이신가?"라는 질문을 제기하는 사람은 다만 헛된 사변에 빠져서는 안 된다. 그보다는 "하나님의 본성은 무엇인가?"를 묻고, 그의 본성과 일치하는 것이 무엇인가를 아는 것이 훨씬 더 중요하다(I.2.2).

3. 신성의 감각 또는 종교의 씨앗

모든 사람의 마음속에는 본성적으로 심겨진 하나님에 대한 관념이 있다. 이것을 칼뱅은 "종교의 씨앗" 또는 "신성의 감각"이라고 부른다. "사람의 본성적인 기질이 바뀌는 것은 차라리 가능하지만 사람의 정신에서 이 신적 존재의 관념을 제거하는 것은 사실상 불가능하다"(I.3.1). 이러한 본성적인 하나님에 대한 관념은 하나님께 대한 도덕적 반응인 양심과 밀접하게 관련되어 있다. 그래서 인간은 하나님을 알도록 지음받았고 하나님을 아는 것을 인생의 목적으로 알고 살아가야 한다.

본성에 심겨진 하나님에 대한 관념에도 불구하고 어떤 사람들은 하나님을 경멸하며 오만방자하게 행동한다. 하지만 "가장 대담하게 하나님을 멸시하는 자일수록 나뭇잎이 떨어지는 소리에도 가장 심하게 놀라는 것이다"(I.3.2). 이렇듯 모든 사람의 마음속에는 희미하게나마 하나님을 아는 지식의 흔적이 남아 핑계할 수 없다. "그러므로 사람을 짐승보다 더 월등하게 만들어 주는 것은 오로지 하나님을 예배하는 것밖에 없으며, 오직 그것을 통해서만 사람이 불멸을 사모하는 것이다"(I.3.3).

4. 창조 세계를 통한 하나님을 아는 지식

일반적으로 기독교 신학에서는 하나님의 계시를 일반계시와 특별계시로 구분한다. 이전에는 자연계시와 초자연계시로 구분하기도 하였는데 한마디로 자연계시나 일반계시는 타 종교의 근거가 된다고 한다면 초자연계시나 특별계시는 기독교 신앙의 근거가 된다고 이해하고 있다. 그런 면에서 보면 타 종교에도 초자연적인 요소가 존재하기 때문에 지금은 자연계시와 초자연계시의 구분보다는 일반계시와 특별계시 구분을 선호하고 있다.

하나님을 아는 지식과 우리 자신을 아는 지식의 관계를 말하고 우리 가운데 종교의 씨앗 또는 신성의 감각이 있음을 논한 다음 칼뱅은 하나님이 지으신 우주 만물을 통해 하나님을 알 수 있음을 설명하고 있다. 위에서 말한 일반계시에 대한 설명이 이어지고 있는 것이다.

하나님은 어떠한 사람도 행복에 이르는 데서 제외되지 않도록 하기 위해, 인간의 마음속에 이미 말한 바 있는 종교의 씨앗을 심어 주셨을 뿐만 아니라 자기를 계시하셨으며 우주의 전 창조 속에서 매일 자신을 나타내시는 것이다. 그 결과 인간은 눈을 뜨기만 하면 하나님을 볼 수 있도록 되어 있다. 실로 하나님의 본질은 불가해한 것이어서, 그 신성은 인간의 모든 지식을 초월한다. 그러나 하나님께서는 모든 창조물 위에 영광의 명백한 표적을 새겨 놓으셨으며 그것은 너무나 뚜렷하고 확실하기 때문에 아무리 무식하고 둔한 사람이라 해도 무지를 구실로 삼을 수 없다(I.5.1).

칼뱅에 의하면 "하나님의 놀라운 지혜를 보여 주는 증거는 하늘과 땅에 셀 수 없이 많다. 그것은 천문학이나 의학, 또는 일체의 자연 과학의 엄밀한 연구 대상으로 정해진 심원한 것들만이 아니라 가장 배우지 못하고 가장 무지한 자라도 보지 않을 수 없게 제시되어 그들이 눈을 뜨기만 하면 반드시 그것들을 목격하게 되는 것들이기도 하다"(I.5.2). 칼뱅은 우리가 하나님의 놀라운 지혜를 배우게 되는 실물 교육의 대상의 하나로 "인체의 구조"를 언급하기도 한다. 무엇보다도 "인류는 하나님의 사역에 대한 맑은 거울일 뿐만 아니라, 어머니 가슴에서 젖먹는 어린 아이들까지도 다른 웅변가를 필요로 하지 않을 만큼 하나님의 영광을 전파하는 데 충분한 웅변적인 언어를 가지고 있다"(I.5.3).

그럼에도 사람들은 하나님을 부인하는 배은망덕을 저지르고 때로는 창조주와 피조물을 서로 혼동하는 오류를 범하기도 한다. 칼뱅은 말한다: "아리스토텔레스Aristotle, BC 384-322의 냉담한 가르침에 이끌려서, 영혼의 불멸을 파괴시키고 또한 하나님의 권리를 빼앗는 쪽으로 기우는 어리석은 자들"(I.5.5)이 존재한다. 칼뱅은 물론 때로 우리가 경건한 마음으로 자연이 하나님이라고 말할 수도 있다는 점을 기꺼이 인정하고 있다. 하지만 보다 정확한 의미에서 "자연은 오히려 하나님께서 정하신 질서"라고 하는 것이 더 타당할 것이다. 그런 맥락에서 보면 "하나님을 그 사역의 열등한 과정과 혼동하는 것은 위태로운 일이다"(I.5.5).

칼뱅은 이 세상을 하나님의 영광을 드러내는 극장이라고 『기독교 강요』 여러 곳에서 언급하고 있다(I.6.2; I.14.20; II.6.1; III.9.2). 하지만 "사람들은 대다수가 잘못에 빠져들어 그와 같은 눈부신 극장 안에 있으면서도 눈먼 자"가 있어 "하나님의 사역을 신중히 고려한다는 것은 희귀하고도 특수한 지혜의 문제"이며 "다른 일에 있어서는 가장 예리하다고 생각되는 사람도 이를 생각하는 데는 아무 유익을 얻지 못한다." 하나님에 대한 증거가 이토록 분명함에도 하나님의 영광을 "참으로 보는 사람은 백 사람 가운데 겨우 한 사람 있을까 말까 하다"(I.5.8).

하나님을 아는 지식에 이르는 올바른 길은 우리의 머리로 하나님을 생각할 것이 아니라 그 하신 일을 보고 숙고해야 한다. "하나님은 주의 깊게 탐색해야 할 분이라기보다 경배받으셔야 할 분이기 때문에, 우리는 지나친 호기심에서 하나님의 본질을 탐구하려고 시도할 것이 아니라 오히려 하나님의 사역에서, 다시 말하면 우리에게 가까이 하시며 친밀히 하시며, 어떤 의미에서는 자신을 전달하신 그 사역에서 하나님을 숙고해야 하는 것이다"(I.5.9).

칼뱅은 하나님을 아는 지식이 그 자체가 목적이 아니라 그렇게 해서 얻어지는 지식을 통해서 자극을 받아 하나님을 예배하는 것이며, 동시에 그 지식으로 말미암아 일깨움을 받고 격려를 받아 미래의 생명에 대한 소망을 갖는 것이라고 주장한다. 때때로 신자들은 주의 막대기로 매를 맞는 경우가 있다. 신자들이 징계를 받는 것은 언젠가는 악인들이 그보다 더한 매를 맞게 될 것임을 우리로 확신하게 한다. 칼뱅은 아우구스티누스의 유명한 말을 인용하고 있다. "만일 공개적으로 형벌이 현재 모든 죄에 대하여 가해진다고 하면, 최후 심판에 남을 것이 하나도 없을 거라고 생각된다. 그리고 만일 하나님께서 지금 어떠한 죄에 대하여도 공개적으로 형벌을 가하지 않는다고 하면, 사람들은 하나님의 섭리가 없다고 믿을 것이다"(I.5.10).

이렇듯 일반계시의 상대적인 가치와 필요성에 대해 논한 다음 칼뱅은 일반계시가 가지는 한계를 지적하고 있다. "창조에는 하나님의 증거가 나타나 있지만 우리에게는 아무 유익도 주지 못한다." 왜냐하면 "우리 육체의 경솔하고 악한 상상에 빠져 들어가서, 우리의 허망함으로 하나님의 순전한 진리를 부패"시키기 때문이다. "인간사가 경영되어 가는 것을 보면 하나님의 섭리가 있다는 것을 도저히 의심할 수가 없는데도 불구하고, 그저 변덕스런 운명의 장난으로 여기저기서 일들이 일어나고 있다"고 믿는 일이 비일비재하다(I.5.11).

일반계시에 근거한 자연신학의 가능성에 대한 토론은 1930년대 독일에서 바르트Karl Barth, 1886-1968와 브루너Emil Brunner, 1889-1966 사이에 격렬한 논쟁이 되었던 주제이다. 루이스 벌코프Louis Berkhof, 1873-1957는 이 문제를 소개하며 정황적으로는 바르트의 주장도 일정 부분 진지하게 검토되어야 할 부분이 있기는 하지만 브루너의 입장이 개혁신학의 입장에 더 가깝다는 평가를 내리고 있다. 바르트는 여하한 형태의 자연신학의 가능성도 부정하는 극단적인 입장을 보였다면 브루너는 자연신학에 대해 어느 정도 인정하는 입장이었다. 하지만 바르트나 브루너 모두 가톨릭신학이 주장하고 있는 자연신학의 독자적인 가능성에 대해서는 부정하였다. 칼뱅은 이 부분과 관련하여 다음과 같이 말하고 있다: "이로 보건대, 사람이 오로지 자연을 통해서만 가르침을 받는다면, 확실하고 건전하며 명료한 지식을 갖지 못하고, 다만 혼란한 원리에 매여, 마침내는 알지 못하는 신을 예배하게 된다는 사실이다(행 17:23 참조)"(I.5.12).

인간이 만들어 낸 종교는 오류 중 하나로 하나님을 거역한다는 점이다. 유한한 인간은 세상을 훨씬 뛰어넘는 문제에 대해 자신들의 권위로 규정할 수 있는 권리가 없다. "그러므로 하나님을 예배하는 일에 있어서, 한 도시의 관습이나 전통의 여론에 따르는 것은, 경건의 띠로서는 너무도 약하고 부서지기 쉽기 때문에, 이제 남은 것은 다만 하나님께서 하늘로부터 자기 자신을 증거하시는 일뿐이다"(I.513).

『기독교 강요』 I권 6장에서 10장까지 칼뱅은 하나님의 특별계시에 해당하는 성경에 대해 논의하고 있다. 칼뱅의 성경관이라고 할 수 있는데 성령의 내적 조명에 대한 강조가 눈에 띈다.

5. 성경과 성령

일반계시의 충족성을 주장하는 사람들은 특별계시의 필요성을 약화시킨다. 하지만 칼뱅은 일반계시가 가지는 한계를 분명하게 지적하고 있다. "그것은 마치 노인이나 눈이 흐린 사람, 또는 시력이 약한 사람에게 가장 아름다운 책 한 권을 내보이면, 어떤 종류의 책인지는 겨우 알 수 있겠지만 거의 두 낱말도 해독할 수 없는 것과 같다"(I.6.1). 노인이나 눈이 흐린 사람 또는 시력이 약한 사람에게는 안경이 필요하다. 말하자면 성경은 안경과도 같다.

안경을 쓰면 똑똑하게 읽어 내려갈 수 있을 것이다. 성경은 이처럼 하나님에 대한 혼란된 지식을 우리 마음에서 바로잡고 우리의 우둔함을 쫓아 버리며, 참 하나님을 우리에게 보여 준다. 그러므로 교회를 교훈하시기 위하여 무언의 교사들을 사용하실 뿐만 아니라, 자신의 가장 거룩하신 입을 여시는 것은 하나님의 특별한 은사이다(I.6.1).

안경인 성경을 통해 우리는 하나님을 창조주로서만이 아니라 구속주로서도 알아 가게 된다. 물론 순서적으로 볼 때 하나님을 세계의 창조자요 통치자로 파악하는 그런 종류의 지식이 먼저 오게 된다. "그 다음에 죽은 영혼을 살리는 유일한 지식, 곧 하나님을 … 중보자 안에 계신 구속주로 아는 그러한 보다 친밀한 내적인 지식이 뒤따라 주어진다"(I.6.1). 그러므로 칼뱅은 다음과 같이 주장한다: "자연이라는 이 지극히 영광스러운 극장에 관객으로 앉아서 하나님의 역사하심을 두 눈으로 진지하게 바라보는 것도 좋겠지만, 하나님의 말씀에 귀를 기울이는 것이 더 큰 유익을 얻게 해 주는 것이다"(I.6.2).

성경이라는 안내자와 교사가 없으면 우리는 오류에 빠질 수밖에 없다. "우리가 만일 이 말씀에서 벗어나게 되면, 아무리 신속하게 달린다 하더라도, 그 진로에서 탈선했기 때문에 목적지에는 결코 도달하지 못할 것이다." 이 부분에서 칼뱅은 하나님의 말씀을 미로에서 길을 잃지 않게 해 주는 실絲로 묘사하고 있다. "가까이 가지 못할 빛에 거하시는"(딤전 6:16) 하나님의 광채는 말씀의 실로 인도받지 못하면, 우리에게는 이해할 수 없는 **미궁**과 같다. 그러므로 칼뱅은 "이 길 밖에서 전속력을 다해서 달리는 것보다는 오히려 절며 이 길을 따라 걸어가는 것이 더 낫다"는 아우구스티누스의 말을 인용하고 있다(I.6.3). 하나님의 말씀의 도움이 없이 우리는 하나님께 이를 수 없다. 하나님의 말씀은 하나님의 자녀들의 학교가 된다(I.6.4).

성경을 하나님의 말씀으로 받아들인 것이 교회이기 때문에 성경의 신뢰성은 교회의 판단에 달려 있다는 주장은 전형적인 가톨릭의 입장이다. 여기에 대해 칼뱅은 성령의 증거가 성경의 권위를 확립하는 데 있어 필수적임을 역설한다. "성경을 하늘로부터 온 것으로 여길 때에야 —마치 하나님의 살아 있는 말씀이 직접 들리는 것처럼 여길 때에야— 비로소 신자들이 성경의 완전한 권위를 인정하게 될 것이다"(I.7.1). "성경이 진리라는 확신의 근거를 인간의 추리나 판단, 혹은 이성보다도 더 높은 것에, 즉 성령의 은밀하신 증언에 두어야 할 것이다"(I.7.4).

이 부분과 관련하여 벌코프는 다음과 같이 설명하고 있다.

개혁자들은 의식적으로 또 의도적으로 성령의 증거를 부각시켰다. 그들은 교회의 증거를 부당하게 강조하는 로마 교회의 입장에 맞섰고, 성령의 증거를 성경에 담겨 있는 외적 증거와 분리시키는 경향을 보인 재세례파 및 신비주의자들과도 맞섰다. 성령의 증거에 관한 교리를 처음으로 상세하게 해설한 사람은 칼뱅이었다.[6]

다음의 벌코프의 설명은 『기독교 강요』 I권 7장을 이해하는 데 많은 도움이 된다. 왜냐하면 당시 가톨릭교회는 아우구스티누스의 권위에 호소하면서 자신들의 입장의 정당성을 주장했기 때문이다.

아우구스티누스는 성경을 하나님의 말씀으로 받아들이기 위해서는 내적 은혜가 절대적으로 필요하다는 것을 분명히 알고 가르친 첫 교부였다. 사실 그는 교회의 증거에도 신뢰성의 동기로서 대단한 가치를 부여하였지만 그것을 믿음의 최종적이고 가장 깊은 근거로 여기지는 않았다.[7]

칼뱅에게 있어서 성령의 증거는 일체의 이론을 훨씬 능가한다. "왜냐하면 하나님 자신만이 자기 말씀의 합당한 증인이 되시는 것처럼, 그 말씀도 성령의 내적 증거에 의하여 확증되기 전에는, 사람의 마음에 받아들여질 수 없기 때문이다"(I.7.4). 칼뱅은 자신의 입장을 다음과 같은 문장으로 표현하고 있다. "성령으로 말미암아 내적으로 가르침을 받은 사람은 진심으로 성경을 신뢰한다는 것, 그리고 성경은 자증한다는 것이다. 그러므로 성경을 증거나 이성에 종속시키는 것은 잘못이다. 그리고 성경이 마땅히 지녀야 할 확실성은 성령의 증거에 의해서 얻게 된다"(I.7.5).

물론 칼뱅은 성경의 신빙성이 인간의 이성의 범주 내에서도 충분히 입증된다는 점을 확신하고 있다. 우리가 성경을 높이 기리는 것은 언어의 아름다움보다는 그 주제의 장엄함 때문인데 성경에는 인간의 노력으로 얻게 되는 일체의 재능과 미덕을 훨씬 능가하는 신적인 무엇이 숨쉬고 있다(I.8.1). 여기에는 칼뱅 자신의 체험도 관련이 있다. 칼뱅은 먼저 고전을 탐독한 후에 성경을 깊이 연구하며 고전 연구에서 얻지 못했던 깊은 감동과 확신을 얻게 되었다.

성경을 확증하기 위한 최고의 증거는 성령께서 주시는 내적 확신이다. 하지만 칼뱅은 성경을 확증하기 위한 인간의 증언들도 보조적인 역할을 하는 이차적인 증거로서 우리의 연약함을 돕는 데에 사용될 수 있다고 보고 있다. 하지만 "불신자에게 성경이 하나님의 말씀임을 입증해 주려고 하는 행위는 실로 어리석은 짓이다. 믿음이 아니고서는 성경이 그렇다는 것을 알 수가 없기 때문이다. 그러므로 아우구스티누스는 사람이 그렇게 중대한 문제들에 대해 깨닫기 위해서는 먼저 경건과 마음의 평안이 있어야 한다고 적절하게 경계하고 있는 것이다"(I.8.13).

사실 루터와 츠빙글리, 그리고 칼뱅 등의 개혁자들은 양방향의 적들에 둘러싸여 있었다고 할 수 있다. 우선적으로 당대의 가톨릭교회는 이들의 공통의 대적이었다. 여러 교리적인 문제들에 있어서 개혁자들은 가톨릭의 신학적 입장에 대해 반대하였다. 하지만 가톨릭의 입장에 대해 반대하여 극단적인 입장으로 치닫는 사람들 또한 개혁자들의 개혁의 대의를 위협하는 자들이었기에 이들에 대한 대응이 필요하였다. 이런 사람들을 보통 재세례파라 부르는데 성경과 관련하여 성령의 내적 증거를 강조하는 칼뱅의 입장을 극단적으로 밀고 나가 종국에는 성경의 권위까지도 부정해 버리는 광신자들이 존재하였던 것이다. 그래서 칼뱅은 이들 "성경을 버리고 계시를 좇는 광신자들"을 비판하고 있다. 이들은 한마디로 경건의 모든 원리를 파괴하고 있다. "성령은 성경의 저자이시다. 그는 변하실 수도, 자신과 다를 수도 없으신 분이시다. 그러므로 분명히 그는 성경 안에서 일단 자신을 나타내 보이신 그대로 영원히 존속하실 것이다"(I.9.2).

이들 광신자들은 칼뱅을 비롯한 개혁자들이 죽이는 문자에 집착하고 있다고 비난하였다. "하나님께서 그의 말씀을 사람들 가운데 세우신 것은, 그저 일시적으로 그것을 내어 보이시고 그의 성령이 오시면 그것을 폐지하도록 하시기 위함이 아니었다"(I.9.3). 바울은 "성령을 소멸하지 말라"고 명령하면서 말씀 없는 공허한 사색에 빠지도록 이끈 것이 아니라 곧바로 "예언을 멸시하지 말라"는 말씀을 덧붙이고 있음(살전 5:19-20)을 지적하며 칼뱅은 "예언이 멸시를 당하면 그 순간 성령의 빛이 소멸된다"고 주장하고 있다(I.9.3).

피조세계를 통한 창조주 하나님에 대한 증거와 하나님의 말씀인 성경의 증거는 그렇다면 일치하는가? "우리를 위하여 성경에 제시되어 있는 하나님에 관한 지식은 먼저 하나님을 두려워하게 하고, 그 다음에 그를 신뢰하기 위한 것이라는 점에서, 피조물 속에서 빛나는 하나님에 관한 지식과 지극히 동일한 목적을 지향하는 것이다"(I.10.2). 또한 동시에 성경은 유일하고 참되신 하나님을 제시하여, 모든 이방 신들을 물리치고 모든 미신을 교정해 준다고 칼뱅은 주장하고 있다.

6. 형상과 우상

루터와 츠빙글리의 가장 큰 차이점은 성찬에 그리스도께서 임재하는 방식에 대한 것이었다. 하지만 루터와 츠빙글리는 성상 聖像을 바라보는 태도에서도 서로 의견을 달리하였는데, 루터는 교회 안의 성상에 관용을 베풀 준비가 되어 있었으나, 츠빙글리는 모든 형상을 금지하는 구약의 말씀이 모든 그리스도인을 구속한다고 주장했다. 1524년 취리히 시는 모든 성상을 교회에서 제거하도록 하였고 성상파괴폭동이 베른(1528년), 바젤(1529년), 스트라스부르(1530년), 제네바(1535년) 등지를 휩쓸었다. 대중들의 폭력과 신성 모독행위가 종교개혁을 확산시킨 것이다.[8]

『기독교 강요』I권 11장은 바로 이 성상 문제를 다루고 있다. 제네바에서 칼뱅이 사역을 시작한 것은 『기독교 강요』의 초판을 출간하였던 직후인 1536년 여름이었다. 성상은 제네바에서 이미 제거된 상태였지만 여전히 가톨릭교회와의 논쟁은 진행 중이었다. 그리고 루터와의 견해 차이도 존재하였다. 그런 면에서 칼뱅이 성상 문제에 대한 자신의 견해를 밝히는 것은 중요한 문제였을 것이다. 이 부분을 잘 살펴보면 특별히 개혁교회는 성상이나 조각 그리고 회화에 대한 적대감이 있었다는 오해에 대한 답을 발견하게 된다.

초대교회 교부들은 형상으로 보이는 것 모두가 다 가사적可死的이라는 사실을 조금도 주저함 없이 주장하였다. "아우구스티누스도 이와 마찬가지로 형상에게 예배드리는 것뿐만 아니라 그 형상을 하나님께 봉헌하는 것은 죄악이라고 명백하게 주장하였다." 이러한 아우구스티누스의 말은 엘비라 공의회Council of Elvira, 305/306년에서 제정된 것과 조금도 다를 것이 없다. 이 엘비라 공의회는 첫 번째 교회일치를 위한 공의회였던 니케아 회의Council of Nicea, 325년 이전에 있었던 회의로 어떤 경우에는 공의회가 아니라 노회Synod of Elvira로 불리기도 한다. 엘비라는 스페인 남부의 도시인데 이 공의회의 교령 제36항은 "교회당 안에 화상이 있어서는 안 되며, 예배를 받든가 찬양받아야 할 것이 벽에 그려져서도 안 된다"라고 기술하고 있다(I.11.6).

보통 성상의 출현은 교회 안에 글을 모르는 문맹자들이 절대다수였던 시대에 교육적인 목적으로 이루어졌다고 이해되고 있다. 즉 성경을 읽을 수 없었던 사람들을 위해 형상이나 그림을 교육적인 목적으로 사용한 것이다. 칼뱅은 이 부분과 관련하여 다음과 같이 말하고 있다. "실로 나는 오늘날도 그러한 '책' 없이는 아무것도 할 수 없는 사람이 적지 않게 있다는 것을 인정한다"(I.11.7). 문제는 이런 교육적인 목적은 이내 우상숭배로 변질되고 말았다는 데 있다. 여기서 칼뱅의 유명한 말이 등장한다. "인간의 본성 자체가 말하자면 영구한 우상의 제조 공장"이며, "인간의 육체는 자기를 닮은 어떤 형상을 확보하여 그것을 하나님의 형상으로 알고 거기서 위안을 찾기 전에는 언제나 불안 가운데 있다"(I.11.8).

칼뱅은 성상이나 성화에 대한 반대가 조각이나 회화와 같은 예술에 대한 반대로 확대해석되는 것을 원하지 않는다. "나는 절대로 어떠한 상도 허락되어서는 안 된다고 생각할 정도로, 미신에 사로잡혀 있는 것은 아니다. 오히려 조각이나 회화는 하나님이 주신 선물인 까닭에, 이 양자를 순수하고 정당하게 사용하기를 나는 원한다"(I.11.12).

칼뱅은 형상들이 지니는 교육적 가치에 대해 별반 인정하지 않는다. 그것은 "형상물이 없이 지냈던 시대의 사람들의 순전함에 비해서 새롭게 형상물들을 도입한 시대의 사람들이 훨씬 타락한 상태라는 것"에서 분명히 드러난다. 세례와 성찬은 "주께서 그의 말씀으로 거룩하게 구별해 놓으신 살아 있는 상징적인 것들"이다. 그 이외에 다른 형상들을 취하는 것은 교회의 거룩성에 저촉되는 것이다. 세례와 성찬 예식들이 "우리의 눈을 더욱더 강렬하게 사로잡고 또한 더 생생한 감동을 주어서, 사람들의 재주로 날조된 다른 형상들의 도움을 구하지 않도록 되어야 마땅할 것이다"(I.11.13)라고 칼뱅은 주장하고 있다.

성상 숭배가 가결된 교회회의는 787년의 니케아 공의회이다. 이 공의회는 보통 7차 공의회로 알려져 있다. 325년의 1차 공의회 이후 460여 년이 지나 소아시아 지역에 위치한 니케아에서 다시금 공의회가 열린 것이다. 이 회의의 상황과 관련한 칼뱅의 설명은 매우 상세하고 흥미롭다.

실로 동방교회의 사절인 요한은 이에 열중한 나머지, 형상 예배를 거절하는 것보다는 차라리 이 도시에 매음굴을 허용하는 것이 더 나을 것이라고 경고하였다. 그리고 마침내 그들은 만장일치로, 모든 이단자보다 사마리아인들이 더 나쁘고, 이들 사마리아인들보다는 형상 반대자들이 더 나쁘다고 결정하였다(I.11.16).

이른바 동방정교회는 1차에서 7차까지의 공의회 결정을 받아들인다. 반면에 우리 개신교에서는 1차에서 4차 칼케돈 공의회(451년)까지의 결정만을 수용한다. 가톨릭교회는 비록 성상숭배 문제로 동방교회와 1054년에 분열하였지만 성상숭배를 수용하고 있는 입장이며 21차에 해당하는 2차 바티칸 공의회(1962-65년)까지의 교회회의의 결정을 수용하고 있다. 개신교에 비해 전통을 성경에 버금가게 존중하는 가톨릭교회의 한 특징적인 면모를 엿보게 하는 대목이 아닐 수 없다.

성상숭배자들은 하나님께 마땅히 드려야 할 예배λατρεία와 천사들과 죽은 자들에게 돌리는 봉사δουλεία를 교묘하게 구분하지만 칼뱅에 의하면 이러한 구분은 별다른 의미가 없다. 왜냐하면 성경에서는 이런 구분이 흐려지는 경우도 있기 때문이다. 봉사는 종으로서의 봉사인데 예배를 돌리면서도 종이 된다는 것은 매우 어려운 경우가 자주 있다. 그럴 경우에는 "종이 된다는 것이 예배를 드린다는 것보다 더 큰 개념"이 되어 버리고 성인들에게 더 큰 것을 돌리고 하나님께 더 작은 것을 돌리는 지극히 부당한 일이 발생하게 된다고 칼뱅은 비판한다(I.12.2).

7. 삼위일체 하나님

루터와 칼뱅은 많은 부분에 있어서 이전의 가톨릭교회의 정통교리들을 그대로 수용하였다. 대표적으로 삼위일체론과 기독론에 관하여 루터와 칼뱅은 이의 없이 이전의 교회 전통을 수용하였는데 그럼에도 최근의 연구에 의하면 칼뱅의 삼위일체론은 매우 특이하다고 할 수 있다. 칼뱅은 서방교회에 속하는 신학자이다. 서방교회 신학의 대표적인 인물은 아우구스티누스이다. 종교개혁을 성경과 아우구스티누스의 재발견으로 요약할 수 있다면 아우구스티누스가 칼뱅에게 미친 영향은 아무리 강조해도 지나치지 않을 것이다. 그런데 칼뱅은 삼위일체론에 관한 한 아우구스티누스의 심리적 유비를 거부하고 있다. "영혼이 오성과 의지와 기억을 내포한다고 해서 그것을 삼위일체의 반영이라고 본 아우구스티누스의 이론은 결코 건전한 것이 못 된다"(I.15.4). 그래서 칼뱅은 조나단 에드워즈Jonathan Edwards, 1703-1758와 함께 현대의 사회적 삼위일체론자들에 의해 동방의 삼위일체론을 이어받은 것으로 해석되고 있다. 말하자면 칼뱅은 위격들persons 중심의 신학을 전개하고 있다는 것이다.

종교개혁 특히 칼빈의 진정한 유산은, 신적 위격들의 신학이라고 정의할 수 있다. 그 신적 위격들의 속성은 그들 각자의 독특성 distinctiveness과 그들의 단일성unity을 표현해 준다. 비공유적 속성들은 절대적인 신적 본질을 이루고 있다. 그 본질이 하나님의 단일성이다. 반면 공유적 속성들은 신적 관계의 패턴에 따라 함께 나온다. 우리는 그 관계에서 신적 사회divine society의 모델을 보게 되며, 그리스도의 형상 안에서 하나님의 자녀로 입양됨으로써 성 삼위일체의 내적 생명 안에서의 교제의 실재를 경험하게 된다.[9]

칼뱅은 아우구스티누스를 삼위일체론의 권위자로 인정했다. 그리고 아우구스티누스를 자주 인용했다. 그러나 그와 동시에 그의 스승의 가르침과는 "근본적으로 다른 삼위일체론"을 발전시켰다.[10] 즉 칼뱅의 삼위일체론은 미완성이었던 카파도키아 교부들의 삼위일체론을 완성한 것이었는데 아우구스티누스의 삼위일체론과는 "근본적으로 다른 삼위일체론"이라는 것이다. 이런 맥락에서 우리는 칼뱅이 『기독교 강요』에서 다음과 같은 카파도키아 교부들 중 한 명인 나지안주스의 그레고리우스Gregorius of Nazianzus, 330-390의 말을 기쁨으로 인용하고 있음을 생각해 볼 수 있을 것이다: "내가 한 분 하나님을 깨닫자마자 즉시 삼위의 광채에 둘러싸이며, 삼위를 구별하여 보자마자 즉시 한 분 하나님께로 인도함을 받는다"(I.13.17).

칼뱅은『기독교 강요』I권 13장에서 삼위일체론을 다루고 있다. "성경은 창조 이래로 하나님은 한 본체이시며 이 본체 안에 삼위가 존재한다는 것을 가르친다." 하나님은 우리를 건전한 상태로 지키시기 위하여 그의 본질에 대해서는 별로 말씀하지 않으신다. 하나님은 무한하시며 영적인 존재이시다. 이 두 가지 속성으로써 인간의 어리석은 상상을 모두 제거하시고 인간의 마음의 대담무쌍함을 억제하신다(I.13.1).

이런 맥락에서 칼뱅은 하나님을 거의 마귀와 동등한 것으로 여기는 마니교도들의 오류를 지적하고 성경이 마치 하나님께 입과 귀와 눈과 손과 발이 있는 것처럼 자주 묘사한다는 사실을 근거로 형체를 가진 하나님corporeal God을 주장하는 자들의 오류를 지적하고 있다. "유모가 어린 아기들을 대할 때에 흔히 하는 것처럼, 하나님께서도 우리에게 말씀하실 때에 그렇게 우리에게 맞추어서 말씀하신다." 이른바 칼뱅의 그 유명한 **적응** accommodation 교리가 여기에서 등장한다. "그러므로 그러한 표현 방식은, 하나님께서 어떤 분이시라는 것을 분명하게 설명해 주는 것이라기보다는 오히려 하나님에 관한 지식을 우리의 미약한 수용 능력에 적응시키고 있는 것이다. 이를 수행하시기 위해 하나님께서는 그 높은 위엄에서 훨씬 밑으로 내려오지 않으면 안 되었던 것이다"(I.13.1).

삼위일체론을 반대하는 자들은 예나 지금이나 삼위일체라는 말이 성경에 나오지 않는다고 반론을 제기한다. 성경에 어떤 말이 나오지 않는다고 하는 것과 그 말이 그래서 성경적이지 않다는 주장은 동일한 것이 아니다. 섭리라는 말도 사실은 성경에 등장하지 않지만 섭리론은 성경적이다. 마찬가지로 "위격person"이라는 말도 성경에 나오지 않지만 교회는 거짓 교사들을 폭로하기 위해서는 "삼위일체"나 "위"와 같은 표현들이 반드시 필요하다고 생각하였다(I.13.4).

칼뱅은 먼저 초대교회의 대표적인 삼위일체 이단이었던 아리우스Arius, 250/256-336와 사벨리우스Sabellius, 대략 215년경 활동를 비판하고 있다. 아리우스는 동방교회 삼위일체론에 수반되던 종속론의 위험을 그대로 보여 주는 이단이었다. 아리우스는 "그리스도도 다른 피조물과 같이 창조되었기 때문에 시초를 가진다"라고 주장하기를 그치지 않다. "그 후에 사벨리우스라는 사람이 일어나 성부, 성자, 성령의 명칭은 거의 중요하지 않다고 하면서, 이 명칭들은 구별을 위해서 설정된 것이 아니라 하나님의 여러 속성을 나타내는 데 불과하며, 이러한 종류의 속성은 아주 많이 있다고 주장하였다"(1.13.4). 사벨리우스는 서방교회 삼위일체론에 수반되던 양태론의 위험을 그대로 보여 준 이단이었다. 아리우스는 337년에 죽었고 사벨리우스는 1세기 전인 250년경에 활동하였다. 이 부분에서 칼뱅은 두 사람의 연대에 대해 착오를 범하고 있다.

제네바에서 처형된 세르베투스Michael Servetus, 1511-1543는 삼위일체론에 있어서 "이단설들의 콜라주"를 만들어 냈다.[11] 한편으로 세르베투스는 사벨리우스주의자였다. 하지만 또 다른 한편으로 세르베투스는 아리우스주의자였다. 세르베투스는 하나님께서 그의 영원한 이성을 통하여 한 아들을 자기에게 작정하셨고, 그리하여 그 아들이 눈에 보이도록 나타나게 되었다고 주장하면서 "아들이 하나님의 영원하신 작정에 의해서 정해지셨다는 의미 이외에 아무것도 아니므로 결국 그리스도께는 신성이 남아 있지 않는 것이 된다"라고 가르쳤기 때문이다(I.13.22).

칼뱅은 삼위일체론에 있어서 서방신학이 아니라 동방신학의 입장에 서 있으면서도 '필리오쿠에*filioque*' 논쟁과 관련하여 서방의 입장을 지지하고 있다. '필리오쿠에'는 라틴어인데 니케아-콘스탄티노플 신조에서 성령과 관련하여 "성령이 아버지로부터 나오신다"는 문구에 서방교회에서 "성령이 아버지와 아들로부터 나오신다"라고 첨가한 것이다. 칼뱅은 로마서 8장 9절과 11절에 근거해서 성령을 '성부와 성자의 영'이라고 주장하고 있다. "성자는 오직 성부에게서 나시고*generatio*, 성령은 성부와 성자에게서 나오신다*processio*"(I.13.18). 이 부분과 관련하여 차영배는 『기독교 강요』에서 칼뱅이 성자의 신성에 관한 성경적 증거에 많은 지면을 할애하면서도 성령에 관한 증거는 단지 2절(15-16절)로 끝냈을 뿐 아니라 '성령의 나오심'에 관한 신학작업을 보다 세심히 배려하지 못했음을 지적하고 있다.[12]

칼뱅은 삼위일체론에 대해 "한 분 하나님의 본질은 단일하며 분리되지 않는다는 것, 그 본질이 성부와 성자와 성령께 속한다는 것, 그러나 반면에 성부의 고유한 특성이 성자와 다르며, 성자의 고유한 특성이 성령과 다르다"(I.13.22)라고 요약한 후 이 사실을 든든히 붙잡으면 아리우스와 사벨리우스는 물론 기타 고대의 모든 그릇된 이단들의 논리를 물리칠 수 있다고 주장한다.

칼뱅은 우리가 질서와 순서상 신성의 근원이 성부에게 있다는 것을 인정하지만, 그렇다고 해서 신성의 본질이 성부에게만 해당된다는 식의 논리는 마치 성부를 성자의 신격의 원작자이기나 한 것처럼 생각하는 것으로 그것은 정말 끔찍스러운 허구라고 주장하고 있다(I.13.24). "누구든지 성자가 성부에게서 그의 본질을 부여받았다고 말하면, 그것은 성자의 자존自存을 부인하는 것이다. … 성부와 성자는 모두 신적 본질을 전체로서 완전하게 공유하시는 것이다. 그렇다면, 본질에 관해서는 성부와 성자 사이에 구별이 없는 것이다"(I.13.23).

8. 창조

『기독교 강요』의 I권 14장과 15장은 하나님의 창조 사역을 다루고 있고, 16장에서 마지막 18장까지는 하나님의 섭리에 대해 다루고 있다. 보다 상론하면 14장은 영적 존재인 천사와 마귀의 창조를 포함한 창조 일반을 다루고 15장은 인간 창조에 대해 기술하고 있다.

먼저 칼뱅은 하나님의 창조에 대한 잘못된 호기심을 경고하고 있다. "하나님께서 우리의 신앙의 겸손을 시험하시기 위해 의도적으로 감추어 두신 것을 알려고 하는 것도 유익한 일이 못 된다"(I.14.1). 그리고는 칼뱅은 아우구스티누스가 『고백록 Confessions』에서 말하고 있는 유명한 일화를 소개하고 있다. "어떤 파렴치한 자가 하나님은 세계를 창조하시기 전에 무엇을 하고 계셨느냐고 어떤 경건한 노인에게 조롱삼아 물었다. 이때 그 노인은 재치 있게, 하나님은 그런 호기심 많은 자들을 위해 지옥을 만들고 계셨다고 답변하였다"(I.14.1). 어떤 사람들은 하나님께서 아득히 먼 옛날 창조하실 수도 있었는데 그렇게 하지 않고 한가하게 세월을 보내셨다는 식으로 비난하기도 한다. 이에 대해 칼뱅은 하나님께서는 "6천 년이라는 긴 시간 속에서" 매우 진지한 명상으로 우리의 마음을 훈련시키기 위한 충분한 증거를 보여 주셨음을 역설하며, "그러므로 하나님께서 우리를 제한하기를 원하시는 울타리, 말하자면 우리가 제멋대로 방황하며 헤매지 않도록 우리의 마음을 가두어 두시기를 원하시는 그 울타리 안에 즐거이 머물자"(I.14.1)라고 말하고 있다.

사실 창조와 관련된 호기심을 통해 헛된 사색에 빠지는 수많은 사람들이 있다. 예컨대 "천사들의 본질과 질서와 숫자 등에 관한 공허한 사변"에 빠진 사람들이 있다. 이런 문맥에서 칼뱅은

"신학자의 임무는 말을 많이 함으로써 귀를 즐겁게 하는 데 있는 것이 아니라 참되고 확실하며 유익한 것들을 가르침으로써 양심을 강화하는 데 있다"(I.14.4)라고 주장하고 있다.

칼뱅은 신자 한 사람 한 사람을 위한 수호천사가 있다는 주장에 회의적인 입장을 천명하고 있다. 물론 특정한 천사들이 나라와 지방을 지키는 수호자들로 지정되었음을 시사해 주는 성경 본문(단 10:13, 20; 12:1)이 있는 것이 사실이다. 또한 그리스도께서도 어린아이들의 천사들이 언제나 성부의 얼굴을 뵙는다고 말씀하셔서 그들의 안전을 맡은 특정한 천사들이 있음을 암시하셨다(마 18:10). 하지만 각 개인마다 지정된 천사에게 보호를 받는지는 확실하지 않다. 확실한 사실은 "우리 한 사람 한 사람을 보살피는 일이 한 천사만의 임무가 아니라 모든 천사들이 함께 우리의 안전을 위하여 보살피고 있다는 것이다"(I.14.7).

천사의 수와 계급을 결정짓는 문제에 대해서 칼뱅은 적극적으로 의견을 개진하지 않는 것이 좋겠다고 생각한다. 천사의 수와 계급은 종말에 가서야 비로소 그 완전한 계시를 알게 될 신비에 속하는 것이다. 그러므로 "너무 지나친 호기심을 갖고 탐구한다든가, 너무 확신 있게 말하는 일이 없도록 주의해야" 한다. 성경은 우리의 이해력의 정도에 맞추어 그룹이나 스랍이라는 이름을 빌려 천사들이 날개를 가진 것으로 표현하고 있는데, 그것은 천사들이 일단 유사시에 믿을 수 없을 만큼 빨리 우리를 도울 수 있도록 항상 준비가 되어 있다는 것을 의미한다(I.14.8).

루이스C. S. Lewis, 1898-1963는 『스크루테이프의 편지』의 서문에서 우리가 직면하고 있는 두 가지 위험을 경고하고 있다. 마귀는 두 가지 양 극단을 다 좋아한다. 마귀에게 극단적으로 몰두하는 것, 예컨대 베뢰아 귀신론과 같은 주장을 마귀는 좋아한다. 하지만 마귀는 또한 이 우주과학시대에 그런 귀신과 같은 존재는 없다고 생각하는 그런 극단도 좋아한다. 그런 의미에서 천사나 마귀 같은 존재를 단순히 전근대적인 세계관의 일부로 생각하는 사람들을 향해 "천사는 단순한 관념이 아니라 실재"라고 칼뱅은 천명하고 있다. 마귀도 마찬가지로 "그저 우리 육체 때문에 생겨나는 악한 감정이나 불안 같은 것 이외에 아무것도 아니라는 식으로" 생각해서는 안 된다(I.14.9).

하나님은 자신이 원하실 때에는 언제든지 천사들의 도움 없이도 자신의 일을 하실 수 있다. 하나님은 어떤 어려움을 덜기 위해 천사들의 도움을 받으시는 것도 아니다. "하나님께서 천사들을 사용하시는 것은 우리의 연약함을 위로하사 우리 마음을 일으켜 선한 소망을 갖게 하고 마음에 안전에 대한 확증을 갖는 데에 아무것도 부족한 것이 없도록 하시기 위함인 것이다"(I.14.11).

성경은 마귀들에 대해 가르치고 있는데 "우리를 각성하게 하여 그들의 술수와 교묘한 책략을 미리 경계하도록 하고, 또한 그 지극히 강력한 원수들을 무찌를 만큼 강력하고도 힘 있는 무기들로 단단히 무장하도록 하기 위한 것"이요, "우리로 하여금 더욱 경계하여 싸움에 단단히 대비하도록 하기 위함"이다. 우리 모두는 영적인 전쟁에 부름받고 있다. 그래서 바울은 우리에게 하나님의 전신갑주를 취하라고 명령하고 있다(엡 6:13 이하). 칼뱅은 이 영적인 싸움은 죽을 때에야 비로소 끝이 나는 것이므로, 우리는 서로서로 격려하여 끝까지 인내하여야 할 것을 역설하고 있다. "실로 우리의 연약함과 무지를 자각하고, 무엇을 시도하든지 오직 하나님만을 의지하며 특별히 하나님의 도우심을 간구하자. 왜냐하면 하나님만이 우리에게 권고와 힘과 용기와 무기를 제공하실 수 있기 때문이다"(I.14.13).

기독교는 선과 악의 이원론을 가르치지 않는다. 이른바 아우구스티누스가 기독교로 개종하기 전에 빠져 있던 마니교 Manichaeism에서는 선신과 악신의 대결 구도를 설정하지만 마귀는 하나님에 버금가는 악신이 아니라 타락한 피조물, 즉 타락한 천사이다. 그러므로 "마귀도 하나님께서 창조하셨기 때문에 그의 본성에 속하는 이 사악함은 창조에서 온 것이 아니라 타락에서 왔다는 것을 기억"(I.14.16)해야 한다. "마귀는 하나님의 권능 아래에 있다"(I.14.17). 그러므로 "신자들에게는 사탄과의 싸움에서 승리가 보장되어 있음"을 우리는 믿어야 한다(I.14.18).

피조세계는 하나님의 영광을 보여 주는 "가장 아름다운 극장"이다. 우리는 분명하고도 확실하게 드러나는 하나님의 솜씨에 대해 경건한 즐거움을 누리기를 부끄럽게 여기지 말아야 한다. 창조는 믿음을 위한 가장 주된 증거는 아니지만 자연 질서 가운데 첫째 가는 증거이다. "우리는 하나님을 아는 데 유익이 되는 것을 참된 신앙으로 이해하기 위해서 먼저 모세가 간단하게 기록하였으며(창 1, 2장) 후에는 하나님의 거룩한 사람들, 특히 바실리우스나 암브로스와 같은 사람들이 상세하게 설명한 우주 창조사를 파악하는 것이 중요하다"(I.14.20). 지금 시대의 우리말로 하면 우리는 창조신학을 공부해야 한다. "하나님께서는 창조에 속한 그 모든 세세한 일들을 그렇게 점차적으로 이루시지 않고 그 모든 일을 단 한순간에 완성하실 수도 있으셨지만, 그는 그 일을 엿새로 나누어 진행하셨는데, 이는 결코 의미가 없는 것이 아닌 것이다." 이것은 "우리를 향하신 하나님의 섭리"와 "아버지다운 배려"를 보여 주는 것이다(I.14.22).

칼뱅은『기독교 강요』의 앞머리에서 "우리 자신에 대한 인식이 없이는 하나님에 대한 명백하고 완전한 지식을 가질 수 없다"라고 주장한 바 있다. 그러므로 우리는 사람의 창조에 대해 살펴보아야 한다. 그런데 "우리 자신에 관한 지식에는 두 가지가 있다. 첫째는 인간이 처음 창조되었을 때 우리의 상태는 어떠했는가에 대한 지식이다. 둘째는 아담이 타락한 후 인간의 상태는 어떻게 되었는가에 대한 지식이다"(I.15.1). 칼뱅은 I권 15장에서 원시의 原始義의 상태에 있는 인간의 본성에 대해서 다루고 있으며, II권 1장부터 3장에서 타락 후 인간의 상태에 대해서 다루고 있다.

칼뱅은 인간의 구성에 대해 이분설을 지지하고 있다. 인간은 영혼과 육체로 되어 있다는 사실은 논쟁의 여지가 없다. 영혼은 육체와 구별되는 본질적인 무엇이다. 그렇지 않다고 한다면, "우리가 '흙집'에 살다가(욥 4:19), 죽을 때에는 육신의 장막을 벗어나 각각 몸으로 행한 행위에 따라 마지막 날에 보상을 받기 위해서 썩어질 것을 벗어 버린다는 것을 성경은 가르치지 않았을 것이다." 또한 바울은 "육과 영의 온갖 더러운 것"에서 자신을 깨끗하게 하라고 신자들을 권고하면서(고후 7:1), 죄의 더러움이 머무는 두 부분을 육과 영이라고 지적해 준다(I.15.2).

우리가『기독교 강요』를 읽는 가운데 발견하는 칼뱅의 특이한 표현 중 하나는 "육체의 감옥"(I.15.2)이라는 표현이다. 보통 이 표현은 플라톤Plato, BC 427-347의 영향으로 해석되고 있는데 영혼이 육체의 감옥으로부터 해방되는 것을 구원이라고 이해하게 되면 영지주의적인 구원관이 된다. 비록 칼뱅은 영지주의적 구원관을 지지하지는 않지만 "육체의 감옥"이란 표현을 좋아하여 『기독교 강요』 곳곳에서 사용하고 있다. 그 이유는 칼뱅 자신의 육신적인 삶이라고 하는 것이 고난의 연속이었기 때문일 것이다.

『기독교 강요』에는 여러 명의 칼뱅의 대적들이 등장하는데 세르베투스가 그 대표적인 예일 것이다. 하지만 인간론과 기독론에 있어서 칼뱅의 주된 대적 가운데 한 명은 안드레아스 오시안더Andreas Osiander, 1498-1552일 것이다. 오시안더는 루터처럼 아우구스티누스 수도원 소속의 가톨릭 신부였다가 종교개혁에 가담한 루터교 목사였다. 오시안더의 가장 중요한 공헌은 지동설을 주창한 코페르니쿠스Nicolaus Copernicus, 1473-1543의 『천체의 회전에 관하여De reVolutionibus orbium coelestium』(1543년)를 소개하여 자연과학의 발전에 크게 기여하였다는 것이다. 하지만 신학적으로 오시안더의 주장은 신비적 색채가 있는 것으로 비판을 받았다. 칼뱅은 오시안더를 "그릇된 재간꾼"이라 비판하며 그가 "무분별하게 하나님의 형상을 육체와 영혼 양자에 확대함으로써 하늘과 땅을 혼합"하였다고 주장하고 있다(I.15.3).

칼뱅은 하나님의 형상의 주요 좌소坐所가 "가슴과 마음, 혹은 영혼과 그 능력"에 있다고 주장하고 있지만 "인간의 어느 부분에도, 심지어는 육체 자체에도 그 광채의 얼마가 빛나지 않는 곳은 없다"고 주장하고 있다(I.15.3). 그러나 인간의 육체까지도 하나님의 형상 속에 포함되어 있다는 사실을 분명하게 논술한 신학자는 후대의 개혁신학자 헤르만 바빙크Herman Bavinck, 1854-1921였다. "인간의 육체 역시 하나님의 형상에 속해 있다. … 육체는 무덤이 아니라 하나님의 경이로운 걸작품이다. 육체는 영혼과 동일하게 인간의 본질을 구성하고 있다. … 육체는 '인간됨'의 본질적 구성원이므로 비록 죄로 말미암아 인간의 죽음의 때에 육체가 영혼으로부터 잔인하게 찢겨져 분리되지만 그럼에도 불구하고 육체는 부활의 때에 영혼과 다시 결합하게 된다."[13] 육체는 영혼의 감옥이라고 불렀던 칼뱅과는 분명한 차이를 엿보게 되는 대목이 아닐 수 없다.

루터나 칼뱅 이전의 초대교회 교부들이나 중세의 아퀴나스는 하나님의 형상image과 모양likeness을 구별하는 것이 일반적이었다. 하지만 칼뱅은 "형상"이라는 말과 "모양"이라는 말이 히브리어의 평행법에 의한 것임을 지적하며 두 말이 차이가 없다고 주장한다(I.15.3). 칼뱅은 천사들도 하나님의 형상으로 지음받았다고 주장하고 있는데 그 이유로 "그리스도께서 증거하신 대로 우리들의 최고의 완성은 천사들과 같이 되는 데 있기 때문이다(마 22:30)"라고 말하고 있다(I.15.3).

하나님의 형상으로 지음받은 인간이 타락 후에도 여전히 하나님의 형상을 가지고 있다는 사실을 칼뱅은 부정하지 않는다. 하지만 그럼에도 죄인들에게 남아 있는 하나님의 형상은 "전적으로 소멸되거나 파괴되지는 않았다 하더라도 아주 부패했기 때문에, 남은 것은 다만 무섭도록 추한 것뿐이다." 따라서 우리가 그리스도를 통해서 하나님의 형상을 새롭게 회복하는 것이 우리의 구원의 시작이다. 칼뱅은 "새 사람을 입었으니 이는 자기를 창조하신 이의 형상을 따라 지식에까지 새롭게 하심을 입은 자니라"는 골 3:10과 "하나님을 따라 의와 진리의 거룩함으로 지으심을 받은 새 사람을 입으라"는 엡 4:24의 말씀을 인용하며, 우리가 "살려 주는 영"이신 그리스도를 통해 회복해야 할 하나님의 형상으로 "첫째로는 지식을 말하며, 둘째로는 순결한 의와 거룩함"을 말하고 있다. "여기서 우리가 추론할 수 있는 것은 하나님의 형상은 처음에는 정신의 빛과 마음의 의로움과 모든 부분의 건전함에서 뚜렷이 빛나고 있었다는 점이다"(I.15.4)라고 말하고 있다.

칼뱅은 영혼이 하나님의 본질에서 온 것이거나 아니면 신성이 은밀하게 유입된 것이라는 식으로 이해하는 오류를 반박하고 있다. 이러한 주장은 세르베투스가 되살린 마니교도들의 망상에 지나지 않는다. 이러한 반박을 통해 칼뱅은 모든 인간 영혼이 신적 본질로부터 아담에게 본래적으로 유전되었다는 영혼 유전설traducianism을 반대하고 무에서의 신적 창조 행위가 어린아이가 출생할 때마다 발생한다는 아우구스티누스의 영혼 창조설의 입장을 취하고 있다. "만약 하나님의 본질에서 인간의 영혼이 유출되었다고 하면, 하나님의 본성은 변화와 고뇌뿐만 아니라 무지, 악한 욕망, 허약, 그리고 각종 악에도 종속되었다는 결론에 이르게 된다"(I.15.5). 물론 바울은 헬라의 시인 아라투스Aratus, BC 315/310-240의 말을 인용하여 "우리가 그의 소생이라"(행 17:28)고 말하고 있지만, 이것은 본질에 있어서가 아니라 특성에 있어서 그의 소생이라는 의미라고 칼뱅은 해석한다(I.15.5).

사실 칼뱅의 하나님 형상론은 매우 플라톤적임을 부인할 수 없다. 영혼의 능력과 기능들을 현세의 생활에 고착시키고, 육체를 떠나서는 아무것도 남지 않는다고 주장하는 다른 철학자들에 비해서 하나님의 형상이 영혼 안에 있다고 생각하였던 플라톤의 견해는 보다 정확하였다고 칼뱅은 주장하고 있다(I.15.6). 영혼은 형체가 없는 실체이다. 하지만 영혼은 "공간적으로 제한을 받지 않는다 해도 그것은 육체를 거소居所처럼 간주하여 거기에 머물며, 육체의 모든 부분에 생기를 넣어 주고, 육체의 모든 기관을 각각의 행동에 적절하고 유용하게 할 뿐만 아니라 인간 생활을 다스림에 있어서도 수위首位를 차지하며, 그리고 지상 생활의 의무만이 아니라 동시에 하나님을 예배하도록 자극한다"(I.15.6)는 점을 칼뱅은 첨언하고 있다.

자유의지와 관련하여 타락하기 전 아담은 "원하기만 하면 자유 의지로써 영생에 도달할 능력이 있었다." 하지만 "처음 창조 때의 사람의 상태는 그 이후의 후손 전체와는 너무나도 다르다는 것"을 우리는 명심해야 한다(I.15.8).

자유의지를 부정하는 것은 루터와 츠빙글리 그리고 칼뱅을 비롯한 개혁자들의 공통점이라고 할 수 있다. 당시의 대표적인 인문주의자 에라스무스Erasmus of Rotterdam, 1466-1536는 이들 개혁자들과는 달리 자유의지를 강하게 주장하였는데 그 이유는 자유의지를 부정하게 되면 공로사상이 무너지기 때문이었다. 공로사상은 당시 가톨릭신학의 핵심적인 교의였다.

9. 섭리

1539년과 1554년판 『기독교 강요』에서 칼뱅은 섭리와 예정을 같은 장에서 함께 다루었다. 그러나 1556년의 최종판에서는 섭리와 예정을 완전히 분리시켜, 섭리는 창조주 하나님에 관한 지식과 관련하여 다루고 예정은 III권 21-24장에서 성령의 구속 사역을 다룰 때 논하고 있다.

칼뱅은 창조와 섭리의 밀접한 관련성을 주장하고 있다. 하나님을 단번에 그의 모든 일을 다 이루신 순간적인 창조주로 만들어 버리는 것은 참 냉랭하고 메마른 사고라고 칼뱅은 비판하면서 하나님의 능력이 처음 세상의 창조 때에 못지않게 그 이후 계속 이어지는 우주의 상태에서도 그대로 빛나고 있음을 지적하고 있다(I.16.1).

보통 하나님의 창조는 인정하면서 섭리를 부정하는 신관을 이신론deism이라고 한다. 17세기 근대 자연과학의 출현을 통해 하나님은 이 세상을 창조하시고 과학 법칙에 따라 이 세상이 돌아가도록 하시고 하나님은 이 세상 일에 관여하시거나 섭리하지 않으신다는 생각이 등장하게 되었던 것이다. 칼뱅은 이런 신론의 등장을 예견하고 있는 듯한 모습이다.

하나님의 섭리는 스토아 철학자들의 필연이나 운명에 반대함과 동시에 에피쿠로스 철학자들의 우연에도 반대한다. 그리스도인에게 "운명이나 우연과 같은 것은 존재하지 않는다"(I.16.2). 심지어 태양이 매일 뜨는 것도 자연의 맹목적인 본능에 의한 것이 아니라 우리에 대한 하나님의 부성적인 은총을 새로이 기억할 수 있도록 하나님께서 태양의 운행을 지배하신다는 것을 보여 주는 것이다(I.16.2).

하나님의 섭리는 하나님의 눈 못지않게 하나님의 두 손과도 관련이 있다. "하나님이 자기를 위하여 친히 준비하시리라"(창 22:8)는 아브라함의 말은 단지 하나님께서 미래의 일을 미리 알고 계신다는 의미일 뿐 아니라 보다 적극적인 의미가 들어 있다. "그러므로 섭리에는 반드시 행동이 수반되는 것이다"(I.16.4). 하나님은 우주와 그 각 부분들의 운행을 전반적으로 지도하실 뿐 아니라 개별적인 피조물들의 움직임 하나하나에도 관여하신다. 하나님은 게을러서 활동하시지 않는다고 상상하는 에피쿠로스 학파에 대해 칼뱅은 이러한 질병이 항상 세계에 가득하다고 지적하며 이에 못지않게 어리석은 사람들이 있는데 그들은 하나님이 "공중의 상반부는 지배하고 그 하반부는 운명에 맡긴다고 공상하는 사람들"이다(I.16.4).

하나님의 섭리는 특별히 인간과 관계가 있을 뿐 아니라(I.16.6) 자연의 현상들까지도 주관한다(I.16.7). 칼뱅은 말한다: "우리는 천상천하의 모든 피조물들이 하나님께서 친히 자기의 기뻐하시는 뜻대로 그들을 사용하시도록 그에게 복종할 준비를 갖추고 있다는 사실을 알아야 할 것이다"(I.16.7).

하나님의 섭리에 대한 가르침을 비난하는 사람들은 섭리론을 스토아 철학의 운명론과 동일시한다. 일찍이 아우구스티누스도 이러한 비방을 받은 바 있다. 칼뱅은 그리스도인들이 스토아 철학의 운명론을 주장하고 있다는 비난에 대해 그것은 악의에 찬 거짓된 혐의에 불과하며 "스토아 철학자들은 자연에 나타나 있는 끊임없는 연관과 서로 밀접하게 연결되는 인과 관계의 필연성을 상정하지만 우리는 그렇게 하지 않는다"라고 대답한다(I.16.8).

우리는 하나님의 섭리를 믿지만 그렇다고 모든 사건의 진정한 원인을 다 알 수 있는 것은 아니다. "모든 일이 하나님의 확실한 경륜에 따라서 그의 계획으로 지정되어 있으나, 우리에게는 그 일들이 우연적인 것으로 보인다는 것이다"(I.16.9). 인간은 처음 보아서는 깊이 감추어져 있는 제일 원인을 통찰하지 못한다. 이런 이유로 전도서에는 "운명"이라는 말이 자주 사용되었다(2:14-

15, 3:19, 9:2-3, 11). 하지만 "우리에게는 우연으로 보이는 것도 신앙은 그것을 하나님의 은밀한 추진이었다고 인정한다"(1.16.9).

섭리라는 주제는 매우 어려운 주제 중에 하나이다. 물론 창조를 다루는 부분도 쉽지 않고 말세를 다루는 종말론 또한 만만찮은 논란의 여지가 있어 많은 어려운 내용들과 직면하고 씨름하지 않을 수 없는 것이 사실이다. 하지만 섭리는 어떤 면에서 과거의 것도 아니고 미래의 것도 아닌 현재 진행형인 하나님의 사역을 다루는 것이기에 더 많은 어려움이 그 가운데 상존한다. 그래서 존 웹스터는 현대 신학에서 섭리론은 "문제 교리요 … 정말이지 위기에 처한 교리a problematic doctrine … as a doctrine in crisis"라고 말하고 있다.[14] 하지만 "고전적인 기독교 신학에서 섭리에 대한 지식은 실천적인 지식"[15]이었다. 섭리에 대한 학문적인 이해도 중요하지만 섭리 교리의 올바른 적용이 보다 중요하다고 할 수 있을 것이다.

칼뱅은『기독교 강요』I권 17장에서 "섭리 교리에 대한 올바른 적용은 우리에게 큰 유익을 준다"라고 주장하고 있다. 먼저 우리는 "하나님의 섭리는 우리의 책임을 약화시키지 않는다"는 사실을 기억해야 한다.

이러한 겸손한 마음을 가지는 사람들은 지난날의 불행을 이유로 하나님께 불평을 말하지 않을 것이며, 또한 호머의 작품에 등장하는 아가멤논이 "죄의 책임은 내게 있는 것이 아니라 제우스 신과 운명의 여신에게 있다"라고 말한 것처럼 그들 자신의 죄책을 하나님께 뒤집어씌우지도 않을 것이다. 또한 운명에 의하여 유괴된 것처럼 … 자포자기하여 자신을 파멸 속에 던지지도 않을 것이다(I.17.3).

칼뱅은 악인들의 악행이 하나님의 섭리의 도구가 될 수 있지만 그렇다고 그들의 악행에 대한 책임이 면제되는 것은 아니라고 주장하고 있다. "악의 문제와 그것에 대한 죄책은 분명 악한 사람에게 있는 것이다. … 하나님께서 그 자신의 목적을 위하여 악인의 행동을 사용하신다고 해서, 그가 부정한 일을 행하셨다고 생각"해서는 안 된다(I.17.5).

칼뱅은 하나님의 섭리를 인정할 때 우리가 얻는 유익에 대해 다음과 같이 말하고 있다: "이와 같은 지식을 가지게 될 때 여기에 필연적으로 수반되는 결과를 보면, 번영할 때에는 감사한 마음을, 역경 속에서는 인내를, 미래에 대한 우려에서는 놀라운 자유를 얻게 된다"(I.17.7).

하나님의 섭리는 제2의 원인을 무시하지 않는다. 그렇기 때문에 우리는 자신이 받은 은혜에 대해서 주님을 근원으로 여겨 그에게 찬양과 공경을 돌림과 동시에 "사람들을 하나님의 사역자들로 존귀하게 여길 것이고, 또한 하나님께서 그들을 사용하셔서 은혜를 베풀고자 하는 뜻을 가지셔서 그들에게 신세를 지게 되었다는 것을 인정하게 될 것이다"(I.17.9).

『기독교 강요』I권 17장 10절에서 칼뱅은 "하나님의 섭리가 없는 인생의 비참함"에 대해 말하고 있는데 우리 인생이 처해 있는 상황에 대해 매우 비관적으로 그리고 있다. 우리의 몸은 수천 가지의 질병을 담는 그릇이다. 사람은 온갖 방식으로 파멸할 수 있다는 부담에서 자유로울 수 없다. 우리는 죽음으로 포장되지 않은 삶을 이끌어 나갈 수가 없다. 추위도 위험하고 더위도 위험한 것이 바로 인생이다. "이런 온갖 괴로움 가운데 있으니, 사람이야말로 지극히 비참한 존재가 아닐 수 없다. 마치 목에 항상 칼이 드리워져 있는 상태로 사는 것처럼, 절반은 살아 있지만, 힘겹게 불안한 숨을 쉬고 있을 뿐인 것이다"(I.17.10).

이런 칼뱅의 표현은 칼뱅 자신이 겪었던 고난이라는 배경을 생각하면 비로소 바르게 이해할 수 있다. 칼뱅은 20대 중반에 자신의 고향에서 추방당하여 평생을 국외자로 살았고 결혼하여 낳은 자식의 죽음을 견뎌야 했고 얼마 지나지 않아 아내와도 사별하게 된다. 이후의 칼뱅의 생애에는 지속적인 질병의 고통이 떠나지 않았다. 그를 짓누르던 인생의 무게를 짐작하게 되는 대목이 아닐 수 없다. 육체가 영혼의 감옥이라는 표현도 그런 칼뱅 자신의 개인적인 상황과 무관하지 않았을 것이다.

하나님의 계획이 확실하고 든든하게 서 있는 것이 아니라 형편에 따라서 얼마든지 변화될 수 있는 것처럼 말씀하는 것으로 보이는 성경 구절들이 있다. 성경은 몇 차례 하나님의 후회하심을 언급하고 있다. 칼뱅은 이러한 하나님의 "후회하심"이라는 표현은 인간의 이해를 돕기 위한 화법이라고 주장한다. "하나님께 무슨 감정이 있다는 식으로 상상해서는 안 되고, 오히려 이 표현이 우리의 인간적인 경험에서 취한 표현이라는 것을 생각해야 한다"(I.17.13).

니느웨 성에 멸망을 선포했었다가 하나님이 뜻을 돌이키사 그들에게 내리리라고 말씀하신 재앙을 내리지 않기로 하신 요나서 3장 10절에 대한 설명에서 칼뱅은 "사십 일 후에 니느웨가 멸망하리라는 요나의 예언은 그 성이 멸망하지 않도록 하기 위한 것이었다"라고 말하고 있는데 최근의 성경 신학의 연구결과와 일치하는 주장이다. 요나서 1장 2절에 대한 개역성경과 개역개정을 비교해 보면 그 차이를 바로 알 수 있다. 개역성경에서 "너는 일어나 저 큰 성읍 니느웨로 가서 그것을 **쳐서** 외치라 그 악독이 내 앞에 상달하였음이니라 하시니라"라고 되어 있던 것을 개역 개정에서는 "너는 일어나 저 큰 성읍 니느웨로 가서 그것을 **향하여** 외치라 그 악독이 내 앞에 상달되었음이니라 하시니라"라고 표현함으로써 요나에게 주어진 하나님의 메시지가 니느웨의 멸망보다는 그들이 돌이키고 구원을 얻도록 하는 것이었음을 보여준다. 또 그렇기 때문에 요나가 니느웨의 구원을 싫어해서 도망간 것으로 자신을 항변하고 있는 요나서 4장 2절에서의 주장과도 잘 조화를 이룬다.

칼뱅이 『기독교 강요』 I권 18장에서 섭리와 관련하여 설명을 시도하고 있는 내용은 매우 어려운 난제 중의 하나이다. "하나님께서 사탄과 악인들을 통해서 역사하시면서도, 그들의 불법에 오염되지 않으시며, 그들과 더불어 일상적인 활동을 하시면서도 죄책을 지지 않으시며, 따라서 그가 자신이 쓰시는 그 사탄과 악인들을 올바르게 정죄하실 수 있다"는 것을 육신적인 생각으로는 도저히 납득할 수가 없기 때문이다(I.18.1). 하나님은 심지어 악인의 마음속에서도 자신이 원하시는 모든 일을 이루시고, 그러면서도 그들에게 그들의 악행에 대하여 책임을 물으신다(I.18.4).

『기독교 강요』 I권에서 칼뱅은 창조주 하나님을 아는 지식을 다루었다. I권의 앞머리에서 하나님을 아는 지식과 인간을 아는 지식의 관련성을 주장한 칼뱅은 우선적으로 하나님을 아는 지식을 다루고 있다. 이제 인간을 아는 지식을 시작으로 구속주 하나님에 대해서 다루고 있는 II권으로 넘어가 보자.

3장

『기독교 강요』II권

구속주 하나님을 아는 지식

『기독교 강요』II권의 제목은 "율법 아래에서 조상들에게 나타나셨고, 복음 안에서 우리에게 나타나신 구속주 하나님, 곧 그리스도를 아는 지식"이라고 되어 있다. 간단하게 "구속주 하나님을 아는 지식"이 II권의 제목이요 전체적인 내용인데 지금의 조직신학으로 말하면 인간론과 기독론에 해당하는 내용이라고 할 수 있다. II권은 전체 17장으로 구성되어 있는데 원죄를 비롯한 죄론에 대한 것과 함께 율법과 복음, 신구약 성경의 관계, 그리스도의 양성 교리, 그리고 그리스도의 삼중직에 대하여 다루고 있다.

1. 우리 자신을 아는 지식

"너 자신을 알라"는 말은 델포이Delphi의 신전에 새겨져 있던 말인데 소크라테스Socrates, c. BC 470-399가 인용하여 유명해졌다. 칼뱅은 우리 자신을 아는 지식의 앞머리에 이 말을 인용하며 "너 자신을 알라"는 고대의 격언이 조금도 틀린 말이 아니라는 사실을 기꺼이 인정하고 있다. 문제는 이 말을 잘못 적용하는 것이다. 일부 철학자들이 그런 어리석음을 범하였는데 자신의 가치와 탁월함을 아는 것을 통해 헛된 자신감에 부풀려지고 교만으로 우쭐해진다(II.1.1).

칼뱅은 우리 자신을 아는 바른 지식으로 두 가지를 말하고 있다. 첫째는 창조 시에 우리에게 주어진 고귀함을 생각하는 것이고 둘째는 아담의 타락 이후의 우리의 비참한 처지를 생각하는 것이다. "최초에 부여받은 그 고귀함을 생각할 때에 우리는 그것과 너무도 대조적인 우리의 현재의 더러움과 치욕의 상태를 떠올리지 않을 수가 없다. 첫 사람 안에서 우리가 우리의 원 상태로부터 타락했기 때문이다"(II.1.1).

사람은 본성이 스스로 우쭐해지기를 잘하며 그래서 사람의 골수에 박혀 있는 교만을 부추겨 주는 간사한 이야기는 사람을 기쁘게 한다. 시대를 막론하고 가장 환영을 받고 박수를 받아 온 사람은 인간 본성에 대하여 치켜 세우는 발언을 하는 사람이다. 하지만 "그것은 그저 자기 홀로 도취되도록 만드는 것 이외에 아무것도 아니며, 사실 그 가르침에 동의하는 자들을 철저히 속여 처절한 파멸로 몰아가는 것이다"(II.1.2).

칼뱅은 사람이 자기 자신에 대해서 가져야 할 마땅한 두 가지 지식을 제시하고 있는데 그 첫째는 최초의 원시 상태 또는 우리가 지으심을 받은 목적이다. 이 지식을 가질 때 불멸에 대해 묵상하게 되며 하나님 나라를 흠모하지 않을 수 없다. 둘째는 사람은 자기 자신의 능력에 대해 알아야 한다. 첫 번째 지식은 사람이 가진 의무의 본질을 깨닫게 하는 것이라면 두 번째 지식은 그 의무를 시행할 인간 자신의 능력의 한계를 깨닫게 한다(II.1.3).

2. 원 죄

죄의 본질에 대해 칼뱅은 교만이 모든 악의 시작이라고 한 아우구스티누스의 주장에 동의하고 있다. 하지만 칼뱅은 이 점에 대해 모세가 묘사하고 있는 유혹의 본질을 근거로 좀 더 충실한 정의를 시도하고 있다. 불순종이 타락의 시작이었다는 것은 분명히 드러나 있다. 이 불순종은 불신앙infidelity이라는 뿌리에서 연유한다. 이 불신앙에서 야망이 생겨나는데 이 야망이 불순종의 어머니가 되었으며 그 결과 사람은 하나님을 향한 두려움과 경외를 내동댕이치고 정욕이 이끄는 대로 아무렇게나 자기 자신을 던져 버린 것이다. "그러므로 그때에 사탄에게 귀를 열어 주었기 때문에 죽음이 들어온 것과 같이(참조, 렘 9:21), 오늘날 우리가 같은 창으로 복음을 받아들일 때에 우리 앞에 구원으로 들어가는 문이 열린다는 베르나르Bernard of Clairvaux, 1090-1153의 가르침은 옳다"(Ⅱ.1.4). 이후 『기독교 강요』 여러 곳에서 칼뱅은 베르나르를 우호적으로 인용하고 있다. 반면에 롬바르드Peter Lombard, c. 1096-1160와 아퀴나스Thomas Aquinas, 1225-1274에 대해서는 줄곧 비판적이다.

"한 사람의 범죄로 말미암아 모든 사람이 죄책을 지게 되고 죄가 공통적인 것이 된다"는 원죄론은 일반 상식과 거리가 먼 것임을 칼뱅은 인정하면서 옛 교부들이 원죄에 대해 희미하게 다룬 이유가 여기에 있다고 보고 있다(Ⅱ.1.5). 사실 원죄론은 별반 동방신학에서는 발전하지 못하였다. 그나마 서방신학 가운데 아우구스티누스에게서 다소나마 명료한 표현을 발견할 수 있을 따름이다.

원죄론과 관련한 토론에서 칼뱅은 아우구스티누스의 논적이었던 펠라기우스Pelagius(354-420)와 그의 제자 셀레스티우스Celestius를 계속해서 언급하며 비판하고 있다.

펠라기우스는 겁내지 않고, 아담의 죄는 그 자신의 손실을 초래했을 뿐 후손을 해하지 않았다는 모독적인 망상을 들고 나섰다. 사단은 이 궤변을 가지고 이 병을 엄폐해서 고칠 수 없게 만들려고 했다. 그러나 처음 사람으로부터 그의 모든 후손에게 죄가 전달되었다는 것이 성경의 분명한 증언에 의해서 증명되자(롬 5:12), 펠라기우스는 그 전달은 모방에 의한 것이지 번식에 의한 것이 아니라고 얼버무렸다. 그러므로 선한 분들이(그중에서도 특히 아우구스티누스가), 우리는 외부에서 온 사악으로 인해서 부패한 것이 아니라 모태로부터 타고난 결함을 지니고 있다는 것을 증명하려고 노력했다(II.1.5).

칼뱅은 아담이 그저 인류의 시조始祖만이 아니라 인류의 뿌리였고, 그래서 아담의 부패로 말미암아 온 인류가 부패한 상태 속에 있게 되었다는 것을 분명하게 주장한다. "이에 대해서 펠라기우스주의자들은 무어라 엉뚱한 논리를 지껄이는가? 아담의 죄가 모방에 의해서 전파되었다고 하는가? 그렇다면 그리스도의 의도 우리에게 그냥 모범으로만 제시되었다는 것인가? 도대체 그런 모독적인 논지를 누가 참을 수 있단 말인가?"(II.1.6). 롬 5:12이나 롬 5:17과 같은 말씀에서 확언하는 바와 같이 만일 그리스도의 의가 전달에 의해 우리의 것이 된다는 것이 논란의 여지가 없는 사실이라면, 의와 생명이 아담 안에서 잃어버린 바 되었는데 그리스도 안에서 회복된 것이라는 논리가 성립되며, 아담을 통해서 끼어들었던 죄와 사망이 오직 그리스도를 통해서 제거된다는 논리가 성립된다고 칼뱅은 주장하고 있다(II.1.6).

따라서 "우리는 아담과 함께 죽었다"라고 하는 말은 해석할 길이 하나밖에 없다. 즉 아담은 죄를 지음으로써 자신이 불행과 멸망을 당했을 뿐 아니라 우리의 본성까지도 같은 파멸에 빠뜨렸다는 것이다. 이것은 그 자신의 죄책 때문이 아니라 —그의 죄책은 우리에게는 아무 상관도 없는 것이다— 그가 빠진 그 부패를 모든 후손에게 감염시켰기 때문이다(II.1.6).

영혼의 기원과 관련하여 칼뱅은 본격적인 토론을 하고 있지는 않지만 영혼 유전설traducianism을 반대하고 있다. 원죄론은 자식의 영혼이 부친의 영혼에서 유전된 것을 주장하는 것이 아니라 "아담에게서 시작된 부패가 조상들에게서 그 후손들에게로 영속적으로 흘러내려 가는 방식으로 전달"된다는 것을 주장한다. 펠라기우스주의자들은 경건한 부모들에게서 자녀들이 부패성을 물려받는다는 것은 설득력이 없다고 주장하지만 칼뱅은 이에 대해 "자녀는 부모의 영적 중생에서 나는 것이 아니고 육적 번식에서 나는 것"임을 주장하고 있다. "아우구스티누스가 말하는 것과 같이, 죄 있는 불신자든 죄 없는 신자든 사람은 썩은 본성에서 자녀를 낳기 때문에 무죄한 자녀가 아니라 유죄한 자녀를 낳는다"(Ⅱ.1.7).

아우구스티누스 이래로 원죄를 "육욕肉慾, concupiscence"으로 이해하고 있는 것에 대해 칼뱅은 일단은 적절한 단어를 사용했다라고 인정하고 있다. 하지만 칼뱅은 육적인 욕망, 특별히 성적인 욕망으로만 원죄를 이해하는 것의 한계를 지적하고 있다. 사람에게 있는 모든 것이 이해력에서부터 의지에 이르기까지 또 영혼으로부터 육체에 이르기까지 모두 이 육욕으로 더럽혀지고 가득 차 있다. 즉 전적으로 인간은 육욕 외에 아무것도 아니라고 하는 점을 칼뱅은 강조하고 있다. 원죄라고 하는 것은 영혼의 모든 부분들에 퍼져 있는 우리 본성의 유전적 타락성과 부패성이라고 할 수 있다(II.1.8).

하나님께서는 왜 아담의 타락을 미리 막지 않으셨는지 불평하는 사람들에 대해 칼뱅은 이런 항의가 지나친 호기심을 나타내는 것이므로 경건한 사람들은 이런 투덜거림을 혐오해야 한다고 주장하고 있다. 그리고 이 문제는 예정의 비밀과 관계되는 문제인데 후에 적절한 곳에서 논의하게 될 것을 예고하고 있다. 분명한 것은 인간의 죄에 대한 책임을 하나님께 돌려서는 안 된다는 것이다. "분명히 인간의 멸망은 그 책임을 인간에게만 돌려야 한다. 하나님의 친절로 의를 얻었음에도 어리석은 인간은 허무 상태에 빠졌기 때문이다"(II.1.10).

칼뱅은 타락한 이후의 인간이 모든 자유를 다 빼앗겼는지, 혹시 한 티끌이라도 아직 자유가 남아 있는지를 좀 더 면밀하게 살펴본다. 여기에서 칼뱅은 오류를 피하는 최선의 방법이 양쪽에서 우리를 위협하는 두 가지 위험 요소를 염두에 두는 일임을 말하고 있다.

첫째로, 사람은 자신에게 올바른 것이 있다는 것이 완전히 부인되면 곧바로 그 사실을 안일에 빠질 기회로 삼는다는 것이다. …
둘째로, 아무리 사소한 것이라도 사람에게 공로를 돌리면, 그것은 곧바로 하나님의 존귀를 빼앗는 것이 되며 결국 그로 인하여 사람이 자기에 대한 뻔뻔스러운 과신으로 말미암아 스스로 멸망에 빠지고 만다(II.2.1).

칼뱅은 "자유의지가 그 수호자들에 의해서 강화되기보다는 오히려 짓밟힌다"는 아우구스티누스가 자주 인용한 명언을 매우 타당하다고 보고 있다. 일부의 사람들은 사람의 능력을 근원부터 뿌리 뽑아야만 하나님의 능력이 사람 안에서 세워진다는 논지는 불필요한 것은 아니라 하더라도 아주 위험스러운 것으로 여겨 매우 혐오한다. 하지만 이러한 논의는 칼뱅이 보기에 우리의 신앙에 있어서 가장 절실한 것이요 또한 지극히 유익한 것이다(II.2.1).

초대교회 교부들, 특별히 크리소스톰Chrysostom, 354-407이나 제롬Jerome, 345-419이 인간의 능력을 높이 평가한 데는 두 가지 목적과 이유가 있다고 칼뱅은 생각한다. "첫째로, 인간의 무력無力을 솔직하게 인정하면 그들과 대립관계에 있던 철학자들의 조롱을 받았을 것이다. 둘째로, 선에 대해서 이미 무관심한 육에게 나태할 새로운 구실을 주고 싶지 않았을 것이다"(II.2.4). 물론 교부들의 주된 관심사는 두 번째에 있었다. 곧 게으름을 피울 빌미를 제공하지 않는다는 점에 주안점을 주었다고 칼뱅은 보고 있다.

칼뱅에 의하면 다른 교부들보다 헬라교부들이 인간의 의지의 능력을 높이 치켜세웠고, 아우구스티누스(아우구스티누스는 라틴교부라고 할 수 있다)를 제외한 고대의 모든 교부들은 타락한 인간의 상태에 대해 혼란스럽고, 이리저리 흔들리고, 혹은 모순된 주장을 하기 때문에 확실한 논지를 얻을 수가 없다. 또 다른 저자들은 "인간성을 교묘하게 옹호하노라고 자랑하고자 했지만 타락하여, 마침내 사람은 감성 부분에서만 부패하고 이성은 완전무결하며 의지 또한 대체로 손상이 없다"고 주장하게 되었다. "동시에 사람의 자연적인 은사들은 부패되었지만 초자연적인 은사들은 제거되었다고 하는 그 유명한 말이 사람들의 입에 오르내리게 되었다"(II.2.4).

교부들의 모호한 가르침에도 불구하고 교부들이 인간의 덕성을 전혀 높게 여기지 않고 모든 공로를 성령께 돌리고 있다는 것을 입증하기 위해 칼뱅은 아우구스티누스가 자주 반복하여 인용하고 있는 키프리아누스Cyprianus, 200-258의 말을 소개한다. "우리의 것은 하나도 없으며, 따라서 우리는 아무것도 자랑해서는 안된다"(II.2.9).

인간의 능력을 과신하고 찬양하는 사람들은 늘상 있어 왔다.

오늘의 시대뿐 아니라 종교개혁 시대에도 마찬가지다. 칼뱅은 자기의 힘이 많아서 자기를 의지할 수 있다는 것은 참으로 기분 좋은 말이라는 사실을 기꺼이 인정하고 있다. 하지만 "이 허무한 신념에 속지 않기 위하여, 우리는 우리의 교만을 철저하게 꺾어 버리는 중요한 성경 귀절에 귀를 기울여 그 만류를 받아야 한다"라고 칼뱅은 주장하고 있다(II.2.10).

칼뱅은 "우리 철학"(아마도 여기에서는 우리 기독교 신앙을 가리키는 표현일 것이다)의 기초가 겸손이라고 한 크리소스톰의 말이 항상 자신을 기쁘게 한다고 말한 다음, 하지만 아우구스티누스의 다음과 같은 말은 자신을 더욱 기쁘게 한다고 말하고 있다: "기독교 신앙의 강령이 무엇이냐고 내게 묻는다면, 나는 첫째도, 둘째도, 셋째도, 그리고 항상 '겸손'이라고 대답하겠다." 겸손에 대해 칼뱅은 "사람이 완전히 낮아지는 것 이외에는 피할 곳이 없다고 진정으로 느끼는 것"이라고 정의한다. 계속적으로 칼뱅은 아우구스티누스를 인용한다: "사람은 스스로만 보면 사탄이다. … 우리에게 필요한 것은 거짓된 자기변호가 아니라 진정한 고백이다"(II.2.11).

인간은 타락으로 말미암아 초자연적인 은사들을 빼앗겼고 자연적인 은사들은 부패하였다. 하지만 그럼에도 인간에게는 사람과 짐승을 구별할 만한 이성은 남아 있다. 칼뱅은 "빛이 어둠에 비취되 어둠이 깨닫지 못하더라"(요 1:5)는 말씀에 두 가지 분명한 사실이 표현되어 있다고 생각한다. 첫째는 사람의 타락하고 부패한 본성에서도 어느 정도 희미한 불빛이 보인다는 것이요 둘째는 이 불빛이 짙은 무지로 덮여 질식 상태에 있어서 효과적으로 역할을 할 수 없다는 것이다(II.2.12).

이 부분에서 칼뱅의 하나님 형상론에 대한 비판이 제기되고 있다. 예컨대 안토니 후크마Anthony A. Hoekema, 1913-1988는 세 가지 비판을 제기하고 있다: ① 타락한 인간 속에 있는 하나님의 형상에 대한 칼뱅의 주장은 일관성을 상실하는 경우가 가끔 있다. ② 온 땅을 향한 인간의 통치권을 인간이 갖고 있는 하나님의 형상의 내용 중의 한 측면으로 간주하기를 칼뱅은 거절한다. ③ 인간이 남자와 여자로 지음받았다는 사실이 하나님의 형상의 본질적 측면이며 또한 이것이 암시하고 있는 바가 많다는 사실에 대해 칼뱅은 충분히 고려하지 않았다.[16]

칼뱅은 사람의 영혼을 지성과 의지로 구분하고 있는데 인간의 지성이 영구히 눈이 멀었다는 사실을 정죄하는 것이 지나쳐서 그 어떠한 대상도 지각할 능력이 없다고까지 주장하는 것은 하나님의 말씀을 거스르는 것일 뿐만 아니라 일반 상식의 경험과도 맞지 않다고 주장한다(II.2.12).

지성의 노력은 특별히 "이 땅의 것들"에 대해서는 전혀 효과가 없을 정도로 그렇게 무가치한 것이 아니다. 반대로 비록 지성은 "하늘의 것들"을 탐구하는 일에 별로 주의를 기울이지 않기는 하지만, 그럼에도 어느 정도 그것들을 맛보기에 충분할 만큼 지적인 능력을 갖추고 있다. 칼뱅이 말하는 "이 땅의 것들"이란 "하나님이나 그의 나라, 참된 공의, 혹은 미래의 삶의 복락과는 관계없는 것들을 지칭하는 것으로, 그 의미와 관계가 현재의 삶과 연관되며 어떤 의미에서 현재의 삶의 경계 내로 한정되어 있는 것들"이며, 여기에는 "정치, 경제, 모든 기계적인 기술들, 그리고 예술 등"이 포함된다. 반면에 "하늘의 것들"이란 "하나님, 참된 의의 본질, 그리고 하늘나라의 신비에 대한 순전한 지식"과 같은 것인데, "하나님과 그의 뜻에 대한 지식, 그리고 하나님의 뜻에 우리 삶을 일치시키는 법칙에 대한 지식 등"이 포함된다(II.2.13).

"이 땅의 것들"을 이해하는 지성과 관련하여 칼뱅은 흥미롭게도 "사람이 본성적으로 사회적 동물이므로 타고난 본능에 의하여 사회생활을 육성하며 보존하는 경향이 있다"라고 말하고 있다.

우리는 모든 사람의 마음에 특정한 시민의 공평한 관계와 질서에 대한 보편적인 생각들이 존재하고 있음을 보게 된다. 그렇기 때문에, 인간의 조직들이라면 그 종류를 막론하고 반드시 법에 의하여 규정되어야 한다는 것을 이해하지 못하거나, 혹은 그런 법들의 원리를 납득하지 못하는 사람이 하나도 없는 것이다 (II.2.13).

17세기 절대 왕정의 시대를 거쳐 근대적 의미의 민주사회가 도래하려면 아직도 수 세기를 기다려야 하는 16세기 정황에서 칼뱅이 가지고 있던 시민 사회에 대한 확신을 확인하게 되는 대목이다.

칼뱅은 학예學藝, liberal arts와 공예工藝, manual arts에 있어서 우리 모두가 어느 정도 재능을 드러내고 있는데 이런 선한 능력은 하나님이 주신 것이라고 주장한다. 타락 이후에도 인간 본성 속에는 탁월한 은사들이 남아 있다. 그래서 때로 세속 저술가들의 글 가운데 진리의 환한 빛이 비치는 것을 볼 수도 있다. 사람의 지성은 비록 타락하여 그 온전함에서 부패해 있는 상태이긴 하지만 하나님의 탁월한 은사들로 아름답게 장식되어 있다고 칼뱅은 보고 있다. 그러므로 "하나님의 영을 진리의 유일한 원천이라고 인정한다면, 진리가 그 어디에서 나타나든 우리들이 그것을 거부하거나 멸시하면 그것은 하나님의 영을 모욕하는 것이 될 것이다"(II.2.15).

저급한 일을 탐구함에 있어 성경이 육에 속한 사람(고전 2:14)이라 칭하는 사람들이 그리스도인들보다 더 예리하고 통찰력이 있을 수 있다. 칼뱅은 주장하고 있다: "따라서 우리는 인간성이 그 진정한 선을 빼앗긴 후에도 주께서는 많은 선물을 인간성에 남겨 두셨다는 것을 그들의 예를 보아서 깨달아야 한다"(II.2.15).

칼뱅은 하나님께서 성령의 지극히 탁월한 은사들을 인류의 보편적인 유익을 위해서 원하는 자들에게 나누어 주신다고 주장하고 있다. 성막을 건설한 브살렐과 오홀리압의 깨달음과 지식은 하나님의 영에 의해서 그들에게 부어 주신 것이었다(출 31:2-11; 35:30-35). 하나님의 영은 신자들 속에 거하실(롬 8:9) 뿐만 아니라 만물을 채우시고, 움직이시고, 또한 생기를 불어넣으시며, 또한 자신이 친히 창조의 법칙을 따라 각 종류에게 부여하신 그 성격에 따라서 그렇게 유지하신다. 그러므로 만일 하나님께서 우리가 물리학, 변증학, 수학 등의 학문들에서 불경건한 자들의 업적과 활동의 도움을 받기를 원하셨다면, 마땅히 그런 도움을 받아들여 사용해야 한다. "이런 학문들에서 하나님께서 값없이 베푸신 선물을 소홀히 한다면, 우리의 나태함에 대하여 공의의 형벌을 받아야 마땅할 것이다"(II.2.16).

심지어 불신자들에게까지도 하나님은 지혜를 부여하셔서 이런 저런 학문적인 업적을 이루게 하신다. 불신자들의 예술 활동도 마찬가지 관점에서 바라볼 수 있다. "나면서부터 모자라고 어리석은 사람들이 있다고 해서 이 결함이 하나님의 전반적인 은총*Generalem Dei gratiam*을 덮어 버리는 것은 아니다"(II.2.17). 물론 칼뱅이 단서를 달아 놓은 것처럼 나름의 한계와 왜곡의 가능성이 있음을 유의해야 하지만 이 부분에 있어서는 심지어 신자들 안에도 이런 한계와 왜곡이 있을 수 있음을 인정한다면 그렇게까지 결정적인 것이라고 볼 수 없다.

아우구스티누스는 이교도들의 덕성에 대해 "화려한 악"이라고 불렀다. 그러나 칼뱅은 비록 기본적으로는 아우구스티누스와 생각은 같으면서도 이 대답에 전적으로 만족해 하지는 않았다. 칼뱅은 아우구스티누스와 마찬가지로 타락한 인간의 죄성과 부패를 깊이 인식하고 있었다. 그러나 칼뱅은 계속해서 이 타락하고 죄된 세상에서 발견되는 진리, 선함, 아름다움, 문명, 질서의 요소들을 어떻게 설명할 수 있겠는가라는 질문을 제기했다. 칼뱅은, 인간을 새롭게 하지는 않지만 죄를 억제하는 하나님의 이러한 은총을 표현하고자 다양한 용어를 사용했는데, 후대에 가서 개혁신학에서는 이것을 일반 은총common grace이라 부르게 되었다. ① 비신자들도 그들 속에 반짝이는 진리의 빛을 갖고 있으며, ② 그들도 하나님의 위대한 은총들로 옷 입혀져 있으며, ③ 모든 진리는 하나님의 영으로부터 나오며, ④ 그러기에 그 진리가 비신자들에 의해서 표현될 때도 그 진리를 거부하고 경멸하는 것은 하나님의 성령을 모욕하는 것이다.[17]

"이 땅의 것들"에 대해 인간의 이성이 수행할 수 있는 능력에 대해 살펴본 후 칼뱅은 "하늘의 것들"이라고 할 수 있는 하나님의 나라와 영적인 분별에 대해서 인간의 이성이 무엇을 분별할 수 있는지 검토하고 있다. 칼뱅이 보기에 이 영적 통찰에는 주로 세 가지 요소가 있다. "① 하나님을 알고, ② 우리에게 대한 아버지 같은 호의, 즉 우리의 구원을 알며, ③ 하나님의 법을 표준으로 삼아 우리의 생활을 정돈하는 법을 아는 것이다. 처음 두 가지에 대해서 특히 두 번째에 대해서는 가장 위대하다는 천재들도 두더지보다도 더 무지몽매하다"(II.2.18). 사람의 지성이 아무리 예리하다 해도, 하나님을 아는 지식에 관한 한 그저 눈먼 상태에 지나지 않는다. "그리스도께서 친히 말씀하시는 바와 같이, 베드로가 그리스도를 알아보게 된 것은 바로 성부 하나님의 특별한 계시로 말미암은 것이었다(마 16:17)"(II.2.19).

자연의 광명을 의지하는 사람은 "육에 속한 사람"(고전 2:14)이다. 이 사람들은 하나님의 영적 신비를 전혀 깨닫지 못한다. 나태하여 그 신비를 무시하기 때문이 아니다. "'이런 일은 영적으로라야 분별'할 수 있기 때문에, 인간이 아무리 노력해도 전혀 이해할 수 없다"(II.2.20).

칼뱅은 플라톤이 모든 죄를 무지의 탓으로 돌리는 것을 비난한다. 하지만 칼뱅은 모든 죄에는 계획적인 악의와 타락이 있다고 생각하는 사람들의 의견도 배척한다. 선한 의도가 있음에도 불구하고 죄를 짓는 일이 많다는 것을 우리 모두는 경험으로 너무도 잘 알고 있다. 우리는 삶의 각 부문에서 우리의 이성이 하나님 보시기에 얼마나 허망한 것인가를 깨달아야 한다(II.2.25).

이성은 신학 이외의 학문의 내적 인식의 원리이다. 칼뱅은 이성이 신학의 내적 인식의 원리로 부족함을 아우구스티누스를 인용하여 설명하고 있다.

아우구스티누스는 이성에는 하나님께 속한 일을 이해할 능력이 없다는 것을 인정하여, 우리의 눈을 위해서 햇빛이 필요한 것과 같이 우리의 마음에 조명의 은총이 필요하다고 생각하였다. 그는 이렇게 말하는 것으로 만족하지 않고, 빛을 보기 위해서 눈을 뜨는 것은 우리 자신이지만, 마음의 눈은 주께서 열어 주시지 않으면 닫힌 그대로 있다고 덧붙였다. 성경의 교훈을 보면 우리의 마음은 어느 하루만 조명을 받고 그 후에는 자기 힘으로 볼 수 있는 것이 아니다(II.2.25).

『기독교 강요』 II권 2장의 말미에서 칼뱅은 롬 7장에 대하여 성령에 의해 중생했으면서도 아직 육의 잔재를 가지고 있는 사람이 아니고서는 이런 마음속에서의 투쟁을 할 수 없다고 주장한다. "내 속 사람으로는 하나님의 법을 즐거워하되 내 지체 속에서 한 다른 법이 내 마음의 법과 싸우는도다"(롬 7:22-23). 칼뱅에 따르면 비록 아우구스티누스는 한때 이 구절을 사람의 본성에 관한 것이라고 해석했었지만 후에 그 해석을 철회하였다(II.2.27).

이 점은 후대의 개혁신학과 알미니안 신학 사이의 논란이 되었던 문제였다. 과연 롬 7:24의 탄식을 그리스도인이 할 수 있는가 하는 문제에 있어서 알미니우스Jacobus Arminius, 1560-1609는 이 사람이 그리스도인이 아닐 수도 있다는 의견을 개진함으로 주목을 받았다. 참고로 루터는 그의 『로마서 강의Lectures on Romans, 1515-1516』에서, 롬 7:24의 "오호라 나는 곤고한 사람이로다"라고 한 말을 "여전히 육적인 사람"의 발언이라고 생각할 수 있다는 것은 이상하다면서 이것은 영적인 사람만이 할 수 있는 말이라고 했다(*Werke* WA LVI. 346).

칼뱅은 영혼의 두 가지 기능인 지성과 의지를 지닌 사람을 가장 잘 파악할 수 있는 방법은 성경에 나타나 있는 사람을 지칭하는 여러 가지 호칭들을 살펴보는 것이라고 주장하며, "육으로 난 것은 육이요"(요 3:6)라고 그리스도께서 말씀하시는 것이 비참한 피조물로서의 인간의 전인全人을 지칭하는 것이라고 말하고 있다. 이 말씀을 하시는 주님의 논지는 사람이 육체적인 의미로 거듭나야 한다고 가르치시는 것이 아니라 전인이 반드시 거듭나야 한다는 것이다. "그저 영혼의 일부만 새롭게 변화되었다면, 그 영혼은 거듭난 것이 아니다. 영혼 전체가 완전히 새로워질 때에만 비로소 그 영혼이 거듭난 것이다"(II.3.1).

루터는 에라스무스와의 논쟁에서 "필연"과 "강제"를 구별하였다: "내가 말하는 필연은 강제가 아니며, 변동할 수 없다는 의미에서의 필연이다." 루터는 악인이 자기 힘으로는 악행을 버리지 못하지만 자발적으로 악을 행한다고 설명한다. 칼뱅은 루터의 이 구분을 받아들인다. "사람이 타락에 의하여 부패하였을 때에 강제에 의해서 억지로 죄를 지은 것이 아니라 자신의 의지로 죄를 지은 것이며, 강압에 의해서가 아니라 자기 마음의 강력한 이끌림에 의해서 죄를 지은 것이요, 외부로부터 어떤 억압에 의해서가 아니라 자기 자신의 욕심에 이끌려 죄를 지은 것"이다 (II.3.5).

칼뱅은 전면적인 회심의 필요성을 역설하고 있다. 그런데 이러한 전면적인 회심은 전적으로 하나님의 역사이다. "새 영을 너희 속에 두고 새 마음을 너희에게 주되 너희 육신에서 돌 같은 마음(굳은 마음)을 제거하고 살 같은 마음(부드러운 마음)을 줄 것이며 또 내 신을 두어 너희로 내 율례를 행하게 하리니 너희가 내 규례를 지켜 행할지라"(겔 36:26-27)는 말씀을 인용하며 칼뱅은 다음과 같이 주장하고 있다.

만일 돌이 부드러워서 어느 정도 굽히게 만드는 방법이 있다면, 나는 사람의 마음도 그 불완전한 점을 하나님의 은총으로 보충하면서 바른 일에 복종하도록 개조할 수 있으리라는 것을 부정하지 않겠다. 그러나 하나님께서 이 비유를 말씀하셨을 때에, 우리 마음은 완전히 다른 것으로 변하지 않는 한 전혀 선한 것을 짜낼 수 없다는 것을 밝히고자 하셨다면, 우리는 하나님께서 자신만이 하시는 일이라고 주장하시는 것을 하나님과 우리 사이에 나누어서는 안 된다(II.3.6).

칼뱅은 우리에게 있는 모든 선한 행실들이 다 본래 시초부터 하나님께로부터 온 것이며, 구원의 전부가 하나님께로부터 오는 것이므로 사람은 자랑할 것이 조금도 없다고 주장한다(II.3.6).

칼뱅이 보기에 "우리의 축복의 시작과 계속과 결말이 하나님께로서만 온다"는 것은 특히 성경에 있는 기도들에서 분명하게 드러난다. 우리가 행하는 선행도 처음부터 끝까지 하나님의 역사 하심의 결과이다. "선행의 처음 부분은 결심이며 다음 부분은 그것을 성취하는 강한 노력이다. 그리고 두 부분은 모두 그 근원이 하나님이시다"(II.3.9).

하나님께서 우리의 의지를 움직이신 후에 거기에 대한 복종이나 항거를 선택하는 것은 우리가 하는 일이라고 생각할 수 있으나 칼뱅은 이에 대해 "하나님이 이끄시는 사람은 이끌리기를 원하는 사람이다"라는 크리소스톰이 자주 반복하였던 말을 배격하면서 하나님께서는 의지의 방향을 효과적으로 결정하신다고 주장하고 있다(II.3.10).

칼뱅은 조심스럽게 오캄William Ockham, 1285-1347의 견해라고 알려진 자기 안에 있는 것quod in se est을 행하는 사람에게 하나님은 은총을 거부하시지 않는다는 주장을 소개하며 이러한 오캄의 견해를 배격하고 있다(II.3.10). 이 부분과 관련하여 앨리스터 맥그래스Alister E. McGrath, 1953- 는 마르틴 루터의 신학적 혁파가 바로 여기에서 이루어졌음을 주장하고 있다.

루터의 신학적 돌파는 스콜라 신학의 새 길의 칭의론과의 씨름 가운데서 이루어졌다. 오캄은 새 길의 신학의 대표자이다. 루터가 자신의 칭의 교리에 적용한 새 길의 신학자들의 결론들 중 한 가지는 하나님과 인간 사이의 계약 개념이고, 이에 근거하여 칭의 교리가 발생한다. 하나님께 열려 있는 몇 가지 가능성들로부터 하나님은 인간과 '계약'을 맺거나 '약속'하려고 하는데, 루터의 칭의 교리와 새 길의 입장을 이어 주는 지주支柱가 바로 이 계약pactum 개념이다. 본래 귀한 금화가 그 자체의 가치에 따라 상품을 구입하는 경제구조는 "존재론적인 인과관계"에 비유된다. 본래 가치 없는 납화가 왕이 정한 약속이나 계약에 의해 납화에게 부여된 그 본래적 가치보다 더 많은 가치를 가지는 경제구조는 "계약적인 인과관계"에 비유된다. 이러한 "계약적인 인과관계"에 근거하여 새 길의 신학자들은 다음과 같은 점들을 계속해서 주장했다. ① 인간의 도덕적인 행위는 본래 가치가 없다. ② 하나님과 인간 사이의 계약이라는 개념을 사용함으로써, 그리고 인간의 본래 가치 없는 도덕적 행위들을 칭의의 수단으로 받아들이기로 정하신 하나님의 자비를 통해, 인간의 도덕적 행위는 공적에 따라 칭의를 가능하게 한다. 이렇게 해서 새 길의 신학자들은 "(계약이라는 조건 하에서 그들에게 부여된 가치는 본래적인 가치보다 크다고 주장함으로써) 여전히 인간의 행위가 인간의 칭의를 가져온다고 생각한 반면에 (그 행위의 본래적인 가치는 하찮다고 주장함으로써) 인간의 행위를 펠라기우스적으로 만드는 것을 피할 수 있었다."[18] 루터는 자신이 교육받았던 이 새 길의 구원론을 혁파하고 종교개혁 사상에 도달하게 된다.

칼뱅은 사람에게 베풀어지는 최초의 은혜에 대하여 개개인이 얼마나 그것을 받아들이는가에 따라 인간의 공로에 비례하여 견인이 주어진다는 식의 주장을 사악하기 그지없는 오류라고 비판한다. 칼뱅은 견인이 홀로 하나님께서 하시는 일로서 결코 우리의 어떤 행동에 대한 보상이나 보충이 아니라고 주장하고 있다. 칼뱅은 두 가지를 경계하고 있다: "첫째로, 처음 은총을 합당하게 사용한 데 대한 상급으로 후에 은총들을 받는다고 말해서는 안 된다. 둘째로, 상급을 하나님께서 거저 주시는 은총이 아니라고 생각해도 안 된다. 상급은 하나님께서 거저 베푸시는 은혜에서 오는 것이다"(Ⅱ.3.11). 하이델베르크 교리문답(1563년)도

상급과 관련하여 "이 상급은 공로에 의해 얻어지는 것이 아니라 은혜의 선물이다"라고 주장하고 있다(제63항의 대답).

바울은 고전 15:10에서 자신의 모든 수고의 공을 오직 은혜에 돌리고 있다. 이 부분을 사람들은 왜곡하여 은혜가 사도의 동역자였다는 뜻으로 해석하지만 바울이 말하고자 하는 바는 그에게 임하여 있는 은혜가 모든 것의 원인이라는 것이다. 칼뱅은 "원하지 않는 사람이 원하게 되도록 은총이 그를 앞지르며, 원하는 사람의 소원이 헛되지 않도록 그의 뒤를 따른다"는 아우구스티누스의 말을 인용한 후, 교회로 하여금 "제가 아무리 싫다 하더라도 저를 이끌어 원하는 자가 되게 하시고, 걸음이 느린 저를 이끌어 달리게 만드소서"라고 간구하게 하였던 베르나르의 기도를 인용하고 있다(II.3.12).

이 부분의 논의에 있어 칼뱅은 아우구스티누스에게 매우 의존적이다. 칼뱅은 자신이 직면하고 있던 소르본의 궤변가들인 가톨릭 신학자들을 아우구스티누스의 대적자 펠라기우스와 동일시하고 있다. 왜냐하면 소르본의 궤변가들은 사실상 자기들의 조상인 펠라기우스를 그대로 모방하고 있기 때문이다. 칼뱅은 "모든 은혜만이 모든 선행을 이루어 낸다"는 아우구스티누스의 말을 인용하고 있으며(II.3.13), 의지가 은혜로 말미암아 제거되는 것이 아니라 악한 상태에서 선한 상태로 바뀌며 또한 선한 상태로 된 다음에는 은혜의 도움을 받는다는 아우구스티누스의 주장이 "사람이 마치 외부의 힘에 의해서 강제적으로 움직이듯이, 마음의 움직임이 전혀 없이 그렇게 된다는 뜻이 아니라, 내적으로 영향을 받아 마음으로부터 순종하게 된다는 뜻"이라고 설명하고 있다(II.3.14).

이런 문맥에서 칼뱅은 강제와 필연의 차이를 지적하며 "사람은 필연적으로 죄를 짓게 되나 역시 자진해서 짓는 것이다"(II.4.1)라고 주장하고 있는데, 아우구스티누스가 사람의 의지를 기수騎手의 명령을 기다리는 말과 비교하고 하나님과 마귀를 기수와 비교하였던 예를 가지고 설명하고 있다. 루터는 동일한 비유를 『노예의지Bondage of the Will』라는 자신의 저서에서 사용하고 있다. 이 부분을 좀더 밀고 나가 칼뱅은 "같은 사건 안에서 하나님과 사탄과 사람이 역사한다"라고 주장하고 있다. "그러므로 같은 행위를 하나님과 사탄과 사람에게 돌리는 데는 조금도 모순이 없으며, 목적과 방법을 구별할 때에 하나님의 의가 아무 흠 없이 빛나며, 사탄과 사람의 추악한 행동이 그들의 사악함을 폭로한다"(II.4.2).

그런 다음 칼뱅은 그 자체로는 의롭지도 않고 부패하지도 않았으며 영적인 생활보다는 육신 생활에 관계된 일들에 있어서 사람이 어느 정도나 자유를 지닐 수 있는가 하는 문제에 대해서 다루고 있다. "어떤 사람들은 이런 일에서 사람에게 자유 선택을 인정해 주었다"(II.4.6). 보통 칼뱅의 이 말은 루터파를 겨냥한 것으로 이해되고 있다. 인간의 의지는 하나님의 의를 행할 능력은 없지만 사회생활에서의 의를 행할 자유는 다소간 있으며 사람은 "외면적인 사회적 행위"에 관해서 어떤 선택 능력을 보유하고 있다는 것이다. 칼뱅은 이에 반대하여 이런 중립적인 문제들도 하나님의 섭리 아래 두고 있다. "싫든 좋든, 우리가 우리 자신의 자유로 선택하는 것이 아니라, 우리의 마음이 하나님의 감동하심에 의해 인도함을 받는다는 것을 매일 매일의 경험이 확증해 주는 것이다"(II.4.7).

칼뱅은 "자유의지"의 문제를 우리가 결심한 것을 성취할 수 있느냐의 문제가 아니라 우리가 자유로 결심할 수 있느냐의 문제로 보고 있다. 칼뱅은 판단의 선택과 의지의 끌림(경향)이 자유로운가를 묻고 있다(II.4.8).

종교개혁 시대에 의지의 자유문제에 대한 토론은 공로 사상과 직결되어 있었다. 당시 가톨릭교회가 가지고 있던 심각한 오류를 너무나 잘 알고 있었던 에라스무스였지만 전적인 하나님의 은혜를 강조하며 의지의 자유를 부정하는 루터에 대해서 반대하였는데 의지의 자유를 부정하면 공로사상의 근본적인 근간이 흔들린다고 생각하였던 것이다. 칼뱅은 이 부분과 관련하여 "자유의지가 성립할 수 없으면 공로도 없으리라는 이 허망한 공포심을 버리라"고 말하고 있다(II.5.2).

자유의지를 주장하며 제기하는 흔한 반론들 가운데 한 가지는 "만일 죄가 필연의 문제라면, 그것은 죄가 될 수 없고, 죄가 자발적인 것이라면, 얼마든지 피할 수가 있다"는 것이다. 이런 반론은 사실 펠라기우스가 아우구스티누스를 공격할 때 사용하였던 것이기도 하다. 이에 대해 칼뱅은 필연에 의해서 죄를 짓는다고 해도 그에 못지않게 자발적으로 죄를 짓는 것이 분명하게 드러나며, 반대로 자발적인 것에서 갑자기 자유로운 상태로 비약할 수 없음을 지적하며 이 반론에 대해 응답하고 있다. "자유로운 선택에 속하지 않으면서도 얼마든지 자발적으로 행해질 수 있다"(II.5.1).

하나님께서 율법을 주신 것은 우리에게 그것을 행할 능력이 있다는 것을 의미한다는 반론에 대해 칼뱅은 율법이 우리 자신의 연약함을 분명히 드러내기 위하여 우리의 능력보다 훨씬 높은 상태로 주어졌으며 그러기에 율법을 지킴에 있어 하나님의 은혜와 도우심이 필요함을 주장하고 있다. 칼뱅이 이 문맥에서 인용하고 있는 "하나님께서는 그가 명령하시는 바를 주시며, 그가 주고자 하시는 것을 명령하신다"(II.5.7)는 아우구스티누스의 말은 펠라기우스를 격동시켜 아우구스티누스와의 논쟁을 촉발하게 한 『고백록Confessions』에 나오는 문제의 본문이다. 당시 변방이었던 영국(아마도 스코틀랜드)에서 온 수도사였던 펠라기우스에게 로마의 그리스도인들의 타락과 세속적인 삶의 원인이 바로 아우구스티누스의 이런 주장에 있다고 펠라기우스는 생각하였던 것이다. 펠라기우스도 물론 하나님의 은혜를 주장하였지만 인간에게 주신 자유의지가 바로 하나님의 은혜라고 생각하여 아우구스티누스와는 다른 이해를 가지고 있었고 아우구스티누스의 원죄론을 거부하였다.

칼뱅은 하나님의 모든 명령을 실천하기 위해서는 입법자이신 하나님의 은총이 필요하다는 것과 그 은총이 우리에게 약속되었다는 것이 분명하다고 생각하였다. 하지만 반대자들은 주께서 율법에 대한 복종을 우리에게 요구하신다는 이유만으로 율법을 지킬 능력이 우리에게 있다고 주장하는데 이는 무의미한 일이다. "최소한 우리가 행할 수 있는 한계를 훨씬 뛰어넘는 것을 율법이 요구한다는 것이 분명하다"(II.5.9).

결론적으로 칼뱅은 "물론 사람은 비록 하늘의 영적 지혜는 꿰뚫을 수가 없지만, 그래도 사물을 이해할 수 있는 지성이 있다. 정직성에 대한 판단도 어느 정도는 지니고 있다. 하나님을 아는 참된 지식에는 이를 수 없지만, 신적인 것에 대한 지각도 어느 정도는 있다"라고 주장한다. 하지만 칼뱅은 반문한다. "그러나 이것들이 다 무슨 소용이 있는가?" 칼뱅은 아우구스티누스의 다음과 같은 견해로 마무리하고 있다: "사람이 타락한 이후, 구원의 근거를 이루는 바 값없이 주어진 선한 것들이 그에게서 없어졌고, 본성적인 기능들은 부패되고 더러워졌다"(II.5.19).

3. 구원자 그리스도

칼뱅은 『기독교 강요』에서 하나님에 대한 두 가지 지식을 이야기하고 있는데 먼저 창조주 하나님에 대하여 다룬 후 구속주 하나님에 대해 다루게 된다. 『기독교 강요』 II권 6장은 『기독교 강요』의 최종판에 처음 나오는 내용인데 II권 전체의 주제인 구속주 하나님을 아는 지식을 본격적으로 논하기 시작한다. "타락한 인간은 마땅히 그리스도 안에서 구속을 구해야 한다"(6장)라고 주장한 칼뱅은 이후에 이어지는 7장 이하에서 율법에 대해서 논하고 있다. 통상적인 율법과 복음의 순서를 어떤 면에서 뒤집고 있는 것인데 이 부분은 루터와는 다른, 칼뱅의 특징적인 면이라고 할 수 있고 이후 개혁신학의 특징이 되었다.

창조세계를 하나님의 영광의 무대 또는 극장으로 표현하는 유비는 『기독교 강요』에서 칼뱅이 자주 사용하는 것이다. 바울은 이 극장을 "하나님의 지혜"라고 부르고 있음을 지적하며(고전 1:21) 칼뱅은 우리는 그것을 잘 바라보아서 지혜를 얻어 하나님을 알게 되었어야 마땅했지만, 우리는 그것을 통해 별다른 유익을 얻지 못하게 되었기 때문에 하나님께서는 그리스도를 믿는 믿음으로 우리를 부르신다고 주장하고 있다(II.6.1).

칼뱅은 구약시대에 이미 그리스도께서 중보자로 제시되었다고 주장한다. 왜냐하면 하나님께서는 중보자를 떠나서는 결코 자비를 보이신 일도, 은혜에 대한 소망을 주신 일도 없기 때문이다. "그리스도께서 율법 아래에서 언제나 거룩한 조상들 앞에 그들의 믿음의 대상으로 제시되셨다는 사실이 분명히 드러나는 것이다"(II.6.2).

칼뱅은 구약의 여러 구절들의 실례를 들면서 이 말씀들이 그리스도 안에서 성취될 것임을 설명하고 있다. 예컨대 호세아는 "이에 유다 자손과 이스라엘 자손이 함께 모여 한 우두머리를 세우고 그 땅에서부터 올라오리니"(호 1:11)라고 말한 다음 나중에 이를 좀 더 분명하게 설명하고 있다: "그 후에 이스라엘 자손이 돌아와서 그들의 하나님 여호와와 그들의 왕 다윗을 찾고"(호 3:5). 칼뱅이 보기에 이렇듯 구약성경 가운데 "환난 중에 위로가 있을 것을 약속하는 곳에서 특히 교회의 구원이 묘사되는 곳에서 그리스도 자신에 대한 신뢰와 소망의 깃발이 펄럭이고 있다"(II.6.3).

칼뱅은 그리스도를 믿는 믿음이 하나님을 믿는 믿음에 필수적임을 주장하고 있다. "하나님을 믿으니 또 나를 믿으라"(요 14:1)는 그리스도의 말씀을 설명하며 칼뱅은 "믿음은 하나님을 믿는 것이지만, 완전히 굳은 믿음을 가진 분이 중보로서 사이에 있지 않으면 믿음은 점점 사라지며, 중보가 없으면 하나님은 너무도 숭엄하고 높으시기 때문에 땅에서 기어 다니는 구더기와 같은 죽을 인생으로서는 도저히 도달할 수 없다"라고 말하고 있다. "현재 회교도들도 천지의 창조주는 하나님이라고 힘껏 외치지만, 그리스도를 부정하면서 우상으로 진정한 하나님을 대치하고 있다"(II.6.4).

4. 율법의 세 가지 용법

칼뱅은 "율법"이라는 말을 비단 경건하고도 의로운 삶의 규범으로 제시된 십계명만을 의미하는 것이 아니라, 모세를 통하여 하나님께서 전수하신 신앙의 형식을 의미하는 것으로도 이해하고 있다. 즉 모세의 종교 전체라고 보고 있다. 이 율법이 주어진 목적은 택한 백성으로 그리스도에게서 멀어지게 하기 위함이 아니다. "오히려 그리스도께서 오시기까지 그들의 마음이 준비를 갖추도록 하고 그에 대한 간절한 열망을 불러일으키며 그들의 소망을 강건하게 하여, 그의 강림이 오래 지체되는 동안 낙망하지 않게 하기 위한 것"이다(II.7.1).

칼뱅은 율법에 그리스도에 대한 약속이 제시되어 있다고 주장한다. 칼뱅은 히브리서의 예를 들어 "율법의 의식들이 우리를 그리스도께 이끄는 것이 아니라면, 그것들은 모두가 헛되며 아무 가치도 없다"라고 말하고 있다(II.7.2).

칼뱅 이래로 개혁신학에서는 육체를 지닌 인간이 율법을 완전히 지키는 것은 불가능하다고 주장하고 있다. 이러한 주장은 매우 불합리한 견해로 취급되곤 하는데 이미 칼뱅 시대부터 그러했던 모양이다. 칼뱅은 율법의 가르침이 인간의 능력보다 훨씬 초월한 것이기에 그것이 제시하는 약속들을 그저 멀리서 바라볼 뿐 율법으로부터 실질적인 유익을 얻는 것은 불가능하다(II.7.3)고 생각한다. 하나님은 우리의 불완전한 순종을 거부하지 않으신다. 오히려 모자란 것을 채우셔서 그 순종을 완전하게 해 주셔서, 마치 우리가 그 조건을 이루기라도 한 것처럼 우리로 하여금 율법의 약속들을 받아 누리게 하신다(II.7.4).

칼뱅이나 아우구스티누스와는 달리 펠라기우스주의자들은 신자들이 하나님의 은혜로 실행할 수 있는 것 이상을 하나님께서 요구한다고 가정하는 것은 하나님을 모욕하는 것이라고 주장한다. 이에 대해 칼뱅은 우리가 육체 가운데 있을 동안에는 결코 마땅히 사랑해야 할 만큼 하나님을 사랑할 수 없다는 것을 "이 땅 위에서 방황하는 동안 우리는 거울로 보는 것 같이 희미하게 밖에는 알지 못하므로(고전 13:12), 우리의 사랑도 불완전할 수밖에 없다"는 아우구스티누스의 말을 인용하여 말하고 있다. 칼뱅은 "우리의 본성의 연약함을 볼 때에 ―더욱이 바울의 다른 구절에서도 나타나듯이(롬 8:3)― 이 육체의 삶 속에서는 율법을 성취할 수가 없다는 것에 우리 모두 동의하여야 할 것이다"(II.7.5)라고 주장하고 있다.

이어서 칼뱅이 제시하고 있는 율법의 세 가지 용법은 매우 유명하고 잘 알려져 있는 내용이다. 칼뱅은 『기독교 강요』 II권 7장 6-9절에서 하나님의 의를 밝히 드러내어 인간의 죄성을 밝히고 온전히 하나님의 긍휼하심을 바라도록 만드는 율법의 첫 번째 기능인 정죄적 기능을 제시하고 있다. "율법은 우리를 고발함으로써 은총을 구하게 만든다"(II.7.9). 이어서 칼뱅은 10-11절에서 악인과 불신자들을 억제하는 율법의 두 번째 기능인 시민적 기능을 제시하고, 마지막으로 12-13절에서 신자들을 가르치며 권고하는 율법의 세 번째 기능인 규범적 기능을 제시하고 있다. 성도들은 율법을 통해 전진을 계속해야 한다. "율법은 육에 대해서 마치 가지 않는 게으른 나귀를 가게 하는 채찍과 같다. 신령한 사람이라도 아직 육체의 무게에서 완전히 해방되어 있지 않으므로, 율법이 그 사람을 끊임없이 찔러서 그냥 나태하게 있지 못하도록 만드는 것이다"(II.7.12).

루터는 이 가운데 율법의 정죄적 기능 또는 신학적 기능이라고 할 수 있는 첫 번째 용법을 강조하였다면 칼뱅은 율법의 세 번째 기능을 가장 중요하게 여기고 강조하였다. "셋째 용도는 가장 중요한 것이며, 율법의 중심적인 목적에 더욱 가까운 것이다. 이 용도는 하나님의 영이 이미 그 영혼 속에 사시며 주관하시는 신자들 사이에서 발견된다"(II.7.12)라고 칼뱅은 말하고 있다. 이런 맥락에서 신약시대의 신자들에게도 율법은 여전히 필요하고 유효한 것이어야 한다. 칼뱅은 그리스도인들이 "죽게 하는 직분"(고후 3:7)을 포함하고 있는 가르침(율법)을 붙든다는 것은 도리에 어긋난 것이라는 생각을 사악한 생각이라고 주장한다. "우리가 이 육체라는 감옥에 갇혀 있는 한에는 율법이 요구하는 도덕적 순결에 결코 이를 수 없는 것이 사실이지만, 그렇다고 해서 율법을 끔찍하게 여겨 멀리하거나 그 교훈을 피해서는 안 될 것이다"(II.7.13). 칼뱅은 계속해서 주장하고 있다.

율법이 우리에게 충고하는 그 완전성은 우리가 도달하려고 일평생 애써야 하는 목표다. 이 점에서 그것은 우리의 의무와 일치하는 동시에 또한 도움을 준다. 우리가 이 싸움에서 기진하지 않으면 다행이다. 참으로 인생 전체가 경주다(참조, 고전 9:24-26). 경주로(路)를 다 달린 때에, 지금 멀리 바라보면서 뛰어가는 그 목표에 우리가 도달하는 것을 주께서 허락하실 것이다(II.7.13).

그다음에 등장하는 질문은 율법이 어디까지 폐지되었고 어디까지 여전히 유효하냐는 것이다. 일반적으로 잘 알려져 있는 웨스트민스터 신앙고백서 19장에서의 의식법, 시민법, 도덕법의 분류는 이 부분에서는 온전한 형태로 등장하지 않고『기독교 강요』IV권의 마지막 장 20장에서 등장하고 있다. 칼뱅은 "율법은 이제 우리를 정죄하지 않는다는 의미에서 폐기되었다"라고 주장하고 있다. 그렇기 때문에 율법에 끝없는 속박을 받아서 우리의 양심이 죽음에 대한 두려움으로 짓눌려 있는 일은 없게 되었다. 그러나 율법, 특별히 십계명을 포함한 도덕법은 조금도 그 권위를 잃어버리지 않았기에 우리는 여전히 동일한 존경과 복종으로 율법을 대해야 한다(II.7.15).

하지만 의식법들에 있어서는 사정이 다르다. 그 효과는 폐지되지 않았지만 그 사용은 폐지가 되었다. "그리스도가 오셔서 의식을 끝내셨지만 그 신성성은 조금도 빼앗지 않으시고 도리어 시인하시며 존중하셨다." 따라서 "바울은 의식 준수가 무용할 뿐 아니라 또한 유해하기까지 하다는 것을 증명하기 위해서, 의식은 그림자요 그 본체는 우리를 위해서 그리스도 안에 있다고 가르친다(골 2:17)"(II.7.16).

웨스트민스터 신앙고백이 구약의 의식법과 시민법은 신약시대에 폐지되었다고 기술하고 있는 것을 따라 일반적으로 십계명을 비롯한 도덕법을 제외한 의식법과 시민법은 폐지되었다고 보지만 그럼에도 여전히 우리들은 레위기와 같은 성경을 정경에서 제외하고 있지 않기 때문에 웨스트민스터 신앙고백에서 제기한 간략한 설명에 대한 비판이 구약신학자들을 중심으로 제기되고 있다.

5. 십계명 해설

십계명과 사도신경, 그리고 주기도문은 기독교 신앙에 있어 매우 중요하고 기본적인 내용을 담고 있기에 중세에 평신도 교육을 위해서 사용되있으며, 이런 관행은 개신교 종교개혁 이후에도 그대로 이어진다. 종교개혁 시대에 최초로 이 세 가지를 교리문답서로 제시한 것은 1529년 루터였다. 칼뱅의『기독교 강요』는 처음 교리문답서를 의도하였기에 루터의 교리문답서의 순서를 그대로 가지고 온다. 그래서 1536년『기독교 강요』초판은 1장에서 십계명을 포함한 율법에 대해 다루고 있으며 연이어 사도신경과 주기도문을 2장과 3장에서 다루고 있다. 물론 최종판에서는 교리문답의 순서가 사라졌지만 칼뱅은 십계명과 사도신경의 일부, 그리고 주기도문을『기독교 강요』여러 곳에서 각각 해설하고 있다.

율법이 인간의 외면적인 것을 다루고 규정하는 것이라는 통념과는 달리 칼뱅은 율법을 통해서 사람의 삶이 외형적인 정직의 모습을 갖추게 될 뿐 아니라 내적이며 영적인 의를 이루게 된다는 사실을 강조하고 있다. "율법을 제정하신 하나님은 영이시므로, 육체에게는 물론 영혼에게 말씀하시는 것이다"(II.8.6).

칼뱅은 계명들 거의 전부가 명백한 제유법synecdoches이 사용되고 있으므로, 율법 해석을 언어의 좁은 범위 내에 국한하려는 사람은 웃음거리가 되고 말 것이라고 주장한다. 칼뱅이 보기에 하나님께서 계명을 주신 이유에 관심을 집중하는 것이 계명을 이해할 수 있는 최상의 길이다. 그러므로 우리는 각 계명들을 대할 때마다 그것이 무엇 때문에 우리에게 주어졌는지를 살펴보아야 한다. 그렇게 찾아낸 사실을 근거로 반대쪽 논지를 이끌어 내야 한다.

곧 이것이 하나님을 기쁘시게 하는 것이라면 그 반대는 그가 미워하시는 것이며, 이것이 하나님이 미워하시는 것이라면 그 반대는 그를 기쁘시게 하는 것이며, 이것을 그가 명하신다면 그 반대는 금하시는 것이며, 그가 이것을 금하신다면, 그 반대는 명하시는 것이 된다는 식으로 말이다(II.8.8).

예컨대, "살인하지 말라"는 계명에는 단지 악행을 금하는 것을 넘어서서, 우리가 할 수 있는 만큼 우리 이웃의 생명을 위하여 모든 도움을 주어야 할 의무가 있다는 뜻이 담겨 있다. "세상에서는 죄악의 반대인 덕행을 죄를 짓지 않는 것이라고 흔히 생각한다. 우리는 덕은 이 이상의 것, 죄악과 반대되는 의무와 행동이라고 주장한다"(II.8.9).

칼뱅은 십계명의 계명을 열 가지로 구분하는 것에 대해서는 의심의 여지가 없지만 십계명을 구분하는 방식에는 불확실한 점이 있다고 말하며, 로마 가톨릭교회와 루터교회가 따르고 있는 분류 방법을 비판하고 있다. "처음 판에 계명 셋을 넣고 나머지 계명들을 둘째 판에 넣는 사람들은 형상에 관한 계명을 빼거나, 적어도 첫째 계명 속에 숨긴다. 주께서 그것을 독립된 계명으로 주신 것은 틀림이 없는데, 그들은 이웃의 소유를 탐내지 말라는 열째 계명을 어리석게 둘로 쪼갠다"(II.8.12). 칼뱅은 율법 전체의 머리말과 처음 네 계명이 첫째 돌판에, 나머지 여섯 계명이 둘째 돌판에 새겨 있다고 보는 견해를 취한다. 그렇게 한 대표적인 사람은 오리겐Origen(184/185-253/254)이었다. 아우구스티누스도 이 입장을 지지하고 있는데 셋이라는 숫자가 삼위일체의 신비를 드러낸다는 점에서는 첫 번째 돌판이 세 계명으로 되어 있는 견해를 지지하지만 다른 점에서는 "우리의 구분법이 더 합당하다"고 주장하였다(II.8.12).

"나는 너를 애굽 땅, 종 되었던 집에서 인도하여 낸 네 하나님 여호와니라. 너는 나 외에는 다른 신들을 네게 두지 말라"(출 20:2-3). 칼뱅은 여기에서 첫 문장을 제일 계명의 일부로 취하든, 아니면 제일 계명과 구별하여 읽든, 십계명 전체에 대한 머리말이라는 것을 부인하지만 않는다면 자신은 어느 쪽이든 용납한다는 입장임을 천명하고 있다(II.8.13).

"나는 너를 애굽 땅, 종 되었던 집에서 인도하여 낸 네 하나님 여호와니라"는 말씀은 하나님께서 베푸신 은혜에 대한 묘사이다. 이스라엘 백성들을 바로의 무자비한 권세에서 해방시키셨듯이, 지금도 하나님은 자기의 소유된 모든 자들을 마귀의 죽음의 권세에서 해방시키신다. 그러므로 칼뱅은 "율법의 제정자이신 하나님을 받아들이는 데 마음을 쓰지 말아야 할 사람은 하나도 없다"(II.8.15)라고 단언한다.

"너는 나 외에는 다른 신들을 네게 두지 말라"(출 20:3)는 첫 번째 계명의 목적은 오직 여호와의 뜻만이 그의 백성 가운데서 최고의 자리를 차지하고 그들에게 완전한 권위를 행사하도록 하는 데 있다. 우리는 하나님 이외에 다른 신들을 두어서는 안 된다.

우리에게 다른 신들을 "두면" 반드시 그들에게 속한 것도 동시에 받아들이게 되기 때문이다(II.8.16).

두 번째 계명은 하나님을 형상으로 묘사하는 행위의 그릇됨을 말하고 있다. 칼뱅은 이 계명이 두 부분으로 이루어져 있다고 주장한다. 첫째 부분은 무한하신 하나님을 감히 우리의 감각적 지각에 예속시키거나, 어떤 형상으로 나타내려고 하는 우리의 무엄한 짓을 억제하는 것이요, 둘째 부분은 어떠한 형상이든지 간에 신앙이라는 이름으로 경배하는 것을 일절 금하는 것이다(II.8.17). 칼뱅은 우리가 다른 신을 섬길 때에 그것은 마치 혼인의 맹세를 어길 뿐 아니라, 간부姦夫들을 끌어들임으로써 혼인 침상을 더럽히는 자가 되는 것과 같다라고 지적하고 있다(II.8.18).

"너는 네 하나님 여호와의 이름을 망령되게 부르지 말라"(출 20:7)는 세 번째 계명의 목적에 대해 칼뱅은 우리가 하나님의 이름의 위엄을 높이 받들기를 하나님께서 바라신다는 것을 가르치는 데에 있다고 말하면서, 이러한 금지 명령에는 당연히 우리가 열심히 또한 조심스럽게 하나님의 이름을 경건함으로 높여야 한다는 명령이 따르는 것이라고 설명하고 있다(II.8.22).

이 세 번째 계명과 관련하여 칼뱅은 모든 맹세를 예외 없이 배척하는 재세례파의 오류를 공격하고 맹세에 대하여 신중한 태도를 취할 것을 주장하고 있다(II.8.23-26). 심지어는 공적인 맹세뿐 아니라 사사로운 맹세까지도 허락될 수 있음을 칼뱅은 상세하게 설명하고 있다. 마 5:34과 37에서 예수님께서는 "율법이 금지한 맹세만을 비난하셨다는 것은 건전한 판단력이 있는 사람들에게는 의심할 여지가 없다"(II.8.27).

안식일을 준수할 것을 명하고 있는 네 번째 계명과 관련하여 칼뱅은 먼저 세 가지 조건을 생각해야 한다고 제안하고 있다. 첫째로, 이 계명을 통해 하나님께서는 이스라엘 백성에게 영적인 안식을 제시하셨다. 둘째로, 하나님께서는 한 날을 정하여 이스라엘 백성들로 하여금 함께 모여 율법을 듣고 의례들을 행하게 하여 경건의 훈련을 받도록 하셨다. 셋째로, 하나님께서는 "종들과 또한 다른 사람들의 권세 아래 있는 자들에게 휴식의 날을 주심으로써 그들이 힘든 수고에서 벗어나 어느 정도 쉴 수 있도록 해 주고자 하셨다"(II.8.28).

칼뱅은 그리스도께서 오심으로 안식일 계명의 의식적인 부분이 폐지되었다고 주장한다. 왜냐하면 그리스도 자신이 실상이시므로 그가 계시는 곳에서 모든 예표들이 사라지며, 그가 실체이시므로, 그가 나타나실 때에 그림자는 버려지기 때문이다(II.8.31). 하지만 안식일이 폐지되었지만, "우리는 여전히 ① 일정한 날에 모여 말씀을 들으며 신비의 떡을 떼며 공중기도를 드려야 한다(참조, 행 2:42). 그리고 ② 하인들과 노동자들의 노고를 쉬게 해야 한다"고 칼뱅은 주장하고 있다(II.8.32).

안식교나 유대인 가운데 예수님을 메시아로 받아들이는 메시아닉 유대인들Messianic Jews은 일요일이 아니라 토요일이 안식일이기에 토요일로 주일성수를 해야 한다고 주장한다. 하지만 칼뱅은 이 부분에 대해 어느 요일이 중요한 것은 아니라고 말한다. "나로서는 미신이 개입되지 않는다면, 교회들이 다른 날을 엄숙히 지정하여 모임을 갖는다 할지라도 그것을 정죄하지 않을 것이다"(II.8.34).

"네 부모를 공경하라"는 다섯 번째 계명의 목적에 대해 칼뱅은 하나님께서 그의 경륜이 유지되는 것을 기뻐하시므로, 그가 세우신 위엄의 정도를 침범하지 말고 지켜야 한다고 가르치기 위함이라고 말하고 있다.

인간성은 높은 자리를 갈망하는 생각이 가득해서 아랫자리에 서는 것이 못마땅한 것이다. 그렇기 때문에 하나님께서는 윗자리 가운데서도 그 본질상 가장 인자하고 남의 시기도 가장 받지 않는 종류를 예로 드신다. 이렇게 하시면 우리의 마음을 더 쉽게 부드럽게 만들어 복종하는 습성이 생기도록 인도하실 수 있겠기 때문이다. 그러므로 주께서는 가장 용인하기 쉬운 복종으로 우리를 훈련하셔서 점점 모든 합법적 순종이 습성화하게 하신다(II.8.35).

칼뱅은 이어서 주장한다: 우리의 아버지는 이유 없이 거룩한 칭호를 가진 것이 아니다. 그러므로 우리는 어떤 신적인 것을 그에게 인정해야 한다. "왕"이나 "주"가 되는 사람도 하나님의 영예에 어느 정도 참여하는 것이다(II.8.35).

다섯 번째 계명에 덧붙여져 있는 장수의 약속에 대해 칼뱅은 장수의 약속 그 자체가 축복을 의미하는 것이 아니며, 장수가 하나님의 축복이 되는 것은 오로지 그것이 하나님의 자비하심의 증거일 경우에만 해당하며 그래서 "하나님은 자기의 종들에 대해서 자기의 호의를 (장수보다는 오히려) 죽음을 통해서 훨씬 더 풍부하고 확실하게 증언하시며, 실지로 증명하신다"라고 설명하고 있다(II.8.37).

칼뱅은 다섯 번째 계명 가운데 "주 안에서" 공경하라(엡 6:1)는 말씀에 주목하여 "그들이 우리를 자극하여 율법을 어기게 한다면, 우리는 그들을 우리의 부모가 아니고 우리를 참 아버지에게 복종하지 못하게 유혹하는 외인이라고 인정할 충분한 권리가 있다"라고 주장한다. 이 부분을 칼뱅은 군왕들과 귀족들과 그 밖의 모든 종류의 윗사람에 대해서도 확대하고 있다. 소위 말하는 일종의 저항권을 인정하고 있는 것이다. "윗자리에 있는 사람들이 하나님의 그 높으신 권세를 끌어내리는 역할을 한다면, 그것이야말로 무가치하고도 어리석은 짓인 것이다"(II.8.38).

"살인하지 말라"(출 20:13)는 여섯 번째 계명의 목적에 대해 칼뱅은 "여호와께서는 인류를 일정한 통일성으로 함께 묶어 두셨으므로 각 사람마다 모든 사람이 안전에 유념해야 한다는 것에 있다"라고 말하고 있다. 이 계명에는 또한 우리 이웃의 생명을 구하는 데 소용이 되는 것이나, 이웃의 평화를 위하여 도움이 되는 것이 있으면 기꺼이 도움을 베풀고, 이웃에게 해로운 것이 있으면 제거하고 이웃이 위험에 처하여 있으면 도움의 손길을 펼치라는 명령이 포함되어 있다. 우리는 인류 전체를 우리 자신의 혈육으로 알아 존중해야 마땅하다. 또한 사람 속에는 하나님의 형상이 새겨져 있음을 칼뱅은 지적하고 있다. 그러면서 칼뱅은 이웃의 육체의 안전의 문제로부터 영혼의 안전의 문제로 나아간다. "이웃의 육체의 안전에 대해서 이렇듯 많은 관심을 기울인다면, 하물며 영혼의 안전에 대해서야 얼마나 더 열심과 수고를 기울여야 하는지를 충분히 생각할 수 있는 것이다. 하나님 보시기에는 육체보다도 영혼이 훨씬 더 소중하니 말이다"(II.8.40).

일곱 번째 계명 "간음하지 말라"(출 20:14)는 말씀의 목적에 대해 칼뱅은 하나님께서 정숙과 순결을 사랑하시므로 우리가 모든 부정함을 멀리해야 한다는 데 있다고 생각한다. 칼뱅은 결혼 이외의 다른 모든 남녀 간의 성적인 결합은 하나님 보시기에 저주받은 것이며 "우리가 무절제한 정욕에 빠지는 것을 막는 데 필요한 대책으로서 결혼 생활이 제정되었다는 것은 분명하다"고 보고 있다. 그러므로 칼뱅은 "결혼하지 않은 남녀의 동거생활은 반드시 하나님의 저주를 받는다"고 주장하고 있다(II.8.41).

독신과 관련하여 칼뱅은 정절이 하나님의 특별한 선물이라는 것을 확실하게 인정하면서도 그것은 교회라는 몸 전체에 무차별적으로 주시는 은사가 아니라, 소수의 지체에게만 주어지는 특별한 은사라고 주장하고 있다(II.8.42).

칼뱅은 결혼이 존귀하여 무절제의 추악을 덮어 주는 것이기에 그 필요성을 기꺼이 인정하면서도 결혼이 무절제를 격발해서는 안 된다고 주장하고 있다. "그러므로 결혼한 남녀는 무슨 짓을 해도 무방하다고 생각하지 말고, 남편은 아내를, 아내는 남편을 신중히 대하며, 혼인의 존귀성과 절제에 합당하지 않은 일은 일체 허용하지 말아야 한다. 이와 같이 주 안에서 맺어진 결혼 생활에 절도와 정숙을 회복해서 극단적 음탕에 빠지지 말아야 한다"(II.8.44).

"도둑질하지 말라"(출 20:15)는 여덟 번째 계명은 단순히 도둑질하지 말라는 소극적인 명령만이 아니라 "다른 사람들의 유익을 돌볼 의무를 우리에게 지운다"라고 칼뱅은 주장한다. 우리는 힘 닿는 데까지 모든 사람이 자기 것을 가지도록 진실히 도와야 한다. "신용이 없고 부정직한 사람들을 상대로 해야 할 때에는, 그들과 싸우기보다는 차라리 우리 것을 내 줄 생각을 하라." 뿐만 아니라 우리는 사정이 어려운 사람들의 곤란을 나누며, 우리의 풍성한 것으로 그들의 곤궁을 도와야 하며, 끝으로 우리는 각각 어느 정도까지 남에게 대한 의무가 있는가를 알아서 충실히 빚을 갚아야 한다. 그리하여 우리는 "최고의 재판장이신 하나님 앞에서 자기들의 일에 대하여 정산한다는 자세(하나님에게 근무 보고를 하려는 듯한 자세)를 가져야 한다"(II.8.46).

"네 이웃에 대하여 거짓 증거하지 말라"(출 20:16)는 아홉 번째 계명에 대해서도 칼뱅은 우리가 뻔뻔스러운 험담으로 남을 해치는 일을 하지 않아야 한다는 소극적인 명령에서 더 나아가 "할 수 있는 대로 누구에게든지 진실을 증언하여 그 사람의 명예와 소유를 순전하게 보호하도록 도와야 한다는 적극적인 명령이 포함되어 있다"고 주장한다(II.8.47). "우리는 남의 죄악을 들추어 폭로할 때에 독성 있는 쾌감을 즐긴다"(II.8.48).

마지막 열 번째 계명의 목적에 대해 칼뱅은 "하나님께서는 우리의 영혼 전체가 사랑으로 가득하기를 원하시므로 사랑과 반하는 모든 욕망을 우리 마음에서 제거하여야 한다"는 것이라고 말하고 있다(II.8.49). "마음에 탐욕이 생기는 것은 곧, 그 마음에 사랑이 텅 비어 있다는 것이다"(II.8.50).

십계명에 대한 설명을 마친 후 칼뱅은 이웃 사랑에 대해 논하고 있다. "우리의 삶이 모든 면에서 우리 형제들을 위하여 가장 결실이 많을 때에, 우리의 삶이 하나님의 뜻과 율법의 명령에 가장 일치하게 된다"고 칼뱅은 확신하고 있다. 자기 사랑과 이웃 사랑의 관계에 대해 논하며 칼뱅은 다음과 같이 말하고 있다: "인간 본성의 부패로 인하여 우리 속에 언제나 자리 잡고 있는 자기 사랑의 정서를 이제 다른 사람에게로 확대시켜서, 우리 자신을 대하는 것에 못지않게 열심히 부지런히 우리 이웃에게 유익을 끼쳐야 할 것을 보여 주신다"(II.8.54).

이어서 칼뱅은 이웃의 범위에 대해 논의하고 있다. "그리스도께서 사마리아 사람의 비유에서 '이웃'이라는 용어가 지극히 먼 사람까지도 포함하는 것임을 보여 주셨으므로(눅 10:36), 우리는 사랑의 계명을 친밀한 관계에 있는 사람들에만 한정해서는 안될 것이다"(II.8.55). 원수 사랑은 단순한 권고가 아니라 참된 계명이다. 다시금 칼뱅은 아우구스티누스의 그 유명한 말 "주께서는 명령하시는 것을 주시오며, 뜻하시는 것을 명령하시옵소서"를 인용하고 있다(II.8.57). 주께서는 원수 사랑을 명하셨으므로 원수 사랑을 주실 것이다.

마지막으로 칼뱅은 죽을 죄(대죄)와 경미한 죄(소죄)에 대한 가톨릭의 분류에 대해 토론한다. 칼뱅의 대답은 명확하다: "하나님의 자녀들은 죄를 모두 죽을 죄(대죄)라고 생각해야 한다. 죄는 하나님의 뜻에 대한 반역이며 필연적으로 하나님의 진노를 격발하기 때문이다"(II.8.59).

6. 율법과 복음

율법의 제3용법에 대한 칼뱅의 강조는 율법과 복음의 관계에 대해서 반립反立의 관계가 아니라 율법에도 복음이 있고 복음에도 율법이 있다는 말로 가장 잘 표현될 것이다. 즉 그리스도는 율법 아래에서 유대인들에게도 알려지셨다. 하지만 오직 복음 안에서 분명히 알려지셨다. 칼뱅은 그리스도에 대한 구약의 이스라엘 백성들과 신약 성도들의 이해에 대해 논하면서 구약의 백성들이 먼 곳에서 희미하게 바라보았던 것을 신약의 성도들은 대낮처럼 환하게 보고 있다고 주장하고 있다. "하나님께서 보기 드물게 경건하던 저 거룩한 족장들보다 우리를 더욱 돌보신다는 것은 복음의 계시에 대한 적지 않은 예찬이 된다. 이 생각과 잘 부합하는 것이 아브라함이 그리스도의 날을 보고 기뻐했다는 구절이다(요 8:56)"(II.9.1).

칼뱅은 넓은 의미로 볼 때 "복음"이라는 말에 그 옛날 족장들에게 하나님께서 베푸셨던 그의 긍휼과 아버지다운 사랑에 대한 증언들도 포함된다고 보고 있으며, 좀 더 높은 의미에서는 "복음"이란 그리스도 안에서 드러난 은혜의 선포를 가리킨다고 이해하고 있다. 그리스도의 오심이 얼마나 굉장한 일인지에 대해 칼뱅은 "그의 오심으로 말미암아 하늘의 문이 열려서, 우리들 한 사람 한 사람이 그리로 들어갈 수 있게 되었다"고 주장하고 있다(II.9.2).

분명 신약의 성도들은 구약의 성도들에 비해 탁월한 위치에 있다. 하지만 칼뱅은 우리가 그리스도께서 베푸신 은혜들을 이미 다 소유하고 있다는 식으로 생각하는 것은 잘못임을 지적하고 있다. 세르베투스가 바로 이런 잘못을 범했다. 우리는 이런

"세르베투스의 악마적 공상을 경계해야 한다." 칼뱅은 다음과 같이 말하고 있다: "그리스도께서는 복음 안에서 지금 우리에게 영적인 은혜들을 충만히 베푸시지만, 그것들을 온전히 누리는 일은, 우리가 썩어질 육체를 벗고 우리보다 먼저 가신 그리스도의 영광으로 변화될 때까지, 소망의 보호 아래 감추어져 있는 것이다"(II.9.3).

율법과 복음의 관계에 대해 칼뱅은 약속들의 성격에 있는 차이점을 지적하고 있다. "율법이 예표로 미리 암시한 것을 복음은 손가락으로 가리킨다"고 칼뱅은 주장하고 있다(II.9.3). 기본적으로 칼뱅은, 바울이 율법의 의와 복음의 의를 대립시키고 있는 것은 바르다(롬 3:21 이하; 갈 3:10 이하)고 보지만, 그렇다고 복음이 다른 구원 방법을 제시할 만큼 율법 전체를 폐기한 것은 아니라고 생각한다(II.9.4).

7. 신구약 성경의 유사점과 차이점

칼뱅은 "하나님께서 창세 이후 그의 특별한 백성으로 취하신 모든 사람들은 우리와 동일한 조건과 동일한 도리 아래에서 하나님과의 언약 관계 속으로 받아들여졌다"라고 주장하고 있는

데(II.10.1) 구약과 신약의 유사점에 대해 논하는 장에서 칼뱅은 자신의 언약론을 제시하고 있다. 언약신학은 츠빙글리와 바젤의 개혁자였던 외콜람파디우스Johannes Oecolampadius, 1482-1531 그리고 취리히에서의 츠빙글리의 후계자였던 불링거 등에 의해 시작되었으며, 하이델베르크 교리문답서를 작성하였던 자카리우스 우르시누스Zacharius Ursinus, 1534-1583와 카스파 올레비아누스Caspar Olevianus, 1536-1587, 그리고 스코틀랜드의 로버트 롤록Robert Rollock, 1555-99 등에 의해 계승 발전되어 17세기에 완성되었다.

칼뱅은 여기에서 "주께서는 이스라엘 백성을 지상생활에서 살찌우셨지만 그들에게 하늘 영생에 대한 희망은 주시지 않았다"라고 지껄이는 세르베투스를 비롯한 사람들의 오류를 공격하고 있다(II.10.1). 롬 3:21에서 바울 사도는 복음의 약속이 율법에 포함되어 있다고 말함으로써 구약이 특히 내세에 관심이 있었다는 것을 아주 분명히 증명한다(II.10.3)고 칼뱅은 주장하고 있다. 신약에서뿐 아니라 구약에서도 의롭다 함은 오직 하나님의 은혜를 통해 성취된다(II.10.4). 칼뱅은 구약의 조상들에게는 말씀이 있었기에 그들에게 영생이 있었다고 주장하고 있다. "아담, 아벨, 노아, 아브라함 이하의 족장들은 이와 같은 말씀에 의한 조명으로 하나님에게 밀착하여 떨어지지 않았다. 그러므로 그들은 하나님의 영원불멸하는 나라에 틀림없이 들어갔다고 나는 단정한다. 그들은 참으로 하나님께 참여했으며, 이 참여에는 영생의 축복이 없을 수 없기 때문이다"(II.10.7).

구약과 신약의 유사점을 논하며 칼뱅은 구약 시대의 성도들의 축복이 단지 지상적인 것이 아니었음을 아담으로부터 아벨과 아브라함, 이삭, 야곱, 요셉에 이르기까지 상세하게 설명하고 있다.

그들의 더 좋은 생명은 다른 곳에 있으며, 지상의 생명을 무시하고 하늘 생명을 명상하라는 것이 주께서 신자들에게 가르치시며 그들이 깨닫기를 원하신 뜻인가 하는 것이 논쟁의 중심점이다. 첫째로, 주께서 신자들에게 명령하신 생활양식은 일종의 계속적인 훈련이었다. 그들이 현세 생활만으로 행복을 느낀다면 모든 사람 가운데서 가장 가련한 인간이라는 것을 생각하게 만드는 훈련이었다(II.10.10).

사람들이 보통 인생에서 가장 소중한 것으로 생각하는 것들로부터 떠난(창 12:1) 아브라함의 믿음에 대해 칼뱅은 그를 십만 인의 가치에 해당하는 사람으로 보고 있다. 아브라함은 평생 "이리저리 흔들리고 괴로움을 당했다"(II.10.11). 이삭의 고난은 그렇게

심하지는 않지만 "그 역시 온갖 어려움을 겪었고, 이 땅의 행복을 누리지 못했다." 야곱에 대해 칼뱅은 "극도의 불행만을 겪은 사람의 특출한 표본"으로 해석하고 있다. 야곱은 "결국 이 땅의 것들에 대해서 소망을 둔 것이 아니었다는 결론이 나오는 것이다"라고 칼뱅은 말하고 있다(II.10.12).

이 거룩한 족장들이 하나님에게서 축복된 생활을 받으려 한 것은 의심할 여지가 없다. 그렇다면 그들은 행복을 지상 생활 이외에 있는 것으로 생각하고 구한 것이다. … 이것으로 그들은 사후에야 약속의 결과를 받으리라고 기대한다는 것을 증언했다. 그렇기 때문에 야곱은 그 땅에 묻히는 것을 심히 원해서 아들 요셉에게 맹세로 이 일을 약속시켰고(창 47:29-30), 요셉 또한 자기의 뼈가 흙이 되어 수백 년이 지난 후에라도 그 뼈를 그 땅으로 옮겨가라고 명령했던 것이다(창 50:25)(II.10.13).

칼뱅은 죽음을 "최후의 경계선"이요 "종점"이라고 말하며 그렇기 때문에 죽음 앞에 선인과 악인의 구별이 있을 수 없지만, 그들의 죽음 이후에 기다리고 있는 것은 서로 다르다고 말한다. 그렇기 때문에 "성도들의 죽음은 생명으로 들어가는 문이다"(II.10.14).

구약에 있는 약속들의 종말론적인 면을 역설하기 때문에 그 약속들에 들어 있는 현세에 대한 희망적인 요소를 경시하는 경향이 있다는 비판을 받을 정도로 칼뱅은 이 세상에 불경건함이 크게 번성하고 흥왕하므로, "경건자들은 치욕과 빈곤과 멸시와 각종 십자가에 눌려 지낸다"라고 말하고 있다(II.10.16). 하지만 종국에는 하나님의 마지막 심판이 있을 것이다. 우리는 그것을 눈으로 분명히 분별할 수는 없지만 믿음으로 깨달을 수는 있다. 악인들은 영원한 파멸의 웅덩이에 삼켜 버릴 것이다(II.10.17). 하지만 성도들의 결국은 "생명과 구원"이다. 악인들은 부활의 소망에서 끊어져 버릴 것이다(II.10.18).

아브라함과 이삭과 야곱에 대한 이야기에서 시작한 칼뱅은 다윗을 거쳐 욥에 대하여 다룬 후 선지자들의 글을 살피기 시작한다. 약한 불꽃처럼 희미하게 비추던 하나님의 계시가 더욱더 빛나게 되는 "충만한 계시의 때"가 도래할 것이라는 칼뱅의 주장은 하나님의 계시가 지니고 있는 점진적 성격을 잘 드러내 준다. "드디어 모든 구름이 흩어지고 의의 태양이신 그리스도께서 전 세계를 완전히 비추셨다(참조, 말 4장)"(II.10.20).

우리가 짐짓 생각하는 것과는 달리 칼뱅은 "주께서 이스라엘 백성과 맺으신 구약, 즉 옛 언약은 땅에 붙은 일에 국한된 것이 아니라, 영원한 영적 생명에 대한 약속을 포함했다"라고 주장하고 있다(II.10.22). 결론적으로 칼뱅은 신구약 성경의 관계에 대해 "주 그리스도께서 오늘날 그를 따르는 자들에게 '천국'을 약속하시지만, 그것은 '아브라함과 이삭과 야곱과 함께 앉는' 천국 이외에 다른 것이 아니다(마 8:11)라고 주장하고 있다(II.10.23).

구약의 성도들이 받았던 은혜와 복이 우리가 받아 누릴 영광과 다르지 않다는 것을 증명하면서 구약과 신약의 유사점을 설명한 칼뱅은 그럼에도 구약과 신약이 전혀 차이가 없다고 주장하지는 않는다. 왜냐하면 구약과 신약이 서로 완전히 다르다고 말씀하는 여러 구절들이 있기 때문이다. 칼뱅은 구약과 신약의 차이점을 다섯 가지로 제시한다. 첫째로 구약은 영적 축복을 현세적 축복으로 표현했다.

하나님께서는 옛날에 자기의 백성이 마음을 고상하게 가져서 하늘 유산을 생각하기를 원하셨고, 그들의 이 소망을 더욱 잘 배양하시기 위해서 그 유산을 땅에 붙은 혜택의 모양으로 그들에게 보이시며, 이를테면 그들이 맛보게 하셨다. 그러나 지금은 복음이 내세의 은총을 더욱 명백하고 분명하게 계시했으므로, 주께서는 우리의 마음을 인도하셔서 직접 내세를 명상하게 하시며, 이스라엘 백성에게 쓰시던 낮은 훈련 방법을 버리신다(II.11.1).

세르베투스를 비롯한 여러 사람들은 이스라엘 백성이 가나안 땅을 차지하는 것을 최고의 궁극적인 행복이라고 생각했고, 그리스도가 계시된 후로 그것은 우리에게 하늘 상속을 예표했다고 가르쳤는데, 칼뱅은 이런 사람들의 주장에 반대한다. 구약의 성도들은 땅의 소유를 누리는 가운데서도 자기들을 위하여 하늘에 예비되어 있는 그 미래의 기업을 마치 거울로 보듯이 바라보던 것이다(II.11.1). 칼뱅은 구약 시대에 하나님께서 내리시던 엄격하고 무서운 벌이 이제는 훨씬 부드러운 벌로 바뀐 것에 근거하여 구약의 하나님과 신약의 하나님은 다르다고 주장하는 마니교도들을 비판한다(II.11.3).

신구약 성경의 두 번째 차이점은 상징에 있다. "구약은 실체가 없고 다만 실체의 형상과 그림자를 보여 준 것뿐이었으나, 신약은 진리의 실체 그 자체를 계시해 주고 있다는 것이다"(II.11.4). 세 번째 차이점은 구약은 조문條文에 근거하며 신약은 영에 근거한 것이다. 고후 3:6-11에 근거하여 칼뱅은 율법이 조문이고 복음은 영적인 교훈이며, 전자가 돌판에 새겼다면 후자는 사람의 마음에 새겼으며, 전자가 죽음을 전파한다면 후자는 생명을 전파하며, 전자가 정죄를 전파한다면 후자는 의를 전파하며, 전자는 없어질 것이요 후자는 길이 있을 것이라고 말한다(II.11.7).

네 번째 차이점은 세 번째 차이에서 생긴 것이다. 구약은 사람들의 마음에 공포심을 일으키기 때문에, 구약을 "종살이"의 언약이라고 부른다. 그러나 신약은 사람들의 마음을 들어 올려 신뢰와 확신을 가지게 하므로 "자유"의 언약이라고 부른다. 칼뱅은 갈라디아서 4장의 아브라함의 두 아들에 대한 알레고리 해석을 인용하여 설명하고 있다. 계집종 하갈은 이스라엘 백성이 율법을 받은 시내산의 모형이며, 자유 있는 여인 사라는 복음의 근원지인 하늘 예루살렘의 상징이다(II.11.9).

신구약 성경의 다섯째로 첨가해도 좋은 차이점은 "그리스도 강림하실 때까지 주께서 한 민족을 택하시고 은혜의 언약을 그 민족에 국한하셨다"면, 신약시대에는 모든 민족에게 은혜의 언약을 베푸신다는 것이다(II.11.11). 성경에 하나님께서 이방인을 부르시리라는 증언이 아무리 많이 있었어도 사도들은 감히 그 일에 착수하지 못했고 그 일을 너무도 신기하고 해괴한 일같이 느껴서 움츠렸고 드디어 시작하기는 했지만 불안해했다. 칼뱅이 보기에 그것은 당연한 일이었다. 왜냐하면 그것은 "만세와 만대로부터 감추어졌던 비밀"(골 1:26; 참조. 엡 3:9)이었고 또한 천사들이 보기에도 놀라운 일(벧전 1:12)이었기 때문이다(II.11.12).

그러면 구약 성경과 신약 성경은 서로 다른 하나님을 계시하고 있는가? 그렇지 않다. "하나님께서 시대마다 그가 합당하게 여기시는 대로 다른 형식들을 채용하신다고 해서, 그것 때문에 하나님이 가변적이라고 생각해서는 안 된다"(II.11.13). 하나님께서는 그의 지혜로 모든 일을 행하신다. "의사가 환자의 청년기에 쓰는 최선의 치료법과, 같은 사람의 노년기에 쓰는 방법이 다르다고 해서, 우리는 그가 전에 기뻐하신 치료법을 버렸다고 할 것인가? 그럴 수 없다"(II.11.14).

8. 그리스도의 성육신과 삼중직

『기독교 강요』 II권 12장부터 마지막 17장까지 칼뱅은 본격적인 기독론의 문제를 다루고 있다. 가장 먼저 칼뱅은 성육신의 필요성에 대해 토론하고 있는데 후대의 개혁신학자들과는 달리 성육신의 절대적 필요성이 아니라 사람의 구원을 좌우하는 하늘의 작정decree에서 나온 것이라고 주장한다(II.12.1).

그리스도의 신인 양성 교리는 매우 중요한 기독교신앙의 핵심적인 교리라고 할 수 있다. 예수 그리스도는 완전한 하나님이심과 동시에 완전한 인간이셨다. 그리스도의 신성과 인성의 필요성에 대해 칼뱅은 "하나님만으로서는 죽음을 느낄 수 없으며, 사람만으로서는 죽음을 정복할 수 없겠으므로, 인성과 신성을 결합하셔서 죄를 대속하는 데는 약한 인성을 죽음에 내어 주고, 다른 본성의 권능으로 죽음과 싸워 우리를 위해서 승리를 얻으려고 하셨다"(II.12.3)라고 설명한다.

칼뱅은 성육신의 유일한 목적이 인류를 구속하는 것이었음을 분명히 하고 있다(II.12.4). 이 부분에 있어서 칼뱅의 논적은 오시안더이다. 오시안더의 핵심적인 주장은 "혹시 인류를 구속할 필요가 없었다 할지라도 여전히 그리스도께서는 사람이 되셨을 것"이라고 하는 것이다. 이에 대해 칼뱅은 그리스도께서 "하나님과 사람을 서로 화목시키기 위해 오신 것이 아니었다면, 그의 제사장직의 존귀함이 사라지고 말았을 것이다"라고 비판한다(II.12.4). "그리스도 예수께서 죄인을 구원하시려고 세상에 임하셨다"(딤전 1:15)는 말씀은 "모든 사람이 받을 만한" 확실한 말씀이다(II.12.5).

칼뱅이 소개하고 있는 오시안더의 주장의 근거는 하나님의 형상론이다: "사람이 하나님의 형상으로 창조된 것은, 장차 오실 메시야의 모양대로 지으심을 받았기 때문이요, 이는 아버지께서 메시야를 사람의 육체로 옷 입으시도록 이미 작정하셨으므로 사람이 그 메시야를 닮도록 하기 위함이었다"(II.12.6). 그렇기 때문에 아담이 비록 타락하지 않았다고 할지라도 그리스도께서는 여전히 사람이 되셨을 것이라고 오시안더는 추론한다.

벌코프는 중세 스콜라 신학 시대 이래로 성육신을 구속 개념 속에 포함시킬지 아니면 이미 창조 개념 안에 포함된 것으로 간주할지에 대한 논란이 제기되어 왔다라고 주장하며 오시안더와 칼뱅의 논쟁을 "통속적 표현으로는, 이는 하나님의 아들이 인간의 타락이 없었음에도 육체로 오실 것인가의 문제"로 소개하고 있다. 대표적으로 토마스 아퀴나스는 성육신의 이유는 죄가 세상에 들어온 데에 있다는 입장을 견지했고, 칼뱅을 비롯한 종교개혁자들은 이 견해를 지지했으며, 개신교는 인간의 원죄로 인해 성육신이 불가피해졌다고 가르쳤다. 그러나 몇몇 루터파와 개혁파 신학자들은 정반대의 견해를 주장했는데 벌코프는 그 가운데 오시안더의 이름을 거명하고 있다. 오시안더와 같은 견해를 주장했던 사람으로 벌코프는 중세의 둔스 스코투스Duns Scotus, c. 1266-1338와 로테Rothe, 도르너Dorner, 마르텐센Martensen 등의 루터파 신학자들을 거명하고 있다.[19] 아마도 현대에 이 견해를 지지

하는 대표적인 신학자는 칼 바르트일 것이다.

이들 신학자들이 내세우는 논리는 다음과 같다: 성육신같이 엄청난 사실은 우연적일 수 없으며, 사람의 우발적이고 독단적인 행위의 결과인 범죄가 그 원인이 될 수 없다. 그것은 하나님의 원초적 계획 속에 포함되었음이 분명하다. 타락 전의 종교와 타락 후의 종교는 본질적으로 차이가 날 수 없다. 만일 중보자가 현재 필요하다면, 타락 전에도 또한 필요했음이 분명하다. 그리스도의 사역은 속죄와 구원 사역에만 국한되지 않는다. 그는 중보자이신 동시에 머리가 되신다. 그는 창조의 처음*arche*이자 마침*telos*이다(고전 15:45-47; 엡 1:10, 21-23; 5:31, 32; 골 1:15-17).[20]

이들의 주장에 대해 벌코프는 성경이 변함없이 성육신을 인간의 죄를 전제로 하는 것으로 서술하고 있다는 점을 반대 논증으로 제시하고 있다. 눅 19:10; 요 3:16; 갈 4:4; 요일 3:8; 빌 2:5-11과 같은 구절들의 설득력은 쉽사리 무너지지 않는다. 종종 주장되는 성육신이 본유적으로 하나님께 합당하고 필요하다는 사상은 하나님의 영원한 세계 내적 자기계시라는 범신론적 관념에 떨어지기 쉽다. 하나님께는 오직 하나의 계획이 있는데, 여기에는 태초부터 죄와 성육신이 포함되어 있다. 물론, 결국 성육신은 구원의 전 사역과 마찬가지로, 죄 때문이 아니라 하나님의 기뻔 뜻대로 일어난 것이다. 그리스도께서 우주적 의의를 가지신다는 사실은 부정할 필요가 없지만, 이 역시 엡 1:10, 20-23과 골 1:14-20에 기록된 그의 구속적 의의와 연관되어 있는 것이다.[21]

『기독교 강요』 I권 13장 7-13절에서 삼위일체에 대해 토론하면서 칼뱅은 그리스도의 신성에 대하여 다루었다. 이제 칼뱅은 II권 13장에서 그리스도의 인성에 대해 다루고 있다. 그리스도의 인성을 부정하는 두 가지 이단으로 칼뱅은 마니교도들과 마르시온파를 제시하고 있다. 종교개혁 시대 메노 시몬스Menno Simons, 1496-1561는 1534년 뮌스터 사건 후에 네덜란드의 재세례파를 재건하였는데 "말씀이 우리의 육을 취하셨다거나, 신성이 기적적으로 우리의 인성과 결합했다는 말은 성경 전체에 한 자도 없다"라고 주장하여 마르시온의 견해를 취하였는데 이후 메노나이트 교단은 이 교리를 받아들이지 않았다. "그리스도가 주림과 목마름과 추위를 느끼며 그밖에 우리의 본성에 있는 여러 가지 약점을 가지셨다는 것은 무수한 증거가 있다"(II.13.1).

칼뱅은 그리스도가 하나님의 아들이라는 것을 통해 그리스도의 신성을 증명하고 그리스도가 인자 즉 사람의 아들이라는 것을 통해 그리스도의 인성을 증명하고 있다. "히브리말로 참사람을 '인자'라고 하는 것이 명백하기 때문이다"(II.13.2).

그리스도의 인성을 반대하는 자들은 그리스도를 아브라함의 자손이요 다윗의 몸의 소생이라는 성경의 증언들을 알레고리라고 주장한다. 이에 대해 칼뱅은 다양한 성경의 증거들을 통해 그들을 논박하고 있다. 그들은 그리스도의 족보에 대해서도 교묘하게 헛된 논리를 펴는데 이에 대해 칼뱅은 마태와 누가의 족보를 비교하여 설명하고 있다.

> 마태는 마리아의 선조를 기록하지 않고 요셉의 선조를 기록했다 (마 1:16). 그러나 그는 당시에 잘 알려진 일을 이야기하기 때문에, 즉 마리아가 요셉과 같은 가문에서 났다는 것이 분명했기 때문에, 요셉이 다윗의 후손이라는 것을 밝히면 충분하다고 생각한 것이다. 누가는 이 점을 더욱 역설하는 의미에서, 그리스도가 주시는 구원은 전 인류에 해당하는 것이라고 가르친다. 구주이신 그리스도는 우리 모든 사람의 선조인 아담에게서 나셨다고 한다 (눅 3:38)(II.13.3).

메노 시몬스를 비롯한 신마르키온주의자들은 심지어 그리스도께서 무에서 그의 몸을 취하였다는 것을 입증하기 위해 여자들에게는 씨가 없다는 기괴한 주장까지 펼친다. 하지만 칼뱅은 이에 대해 "사회 질서와 관련하여 남성의 계보를 따라 혈통을 따지는 것은 이미 충분히 아는 사실이다. 그러나 이처럼 남성이 우월한 지위에 있다고 해서 여자의 씨가 생식의 행위에서 한몫을 담당한다는 사실을 부인할 수 있는 것은 아니다"(II.13.3)라고 주장하고 있다.

그리스도는 "죄 있는 육신의 모양으로" 보내심을 받았다(롬 8:3-4). 그리스도는 참 사람이지만 죄는 없으시다. 이런 주장에 덧붙여 칼뱅은 그리스도는 "참사람이지만 영원한 하나님"이시라고 주장한다. "측량할 수 없는 본질을 지니신 말씀이 사람의 본성과 연합하여 한 인격이 되셨다 하더라도, 우리는 그가 그 속에 갇히게 되었다고는 상상하지 않는다." 여기에서 후대에 루터파 신학자들에 의해 "칼뱅주의의 여분의 것"*extra Calvinicum*이라고 불리는 교리의 단초가 되는 표현이 등장한다: "하나님의 아들이 하늘에서 내려 오셨지만, 하늘을 떠나시지 않고서 자의로 처녀의 태중에 계시며, 지상을 다니시며 십자가에 달리시는 동시에, 맨 처음부터 하신 것과 똑같이, 끊임없이 우주에 편만하셨다는 것이다"(II.13.4).

그리스도의 신성과 인성이 어떻게 한 위격을 이루는가 하는 문제에 대해 칼뱅은 본질의 혼합이 아니라 위격person의 통일이 있었다고 주장한다. "하나님의 아들의 신성은 그의 인성과 결합 통일되어 두 본성은 각각 그 특이성에 손상을 받지 않은 채 결합 하여 한 그리스도를 이루었다고 우리는 주장한다"(II.14.1). 이 점 에서 칼뱅은 기독론의 표준을 제시하였다고 하는 칼케돈 신조 (451년)를 지지하고 있음을 알 수 있다. 성경은 그리스도에게 있 는 이 양성의 통일을 열심히 주장해서 때로는 양성을 서로 교환 하는 때도 있는데 이런 비유적인 표현법을 옛날 교부들은 "속성 의 교류*communicatio idiomatum*"라고 불렀다. 칼뱅은 이 교리를 받아 들이지만(II.14.2), 루터파가 그리스도의 부활체가 도처에 있다고 주장하는데 이 교리를 이용하는 것은 배격한다.

　옛날 교부들은 중보자의 위격에 대해 주의를 기울이지 않았는 데 그렇게 할 때 신성이나 인성만이 아니라 두 본성 모두를 지칭 하는 성경 말씀의 내용들이 지닌 진정한 의미를 흐려지게 만들 수 있음을 칼뱅은 지적하고 있다. 그리스도의 중보자의 직분은 세상 끝 날까지 지속될 것이다.

　우리가 하늘 영광에 참가하여 하나님을 그 계신 그대로 뵙게 될 때에는, 그리스도는 중보의 직책을 다하셨으므로 아버지의 사절 을 그만두시고 천지창조 이전에 즐기시던 그 영광으로 만족하실 것이다. 그리고 "주"라는 이름은 그리스도의 위격이 하나님과 우리의 중간에 있는 지위를 표시할 때에 한해서 그리스도의 위격에만 속한다(II.14.3).

우리가 아버지의 위엄을 직접 대면하여 볼 때까지 아버지께서는 그리스도에게 주권lordship을 맡겨 두셨다. 그 이후에는 그가 주권을 다시 아버지께로 돌려 드리시고 그 자신의 위엄이 사라지기는커녕 그 주권이 더욱 밝게 빛나게 될 것이다. "지금은 마치 수건에 가려진 것처럼 비쳐지고 있는 그리스도 자신의 신성이 그때에 가서는 그 스스로 빛을 발할 것"이라고 칼뱅은 주장한다(II.14.3).

네스토리우스Nestorius, c. 386-450는 그리스도의 두 본성을 구별하지 않고 분리시켜 두 분의 그리스도를 생각하였다. 반면에 유티케스Eutyches, c. 380-c. 456는 위격의 통일성을 유지할 생각으로 두 본성 모두를 파괴하게 된다. 칼뱅은 431년의 에베소 회의가 네스토리우스를 비난한 것이 정당한 것과 같이, 후에 448년의 콘스탄티노플과 451년의 칼케돈 회의들이 유티케스를 비난한 것도 정당하다라고 주장하고 있다(II.14.4).

미카엘 세르베투스는 하나님의 아들이 하나님의 본질, 영, 육체 그리고 세 가지 창조되지 않은 요소들이 혼합된 허구라고 주장하였으며 영원한 말씀이 육신을 입기 전에 이미 하나님의 아들이셨다고 말하는 것은 하나님의 아들을 둘로 만든다고 비난하였다. 이에 대해 칼뱅은 "그리스도는 영원 전부터 하나님의 아들이시다"라고 주장한다. "만세 전에 아버지께로 나신 말씀이 실체적 연합hypostatic union 가운데 인성을 취하셨기 때문에 그를 하나님의 아들로 믿는 것이다"(II.14.5).

창조시에 천사들과 사람들은 하나님이 그들의 공통된 아버지가 되시도록 지어졌다. 따라서 그리스도는 항상 머리가 되시며, 모든 창조물보다 먼저 나신 자로 만물의 으뜸이 된다(참조, 골 1:15 이하)고 한 바울의 발언이 옳다면, 그리스도는 우주 창조 이전에도 하나님의 아들이셨다고 추론하는 것이 옳다고 나는 생각한다(II.14.5).

칼뱅이 세르베투스의 견해라고 소개하고 있는 것은 매우 기괴하기까지 하다. 세르베투스는 그리스도를 모든 피조물보다 먼저 났다고 생각하지만, 돌들에도 정도에 따라 동일한 본질적 신성이 있다고 한다. 세르베투스는 자신의 입장을 "말씀이 육신이 되어"(요 1:14)라는 요한복음의 말씀을 기초로 삼지만 이 말씀은 세르베투스의 오류뿐 아니라 네스토리우스의 오류와 유티케스가 지어낸 불경스러운 조작에 대해서도 반박한다. "요한의 유일한 목적은 바로 두 본성이 하나의 인격을 이루었음을 밝히고자 하는 것이었다"(II.14.8).

벌코프에 의하면 초기 교부들 중 몇몇이 이미 그리스도의 상이한 직분들에 관해 언급했지만, 중보자의 세 직분을 구별하는 일의 중요성을 인식한 사람은 칼뱅이었다.[22] 칼뱅은『기독교 강요』II권 15장에서 선지자직, 왕직, 제사장직이라고 하는 그리스도의 삼중직에 대해 제시하고 있다. 선지자로서의 그리스도는 그가 전하신 완전한 가르침을 통해 모든 예언을 종결시켰음이 확실하다. "그러므로 복음으로 만족하지 않고 밖에서 무엇을 가져다가 복음에 꿰매는 사람들은 모두 그리스도의 권위를 깎아내린다"(II.15.2)라고 칼뱅은 말하고 있다.

그리스도의 왕직에 대해 칼뱅은 우리가 그것을 영적으로 깨달을 때에만 우리에게 그 힘과 효험을 미치게 된다고 보았다. "평생 십자가를 지고 싸워야 하는 우리의 처지가 어렵고 가련하다는 사실을 보면 이 점이 분명하게 된다. … 우리는 그리스도 안에서 우리에게 약속된 행복이 외형적인 것에 … 있는 것이 아니라는 것을 알아야 한다. 아니다. 우리의 행복은 하늘의 생명에 속한 것이다!"(II.15.4) 칼뱅은 주장한다: "그러므로 그 나라에 참여하려면 이 세상을 버려야 하는 것이다." 이 하늘의 생명에 관해서는 성령이 베풀어 주시는 것이 아니면 우리 안에는 그 생명력이 한 방울도 없다. "성령은 그리스도를 그의 거처로 택하시고, 우리에게 심히 필요한 하늘보좌가 그를 통하여 풍부하게 흐르게 하셨다"(II.15.5).

그리스도의 제사장직과 관련하여 칼뱅은 "반드시 속죄가 중간에 개입해야만" 하며, "그리스도의 제사장직의 효능과 혜택이 우리에게 미치게 하기 위해서는 그리스도의 죽으심에서부터 시작해야 한다"라고 주장하고 있다. 율법 아래에서는 짐승을 제물로 바치도록 명령하셨지만 그리스도 안에 있는 새로운 질서 아래에서는 한 분이 제사장과 제물을 겸하게 하셨다. "이것은 우리의 죄의 값을 치르기에 합당한 것이 달리 없으며, 독생자를 하나님에게 드릴 만한 사람이 없었기 때문이다. … 우리 자신은 오염되었으나 그리스도 안에서는 제사장들이다"(II.15.6). 칼뱅은 그리스도의 제사장직에 만족하지 않고 그리스도를 새로이 제물로 드리겠다는 교황주의자들의 미사를 비판하고 있다.

칼뱅은 그리스도께서 우리를 계속 인도하셔서 구원의 마지막 목표에까지 이르게 하지 않으신다면, 우리의 구속은 불완전할 수밖에 없을 것이라고 주장하며 기억해 둘 만한 베르나르의 경고를 소개하고 있다.

예수의 이름은 광명일 뿐 아니라 양식이다. 그것은 또 기름이다. 이 기름이 없으면 영혼의 모든 양식은 마른다. 그것은 소금이다. 이 소금으로 맛을 내지 않으면 우리 앞에 놓이는 음식은 온통 맛이 없다. 끝으로 예수의 이름은 입에 꿀이요 귀에 음악이며, 마음에 기쁨이요, 동시에 약이 된다. 예수의 이름을 말하지 않는 강화는 향기가 없다(Bernard, *Sermons on the Song of Songs* xv.6)(II.16.1).

칼뱅은 "누구든지 자기 속에 내려가서 자기의 진상을 성실하게 생각한다면, 반드시 자기에 대한 하나님의 진노와 적의를 느낄 것"(II.16.1)이고 이런 하나님의 진노와 저주에 대한 깨달음을 통해 그리스도 안에서 우리를 자기와 화목하게 하시는 하나님의 사랑에서 비롯되는 그리스도의 속죄를 발견하게 된다고 주장한다.

우리가 그리스도의 죽음에 의해서 화해를 얻었다는 사실에 대해서, 마치 아들이 우리를 하나님과 화해시킴으로써 하나님이 전에 미워하시던 자들을 이제부터 사랑하시기 시작하도록 만드셨다는 듯이 해석해서는 안 된다. 도리어 우리는 죄로 인해서 하나님의 원수였지만, 그분이 우리를 사랑하시기 때문에 우리는 이미 그와 화해했다(II.16.4).

칼뱅은 그리스도가 복종의 전 과정을 통해서 우리를 위해 구속을 이루셨다고 주장한다. 사도신경에는 완전한 구원의 전체가 들어 있다. 사도신경은 그리스도의 탄생으로부터 즉시 그의 죽음과 부활, 승천으로 나아가며 심판하러 다시 오실 것을 말하고 있다. 이런 맥락에서 칼뱅은 사도신경의 성자에 대한 부분을 하나씩 설명해 나간다(II.16.5). 그 가운데 특이한 부분만 몇 가지 간단하게 살펴보자.

우리의 정죄를 제거하기 위해서 그리스도는 아무렇게나 죽음을 당하셔서는 안 된다. "우리의 정죄를 자기 자신에게로 옮기며 또한 우리의 죄책을 자기 자신에게 지우심으로써 우리를 자유하게 하는 그런 죽으심이 되어야 했고, 그러기 위해서는 죽으심의 형태를 택하셔야만 했던 것이다"(II.16.5).

그리스도의 십자가는 그저 사람의 생각에서만이 아니라 하나님의 율법의 규정에 의해서 저주를 받은 것이었다. "나무에 달린 자마다 저주 아래에 있는 자라"(신 21:23; 갈 3:13). "믿음은 그리스도의 정죄 속에서 무죄의 사면을 깨달으며, 그의 저주 속에서 축복을 깨닫는 것이다. 그러므로 바울은 그리스도께서 십자가 위에서 친히 이루신 승리를 아주 위엄 있게 선포한다. 마치 수치로 가득한 십자가가 개선하는 병거로 변한 것처럼 말이다." 십자가와 관련하여 칼뱅은 그리스도께서 영원하신 성령으로 말미암아 흠 없는 자기를 드리셨다는 히 9:14를 언급하고 있다(II.16.6).

칼뱅은 우리나라 사도신경에는 없는 "옥에 내려가시고"라는 문구에 대해 모든 경건한 자들의 공통된 믿음이 반영되어 있다고 주장하면서 그리스도의 지옥강하라고 하는 신조가 우리의 구속 전체를 위해서 매우 중요하며 "이 신조를 제거한다면, 그리스도의 죽음의 혜택은 많이 상실될 것"이라고 말하고 있다(II.16.8). 칼뱅은 그리스도의 지옥강하를 그리스도가 우리를 위해 받으신 영적 고통을 의미하는 것으로 해석한다(II.16.10). 이 부분을 논증하기 위해 칼뱅은 초대 교부 힐러리Hilary of Poitiers, c. 310-367의 다음의 말들을 인용한다: "그리스도께서 지옥에 내려가셨기 때문에 우리는 죽음이 정복되었다는 결과를 얻었다." "십자가와 죽음과 지옥 ─ 이것들이 우리의 생명이다." "하나님의 아들은 지옥에 계시지만, 사람은 하늘로 들려 올라간다"(II.16.11).

칼뱅은 기독론과 관련한 각종 오해와 오류에 대하여 논박하고 있는데 그리스도는 "무한한 고통을 느끼셨지만 자기를 버리셨다고 외친 그 하나님을 여전히 자기의 하나님이라고 부르셨다"라고 말하며 아폴리나리스Apollinaris of Laodicea, ?-382와 단의론자들Monothelites을 언급하고 있다. 아폴리나리스는 그리스도의 신성을 확고하게 주장하여 아리우스 이단에 대해 반대하였지만 그리스도의 참된 인성에 대해 부인한 사람이다. 그는 "그리스도에게 영원한 영이 있었으나 혼은 없었다"고 주장하였으며, 따라서 그리스도는 반쪽자리 사람에 불과하셨다고 주장하는 잘못을 범했다고 칼뱅은 비판한다(II.16.12).

교회 역사 속에는 그리스도의 양성에 대한 토론이 칼케톤 회의(451년)에서 완결된 이후에도 그리스도의 두 본성을 인정하면서 그리스도의 한 의지만을 인정하는 단의론자들이 등장하였고 이들은 제3차 콘스탄티노플 교회 회의(681년)에서 정죄되었다. 칼뱅은 단의론자들에 반대하여 "그리스도께서는 자기의 신성에 따라서 원하신 일을 인간으로서는 원하시지 않았다"라고 주장하고 있다(II.16.12).

그리스도의 부활에 대해 칼뱅은 십자가와 관련하여 설명한다.

"그의 죽으심을 통해서는 죄가 제거되었고 죽음이 소멸되었으며, 그의 부활을 통해서는 의가 회복되었고 생명이 일어났으며, 그리하여 그의 죽으심이 그 능력과 효력을 우리에게 나타내게 된 것이다"(II.16.13).

"하늘에 오르사"라는 문구에 대한 해설에서 칼뱅은 위엄의 임재에 의해서 우리는 항상 그리스도를 모시고 있지만 육체적인 임재에 관해서는 제자들에게 "나는 항상 너희와 함께 있지 아니하리라"고 하신 말씀(마 26:11)이 옳다고 주장하고 있다. "교회는 육신의 임재로는 그리스도를 며칠 동안 모셨고 지금은 믿음으로 모시며 눈으로는 볼 수 없기 때문이다"(II.16.14). 이런 칼뱅의 표현은 루터와 달리 성찬식에 그리스도의 육체적 임재를 부정하였던 츠빙글리의 주장과 거의 동일하다.

그리스도의 승천이 우리에게 주는 유익에 대해서 칼뱅은 세 가지를 말하고 있다. 첫째로, 우리는 주께서 승천하심으로써 아담 때문에 닫혔던 천국 길을 여셨다는 것(요 14:3)을 깨닫게 된다. "그가 우리의 육을 쓰시고 우리를 대신하시듯이 하늘에 들어가셨으므로, 사도가 말한 것과 같이, 우리는 어떤 의미에서 이미 그리스도 예수 안에서 하나님과 함께 하늘에 앉아 있다(엡 2:6)." 그래서 그리스도인은 그저 소망만으로 하늘을 기다리는 것이 아니라, 우리의 머리이신 그리스도 안에서 이미 하늘을 소유하고 있는 것이다. 둘째로, 우리가 그리스도께서 아버지와 함께 거하신다는 것을 아는 것은 우리에게 큰 유익이 된다. 셋째로, 우리는 승천을 통해 그리스도가 얻으신 권능을 깨닫게 된다. "우리의 힘과 능력과 부귀와 지옥을 대적하는 자랑이 바로 그의 권능에 있다"(II.16.16).

그리스도는 심판주로 다시 오실 것이라는 구절에 대해 설명하며 칼뱅은 "최후 심판 때에 아직 육신으로 살아 있는 사람들은 자연적인 죽음은 겪지 않겠지만, 그들이 당할 변화는 죽음과 같을 것이므로 '죽음'이라고 불러도 부적당하지" 않을 것이라고 말하고 있다(II.16.17). 결론적으로 칼뱅은 "신경이 어디서 나타났든 간에, 교회의 바로 초창기 즉, 사도 시대에 모든 사람이 이구동성으로 그것을 공중 고백서로 인정했다고 나는 확신한다"(II.16.18)라고 말하고 있다.

16장의 마지막 절인 19절의 제목은 "오직 그리스도만이 모든 축복의 근원이심"이다. 조금 길기는 하지만 이 부분에서의 칼뱅의 주장은 인용할 가치가 충분하다.

우리가 구하는 것이 구속이라면 그것은 그의 수난에 있으며, 무죄방면이라면 그것은 그가 정죄받으신 데 있으며, 저주를 면하는 것이라면 그것은 그의 십자가에 있으며(갈 3:13), 배상을 치르는 일이라면 그것은 그의 희생에 있으며, 정결이라면 그것은 그의 피에 있으며, 화해라면 그것은 그의 지옥강하에 있으며, 육을 죽이는 일이라면 그것은 그의 무덤에 있으며, 새로운 생명이라면 그것은 그의 부활에 있으며, 영생불사라면 그것도 그의 부활에 있으며, 천국을 상속하는 일이라면 그것은 그의 승천에 있으며, 보호나 안전이나 모든 풍부한 축복이라면 그것들은 그의 나라에 있으며, 안심하고 심판을 기다리는 것이라면 그것은 그가 심판주로서 지니신 권능에서 찾을 수 있다(II.16.19).

II권의 마지막 장에서 칼뱅은 "궤변을 고집하는 어떤 사람들"의 주장을 다루고 있다. 그들은 "그리스도를 통해서 구원을 받는다고 인정하면서도, '공로'라는 말은 하나님의 은총을 희미하게 만든다고 생각해서 듣기도 싫어한다"(II.17.1). 그들은 그리스도의 공로와 하나님의 자비를 대립시키는 것은 어리석은 짓이라고 생각한다. 하지만 칼뱅은 "한 일의 하위에 있는 것은 그 일과 충돌하지 않는다는 것이 통칙"이라고 주장하면서, "우리가 사람들은 오직 하나님의 자비에 의해서 거저 의롭게 된다고 주장하는 동시에, 하나님의 자비보다 하위에 있는 그리스도의 공로도 우리를 위해서 중재한다고 주장하는 것"은 아무런 문제가 없다고 주장하고 있다(Ⅱ.17.1).

칼뱅은 "노여움을 푼다"는 말이 대단히 중요하다고 주장한다. "어떤 형언할 수 없는 이치로, 하나님께서는 우리를 사랑하시는 동시에 노하셨지만, 그리스도 안에서 우리와 화해하신 것이다"(Ⅱ.17.2). 즉 바울이 말하고 있는 것과 같이 "하나님이 죄를 알지도 못하신 이를 우리를 대신하여 죄로 삼으신 것은 우리로 하여금 그 안에서 하나님의 의가 되게 하려 하심이라"(고후 5:21). 이런 구절들에 대한 칼뱅의 언급은 형벌대리속죄론에 대한 확고한 지지를 칼뱅에게서 발견하게 한다. "그리스도께서 피를 흘리신 결과로 우리의 죄가 우리에게 전가되지 않는다면, 그것은 곧 하나님의 심판이 그 값으로 보상되었다는 뜻이 된다"(Ⅱ.17.4).

루터와 칼뱅을 비롯한 개혁자들은 큰 틀에서 삼위일체론과 기독론과 관련하여 중세 로마 가톨릭의 주장을 아무런 수정 없이 받아들였다. 그래서 신론과 기독론을 중점적으로 다루는 『기독교 강요』Ⅰ권과 Ⅱ권에 당시 가톨릭교회에 대한 비판이 많이 등장하지는 않는다. 다만 펠라기우스주의에 대한 비판을 중심으로 가톨릭신학에 대하여 반론을 제기하고 있을 따름이다. 종교개혁은 일차적으로 구원론의 문제와 관련이 있다. 그런 면에서 구원론의 문제를 다루는 『기독교 강요』 III권과 교회론의 문제를 다루고 있는 IV권에는 본격적인 가톨릭신학에 대한 비판이 전개된다.

『기독교 강요』는 크게 두 부분으로 되어 있다고 말할 수도 있다. 첫 부분은 하나님(삼위일체, 창조주, 섭리), 성경, 그리고 인간에 관한 교리의 문제요 이것들은 제I권에서 다루고 있다. 둘째 부분은 나머지 3권 전체에 미치고 있으며, 여기서는 역사적 계시와 구원의 계획을 다루고 있다. 이 부분은 다시 두 부분으로 세분되는데, 첫 부분에서는 구원을 위한 준비와 하나님의 아들의 성육신에 있어서의 그 완성을 말하고(제II권), 둘째 부분에서는 성령으로 말미암은 구원의 적용을 논하고 있다. 이 구원의 적용은 ① 성령께서 신자 안에서 내적으로 역사하시는데, 그 완성은 내세에서 보게 된다(제III권). ② 그리고 외적 수단인 교회를 통하여 성령께서 이 역사를 완성하시어, 그 목적을 달성하시게 된다(제IV권).

4장

『기독교 강요』 III권

그리스도의 은혜를 받는 길: 그 유익과 효과

『기독교 강요』 III권은 일반적으로 구원론을 다루는 것으로 알려져 있으며 25개의 장으로 구성되어 있다. 1장에서 성령, 2장에서 믿음, 3장에서 중생과 회개에 대하여 다루고 난 후 4-5장에서 회개와 관련된 가톨릭의 오류인 고해 성사와 보속, 그리고 면죄부와 연옥에 대하여 비판하고 있다. 6-10장에서 성화에 해당하는 그리스도인의 삶에 대하여 먼저 다루고 난 후 11-18장에서는 칭의론을 다루고 있다. 그리고 19장에서 그리스도인의 자유, 20장에서 기도를 다루고 있으며, 21-24장에서 예정론을 다룬 후 마지막 25장에서 종말론에 해당하는 최후의 부활을 다루고 있다.

1. 성령 하나님

칼뱅은 『기독교 강요』 I권 13장에서 삼위일체론을 다루며 성령의 영원한 신성과 본질에 대하여 논한 바 있다(I.13.13-14). III권을 시작하며 칼뱅은 성령을 "우리를 그리스도와 연합시켜 주는 띠"라고 주장하며 "우리가 그리스도를 누리고, 또한 그가 베푸시는 모든 은택을 누리는 것이 바로 성령의 역사하심으로 말미암는다"라고 말하고 있다(III.1.1).

성령을 "그리스도의 영"이라 부르는 이유에 대해 칼뱅은 "비단 하나님의 영원한 말씀이신 그리스도께서 아버지와 함께 동일한 성령으로 하나가 되시기 때문만이 아니라, 또한 그의 중보자의 직분 때문이기도 하다"라고 주장하고 있다. 칼뱅은 또한 바울이 신자들에게 "그리스도의 은혜와 하나님의 사랑"이 있기를 구하면서 동시에 "성령의 교통하심"을 거기에 덧붙이고 있는데(고후 13:13), "그것은 성령의 교통하심이 없이는 아무도 하나님 아버지의 사랑이나 그리스도의 은혜를 절대로 맛볼 수가 없기 때문"이라고 말하고 있다(III.1.2).

성경에서는 성령에 대해 여러 칭호들이 등장한다. "양자의 영"(롬 8:15), "보증이며 인"(고후 1:22; 참조. 엡 1:14), "물"(요 7:37), "기름" 또는 "기름 부음"(요일 2:20, 27), "불"(눅 3:16), "샘"(요 4:14), "주의 손"(행 11:21) 등이 바로 그것이다. 이 가운데 성령을 "불"로 부르는 이유에 대한 칼뱅의 설명을 살펴보자: "성령께서는 꾸준히 우리의 사악한 육욕을 태워 버리시며, 우리 마음에 하나님께 대한 사랑과 열렬한 헌신의 불길을 일으키시기 때문에 성령을 '불'이라고(눅 3:16) 부르는 것은 정당하다"(Ⅲ.1.3).

칼뱅은 성령의 주된 역사는 믿음이라고 주장한다. "믿음 자체의 근원이 다름 아닌 바로 성령이시다"(Ⅲ.1.4). 칼뱅은 바울이 성령의 직분을 높이 기리고 있음을 주장하며, 내적인 교사이신 그리스도께서 친히 그의 성령을 통하여 아버지께서 자기에게 주신 자들을 자기에게로 이끌지 않으시면 인간 교사들이 아무리 외쳐도 전혀 효과가 없으며, 완전한 구원은 그리스도 자신에게 있다고 말하고 있다.

그리스도께서는 우리에게 "성령과 불로" 세례를 베푸심으로써(눅 3:16) 우리를 그 구원에 동참하게 하셔서, 그의 복음을 믿는 믿음 속으로 우리를 밝히 이끄시며, 우리를 중생케 하사 새로운 피조물들이 되게 하시며(참조. 고후 5:17), 그리하여 세상의 더러움에서 우리를 깨끗이 씻으시고 우리를 하나님의 성전으로 구별하여 세우시는 것이다(참조. 고전 3:16-17; 고후 6:16; 엡 2:21)(III.1.4).

2. 믿음

믿음은 한마디로 한 분 하나님을 바라보는 것이다. 그러나 칼 뱅은 여기에 "그의 보내신 자 예수 그리스도를 아는 것"(요 17:3) 을 덧붙여야 한다고 주장하고 있다. "만일 그리스도의 광채가 우리에게 비쳐지지 않았다면, 하나님은 멀리서 감추어진 상태로 남아 계셨을 것이다." 칼뱅은 아우구스티누스를 인용하며 우리의 믿음의 목표를 논할 때에 우리는 가려는 곳과 가는 길을 알아야 하는데, 목적지와 길은 오직 그리스도에게서 발견될 뿐이라고 말하고 있다(III.2.1).

칼뱅은 스콜라 신학의 맹목적 믿음의 개념을 비판하면서 믿음이 지식을 배제하는 것이 아니라 바른 지식 위에 세워져야 함을 말하고 있다. "이러한 지식으로 말미암아서 ─분명히 말하지만, 우리의 느낌을 굴복시킴으로써가 아니라─ 우리가 천국에 들어감을 얻는 것이다. … 사람이 자기가 깨닫지도 못하고 심지어 살펴보지도 않은 것을 그저 맹목적으로 믿는 것만으로는 절대로 부족하다"(III.2.2).

물론 칼뱅은 우리가 이 세상에 나그네로 거하는 동안 맹목적 믿음이라는 것이 있다는 것을 기꺼이 인정하고 있다. 즉 바른 믿음이라도 항상 오류와 불신앙에 둘러싸여 있을 수 있다는 것이다. 주님의 제자들은 그리스도의 부활의 확실한 사실을 몸소 접하기 전에 무지가 그들의 믿음을 어둠 속에 가두어 두고 있었다. 그들은 부활의 사실을 접할 때에 비로소 믿기 시작한 것이 아니라 그들의 마음속에서 죽은 상태에 있던 믿음의 씨앗이 새로운 힘으로 터져 나온 것이다. 이들 제자들의 예는 모든 사람에게 불신앙이 언제나 믿음과 함께 뒤섞여 있다는 사실을 잘 보여 주는 실례가 된다(III.2.4).

칼뱅이 보기에 "믿음이란 그저 하나님이 존재하신다는 것을 아는 것만이 아니라 그보다 더 중요하게 우리를 향하신 하나님의 뜻이 무엇인지를 아는 것이다"(III.2.6). 칼뱅이 제시하는 믿음에 대한 올바른 정의는 다음과 같다: "믿음은 우리에 대한 하나님의 선하심을 굳게 또 확실하게 아는 지식이며, 이 지식은 그리스도 안에서 값없이 주신 약속의 신실성을 근거로 삼는 것이며, 성령을 통해서 우리의 지성에 계시되며 우리의 마음에 인친 바가 된다"(III.2.7).

칼뱅은 롬바르드나 아퀴나스 등에 의해 주장되었던 유형의 믿음 또는 내실적 믿음*fides formata charitate*(사랑에 의해 형성된 믿음)과 무형의 믿음 또는 형식적 믿음*fides informis*(사랑의 행위가 없어 형태가 없는 믿음)에 대한 구별을 무가치한 것으로 논박하고 있다. 그들은 지적인 "동의"에 경건한 "마음의 끌림*inclination*"이 덧붙여지면 믿음이 "형성되었다"고 이야기한다. 하지만 이런 그들의 주장은 어리석기 짝이 없다. "믿음은 그리스도를 아는 지식을 기초로 삼는다고 말할 수 있다. 그리고 그리스도의 영으로 말미암아 성화되지 않고는 그리스도를 알 수 없다. 그러므로 믿음을 경건한 성향에서 분리한다는 것은 도저히 불가능한 일이다"(Ⅲ.2.8).

고전 13:2에 근거해서 믿음에서 사랑을 제외시키면 믿음을 망가뜨린다는 스콜라주의자들의 주장에 대해 칼뱅은 오직 한 가지의 믿음밖에 없다고 주장하고 있다(Ⅲ.2.9). 물론 칼뱅은 "사람의 마음속에는 허영이 숨을 틈이 많으며 거짓이 정복할 구멍이 많다. 그것은 기만의 위선으로 장식되어 스스로 속는 때도 많다"는 사실을 인정하며 그림자 같은 형식의 믿음을 보이는 사람이 있을 수 있는데 이런 믿음은 믿음이라 부를 가치가 없는 거짓 믿음이라고 말하고 있다(Ⅲ.2.10). 심지어는 "유기된 자들도 때로는 택함받은 자들과 거의 동일한 감정과 느낌에 영향을 받아서 심지어 그들 자신의 판단으로는 자기들이 택함받은 자들과 어떤 면에서도 다를 바 없다고 믿게 되기도 한다"는 사실을 우리는 주위에서 늘상 경험할 수 있다. 그렇다고 해서 유기된 자들에게 믿음이 있다고 말할 수는 없다. 칼뱅은 "버림받은 사람들이 그들에 대한 하나님의 자비를 믿는다고 하는 것은 옳은 말"이라고 인정한다. 그 이유는 "그들도 비록 혼란하며 불분명하면서도 화해의 선물을 받기 때문이다." 하지만 그들이 "하나님의 자녀들과 똑같은 믿음이나 중생을 받는다는 뜻"은 아니다. 다만 "위선의 가면을 쓰고 같은 믿음의 시초를 가진 것 같이" 보일 따름인 것이다 (Ⅲ.2.11).

곧 선택된 사람들의 믿음이 아무리 부족하고 약하더라도 하나님의 영이 그들이 양자가 되었다고 하는 확고한 보증과 날인을 해 주심으로써(엡 1:14; 고후 1:22 참조) 그가 새겨 두신 표징은 그들의 마음속에서 결코 말소되지 않지만 사악한 사람들 위에 비치는 빛은 후에 사라지는 성질의 것이다(Ⅲ.2.12).

칼뱅은 "내 천부께서 심으시지 않은 것은 뽑힐 것이니"라는 마 15:13의 그리스도의 말씀을 인용하여 살아 있는 뿌리를 내리지 못하는 사람들의 믿음이 일시적임을 말하고 있다. 사도 바울은 거짓이 없는 믿음과 선한 양심을 요구하였다(딤전 1:5). 선한 양심은 믿음을 보관하는 상자와 같다. 선한 양심을 버리면 "믿음에 관하여는 파선破船"한 상태에 빠지게 된다(Ⅲ.2.12).

믿음에는 지적인 요소가 작용한다. 그래서 칼뱅은 때로 믿음을 "지식," "깨달음," "아는 것"이라 칭하는 것이 지극히 정당하다고 본다. 물론 칼뱅은 "믿음의 지식은 이해에 있는 것이 아니라 확신에 있다"고 결론짓고 있다(Ⅲ.2.14). 바울은 믿음에서 확신 Faduciam이 나오며, 확신에서 담력Audacium이 생긴다고 가르치고 있다. 바울은 "우리가 그 안에서 그를 믿음으로 말미암아 담대함과 확신을 가지고 하나님께 나아감을 얻느니라"(엡 3:12)고 말하였다(Ⅲ.2.15).

칼뱅은 "믿음이 움직이는 가장 주된 원리"를 "하나님께서 베푸시는 긍휼의 약속들을 우리 자신 바깥의 경우들에만 사실로 받아들이는 것이 아니라, 그 약속들을 우리의 속으로 포용하여 우리의 것으로 만드는 것"이며, 바로 여기에서 확신이 생겨난다고 말하고 있다. 칼뱅은 히브리서의 저자가 바울이라고 생각한다. "우리가 소망의 담대함과 자랑을 끝까지 견고히 잡으면"(히 3:6)이라는 말씀을 사도의 말씀이라고 인용하면서, 우리들이 천국의 기업에 참예한다는 사실을 확신하고 그것을 영광으로 삼아야 한다고 칼뱅은 주장하고 있다(Ⅲ.2.16).

"믿음이 확실하고 분명해야 한다"는 것은 분명한 사실이지만, "한 점도 의심이 없는 확실함"이나, "근심 걱정에 의해서 조금도 공격을 당하지 않는 그런 확신"은 있을 수 없다. 오히려 신자들은 자기 자신의 불신앙과 끊임없이 싸우는 중에 있다. 물론 그럼에도 신자들이 하나님의 긍휼하심으로 받은 특정한 확신에서 벗어난다든지 떠난다든지 하는 일은 있을 수 없다. 칼뱅은 그 대표적인 예로 다윗을 들고 있다. "성경에는 다윗의 믿음보다 더 뛰어나거나 또는 기억에 남는 예가 없다." 하지만 성경에서 우리는 수많은 다윗의 탄식을 보게 된다. 그럼에도 온갖 공격을 받는 중에서도 다윗은 자기 자신을 질책하는 가운데서도 하나님을 향하여 올라가기를 그치지 않았다. "자기 자신의 연약함과 싸우면서, 걱정이 밀려오는 순간에 믿음을 향하여 전진하는 사람은 이미 상당 부분 승리를 얻은 것과 다를 바 없다"(Ⅲ.2.17).

신자들도 여러 가지 잡다한 생각들로 산만해질 수 있다. 하지만 그 때문에 믿음과 완전히 결별하게 되는 것은 아니다(Ⅲ.2.18). 우리는 "흙으로 지은 몸이라는 사슬"에 매여 있는 동안 사방에서 크나큰 어둠의 그림자에 둘러싸여 있다. 하지만 그럼에도 우리에게는 든든한 확신을 얻기에 필요한 만큼 은혜의 햇살이 비치고 있다고 칼뱅은 주장한다(Ⅲ.2.19). "우리의 마음은 본성적으로 불신앙에 끌리는 경향이 있다"(Ⅲ.2.20). 하지만 불신앙이 결정적일 수 없다. "불신앙은 신자들의 마음속에서 지배력을 얻지 못하고 밖에서 공격을 가할 뿐이다. 불신앙의 무기는 치명적인 상처를 입히지 못하고 괴롭힐 뿐이며 혹은 상처를 입히더라도 그것은 나을 수 있는 것이다"(Ⅲ.2.21).

"믿음의 확신"에 대해 강조한 칼뱅은 빌 2:12의 "두려움과 떨림"이 믿음의 확신을 흐리게 하는 것이 아니라 오히려 그것을 보다 확고하게 세워 주고 우리의 육체의 게으름을 일깨워 준다고 말하고 있다. 바울은 유대인들의 패망을 근거로 "선 줄로 생각하는 자는 넘어질까 조심하라"(고전 10:12; 롬 11:20)고 권면하고 있는데 이는 우리 자신의 힘을 지나치게 신뢰하는 교만하고 경솔한 자세를 막고자 함이지 우리의 굳건함이 확실하지 않기라도 하듯이 이리저리 흔들리라는 뜻이 아니다. "유대인들이 내쫓긴 후에 이방인들이 그들의 자리를 대신 누리게 되었으나, 그로 인해서 이방인들이 경거망동하는 일이 있어서는 안 되는 것이다"(Ⅲ.2.22). 칼뱅은 "신자들이 두려워하면서도 동시에 가장 확실한 위로를 소유한다는 것은 전혀 모순이 아니다"라고 주장하고 있다(Ⅲ.2.23).

이러한 주장은 "불신앙과 뒤섞여 있는 확신"이라는 지극히 해로운 철학과 혼동되어서는 안된다고 칼뱅은 설명하고 있다. "그리스도를 보면 거기에는 확실한 구원이 있지만 돌이켜 자신을 보면 거기에는 확실한 멸망이 있으므로 불신앙과 소망이 교대로 우리 마음을 지배한다." 이것은 마치 그리스도께서 우리 속에 거하시는 것이 아니라 멀리 계시는 것으로 생각해야 한다는 논리와 다르지 않다. 여기에 대해 칼뱅은 말한다: "그리스도는 우리 밖에 계시지 않고 우리 안에 내주하신다. 절대로 분리되지 않는 끈끈한 교제의 띠로 우리와 접착되어 계실 뿐만 아니라, 놀라운 사귐으로 매일 우리와 점점 더 한 몸이 되시며, 결국에는 우리와 온전한 한 몸이 되신다"(Ⅲ.2.24).

칼뱅은 믿음이 하나님의 자비하심을 바라보는 것이라면 구원과 영생을 소유하는 것이 거기에 포함된다고 본다. 그렇기 때문에 "믿음은 이 땅에서 장수한다든지, 이 세상의 삶에서 명예와 부귀를 누린다든지 하는 일에 대해서 약속을 해 주는 것"이 아니다. "믿음의 주된 확신은 바로 장차 올 내세에 대한 기대에 있다"(Ⅲ.2.28).

값없이 주시는 하나님의 약속이 믿음을 지탱해 준다. "그러므로 우리의 믿음이 떨리며 흔들리지 않게 하려면, 구원의 약속으로 그것을 강화해야 하며, 이 약속은 우리의 공적이 아니라 우리의 가련함을 보셔서 주께서 기꺼이 또 값없이 주시는 것이라야 한다"(Ⅲ.2.29)고 칼뱅은 주장하고 있다.

"말씀이 있어야만 믿음이 가능하다"(Ⅲ.2.31). 그런데 "성령의 조명하심이 없이는 말씀이 아무것도 할 수가 없다." 만일 우리의 어둡고 악한 상태가 중간에서 가로막지 않았다면, 하나님의 말씀이라는 외형적 증거만으로도 믿음을 불러일으키기에 전혀 부족함이 없었을 것이다. 칼뱅은 믿음이 두 방면에서 하나님의 특이한 선물이라고 주장한다. 첫째로, 믿음을 통해 사람의 지성이 정화되어 하나님의 진리를 맛볼 수 있게 되며, 마음은 그 진리를 확신할 수 있게 된다. 둘째로, "성령은 믿음을 불러일으킬 뿐 아니라 점진적으로 성장하게 하여, 드디어 우리를 믿음으로 인하여 천국에 가도록 인도하신다"(Ⅲ.2.33). 그러므로 칼뱅은 말한다: "하나님의 영이 우리를 이끌어 주시지 않으면 우리는 그리스도께로 갈 수 없는 것과 같이 일단 끌려가면 우리의 지성과 마음은 높이 들려 우리의 이해력을 초월한 경지에 이른다"(Ⅲ.2.34).

성령이 없이는 믿음이 불가능하다는 칼뱅의 논증은 이후에 Ⅲ권 21-24장에 이어지는 예정론에 대한 논의를 미리 보는 듯하다. 아우구스티누스를 성경의 신실한 해석자로 인정하며 칼뱅은 "우리 구주께서는 믿음이 공로로 인하여 오는 것이 아니고 선물로서 온다는 것을 우리에게 가르치시려고, '아버지께서 이 끌지 아니하면'(요 6:44), '내 아버지께서 오게 하여 주지 아니하시면'(요 6:65) '아무라도 내게 올 수 없으니'라고 말씀하신다(요 6:44). 두 사람이 듣는데 한 사람은 멸시받고 한 사람은 세움을 받는다는 것은 이상한 일이다. 멸시받는 사람은 자기 때문인 줄로 여기고 세움을 입는 사람은 자기가 하는 일같이 자랑하지 말라"는 아우구스티누스의 말을 인용하고, 연이어 아우구스티누스의 다른 인용문인 "무슨 이유로 한 사람에게는 주시고 다른 사람에게는 주시지 않는가? 나는 조금도 부끄러움 없이 '이것이 십자가의 깊이다'라고 말한다. 우리가 헤아릴 수 없는 하나님의 판단의 어떤 깊은 것에서 … 우리가 할 수 있는 일이 모두 나온다. … 나는 내가 할 수 있는 것을 안다. 어째서 할 수 있는지는 모른다. 다만 나는 그 어째서가 하나님께로부터 온다는 것을 안다. 그러나 무슨 이유로 이 사람과 저 사람이 다른가? 이 점을 나는 중요하게 생각한다. 그것은 밑 없는 구덩이며, 십자가의 깊이다. 나는 찬탄할 수 있으나 이론적으로 설명할 수는 없다"라는 말을 제시하고 있다. 칼뱅은 "그리스도께서는 그의 영의 힘으로 우리를 조명하셔서 믿음을 가지게 하실 때에 동시에 우리를 자신의 몸에 접붙이시므로 우리는 모든 좋은 것에 참여하게 된다"(Ⅲ.2.35)라는 말로 자신의 논의를 정리하고 있다.

이른바 한번 구원받은 성도들은 구원에서 떨어져 나갈 수 없다는 개혁신학의 성도의 견인 교리에 대해 많은 반론이 제기되고 있다. 성도들의 나태를 조장한다는 것이다. 이 부분과 관련하여 칼뱅은 "지금 이 순간에는" 구원의 확신을 가졌다가 "내일은" 어떻게 될지 모른다는 주장이 롬 8:38-39의 말씀과 전혀 다르다고 주장한다. 바울이 다른 곳에서 우리의 연약한 마음과 일관성 없는 태도에 대해 말하여 우리를 두려움 속에 몰아넣고 있음을 우리는 발견하게 된다: "'선 줄로 생각하는 자는 넘어질까 조심하라'(고전 10:12). 사실 두렵다. 그러나 이 두려움은 우리를 당황하게 만드는 것이 아니고 베드로가 설명하듯이(벧전 5:6), 우리가 자신을 하나님의 강하신 손아래 낮출 줄을 알게 하는 두려움이다"(Ⅲ.2.40).

3. 중생과 회개

이 대목에서 그리스도와의 연합에 대해 다루고 넘어가는 것이 좋겠다. 칼뱅은 『기독교 강요』에서 독립적인 장으로 그리스도와의 연합을 다루고 있지는 않다. 하지만 그리스도인의 삶이나 기도의 본질을 다룰 때 칼뱅은 그리스도와의 연합에 기초하고 있다. 또한 칼뱅의 칭의론은 그리스도와의 연합이 없이는 논할 수 없다. 칼뱅은 새로운 삶과 값없는 화목이라고 하는 "복음의 요체 the sum of the gospel"가 믿음으로 그리스도를 소유하고 있는 성도들에게 그리스도와 연합한 가운데 그리스도로 말미암아 거저 주어졌다라고 말하고 있다(III.3.1).

그리스도와의 신비적인 연합unio mystica은 구원론의 근간을 이루는 주제로서 구원론의 핵심적 진리이다. 성령을 통하여 우리가 그리스도와 하나가 되는 경험을 이루지 못하면 구원에 이를 수 없기 때문이다. 우리가 받은 구원은 그리스도와의 연합을 전제로 한다. "신비적 연합은 그리스도가 그들의 생명과 힘, 복과 구원의 근원이 되게 하는, 그리스도와 그의 백성 간의 친밀하고 생동적이며 영적인 연합으로 정의될 수 있다."[23] 이 연합의 뿌리는 영원한 선택이며 중생을 통해 이 연합은 이루어진다. 이 연합은 우리로 하여금 칭의를 얻게 한다. 아울러 이 신비적 연합을 통해 신자들은 견인을 이루게 된다. 이 신비적 연합을 통해 우리는 그리스도와 함께 죽었으므로 또한 그와 함께 다시 살 것이라는 소망을 가지게 된다.

그리스도와의 연합교리는 우리로 하여금 법적인legal 측면과 역동적인vital 측면이라고 하는 그리스도의 사역의 두 가지 중요한 측면 사이에서 균형을 잘 잡도록 도움을 준다. 서방교회에 있어서 그리스도인 생활의 중심적 혜택은 죄를 용서받는 일로 간주된 반면에 동방교회에서는 영원한 생명이었다. 서방교회에서는 우리를 위한 그리스도에 강조를 두는 한편 동방교회는 우리 안에 계신 그리스도를 축하하는 경향이 있다. 우리는 항상 그리스도의 사역이 지닌 법적 측면과 역동적 측면 이 두 가지를 함께 생각해야만 한다. "마치 어떤 사람이 지나간 외상값을 갚아 주기라도 하듯이 그리스도께서 우리의 구원을 위하여 값을 지불하려고만 이 땅에 오신 것은 아니다. 우리를 그와 살아 있는 연합 속으로 이끌어 항상 함께 하시기 위함도 있다."[24]

믿음의 정의와 특성을 살펴본 후 칼뱅은 믿음으로 말미암는 중생과 회개에 대해 다루고 있다. 보통 조직신학에서 회심conversion에 대해 다룰 때는 회개와 믿음 두 가지를 언급한다. 근거가 되는 성경 구절은 행 20:21 "유대인과 헬라인들에게 하나님께 대한 회개와 우리 주 예수 그리스도께 대한 믿음을 증언한 것이라"이다. 하지만 칼뱅은 믿음이 먼저라고 한다. "어떤 사람들은 믿음보다 회개가 선행한다고 하며, 회개가 믿음을 따르거나 나무의 열매같이 믿음에서 생긴다는 것을 부정한다. 이런 사람들은 회개의 힘을 깨달은 일이 없고 사소한 이유로 이런 생각을 한다"(Ⅲ.3.1). 루터의 95개조 논제 1번은 "그리스도는 신자들의 생활 전체가 회개가 되기를 원하신다"는 것이었다. 칼뱅도 "그리스도인은 평생을 회개의 기간으로 삼아야 마땅하다"라고 주장하고 있다(Ⅲ.3.2).

믿음이 먼저냐 회개가 먼저냐에 대해 우리는 믿음과 회개를 분리시키는 것은 불가능하다고 말할 수 있다. 이 두 가지는 모두 중생으로부터 나오며 회심의 두 가지 측면들이다. 존 머레이John Murray, 1898-1975는 "구원받는 믿음은 회개 속에 깊이 잠겨 있으며 회개 역시 믿음 속에 깊이 스며져 있다"라고 말하였는데 회개와 믿음의 관계를 잘 표현해 주는 말이 아닐 수 없다.

칼뱅은 회개가 죽임mortification과 살림vivification 두 부분으로 이루어져 있다고 주장한다. 죽임은 죄를 깨닫고 하나님의 심판을 알게 됨으로써 품게 되는 영혼의 슬픔과 두려움이며, 회개의 첫 번째 부분으로 보통 통회contrition라고 부른다. 살림이란 믿음에서 생겨나는 위안과 위로를 가리키며, 거룩하고 헌신된 삶을 살고자 하는 열심을 의미하며, 거듭남에서 생겨나는 열심을 의미한다(Ⅲ.3.3).

회개에는 두 가지 형태가 있다. 가인(창 4:13)과 사울(삼상 15:30)과 유다(마 27:4)가 실례로 보여 주는 "율법의 회개"는 하나님을 복수자요 심판자로만 생각하여 그런 생각에 완전히 압도되어 버리며 이들의 회개는 지옥으로 들어가는 일종의 입구 이외에 아무것도 아니다. 또 다른 회개는 "복음의 회개"인데 죄의 가시에 찔려 상처를 입었으나 다시 일깨워 하나님의 긍휼하심을 신뢰함으로 새로워져서 주께 돌아온 모든 사람들에게서 볼 수 있다. 히스기야(왕하 20:2; 사 38:2)와 니느웨 백성들(욘 3:5, 9)과 다윗(삼하 24:10; 삼하 12:13, 16), 그리고 베드로의 설교를 듣고 회개한 자들(행 2:37)과 베드로 자신(마 26:75)이 그 실례라고 할 수 있다(Ⅲ.3.4).

칼뱅은 회개를 다음과 같이 정의하고 있다: 회개란 우리의 삶이 하나님께로 참되게 돌아서는 것true turning of our life to God으로서 하나님께 대한 순전하고 진지한 두려움에서 생겨나며, 우리의 육체와 옛사람을 죽이는 일과 영을 살리는 일로 이루어져 있다(Ⅲ.3.5). 이러한 정의에 근거하여 칼뱅은 회개에 대해 세 가지를 다루고 있다. 첫째로, 회개를 "삶을 하나님께로 돌이킴"이라고 한다면, 반드시 거기에는 외적인 행위의 변화만이 아니라 영혼 그 자체 속에서 일어나는 변화가 있어야 한다(Ⅲ.3.6). 둘째로, 회개가 하나님을 향한 진지한 두려움에서 생겨난다는 것이다. "우리가 날카롭게 찔리지 않으면, 우리의 육의 태만은 고쳐지지 않는다. … 그뿐 아니라 쇠망치로 때려눕히듯 해야 되는 고집도 있다"(Ⅲ.3.7), 셋째로 회개의 두 부분, 육체를 죽이는 일과 영을 살리는 일을 설명해야 한다(Ⅲ.3.8). "'죽이는 일'과 '살리는 일'—이 두 가지 일은 그리스도 안에 참예함으로써 우리에게 일어난다." 이 대목에서 칼뱅은 자신만의 독특한 회개에 대한 이해를 제시하고 있다: "나는 회개를 중생으로 이해하는데, 그 유일한 목적은 아담의 범죄로 말미암아 일그러지고 거의 지워져 버린 하나님의 형상을 우리 속에 회복시키는 것이다"(Ⅲ.3.9).

초기 개혁신학에서는 중생을 우리가 전적으로 새롭게 되는 것, 즉 돌이킴과 성화를 포함하는 것으로 이해하였다. 칼뱅이 그 예가 될 것이다. 칼뱅은 중생을 회심과 성화를 포함하는 전 과정으로 포괄적으로 사용하고 있다. 1561년 벨기에 신앙고백서에서도 중생을 그리스도인의 새로운 삶 전체를 가리키는 것으로 이해하고 있다. 하지만 최근의 개혁신학은 중생을 성화와 구별하여 오직 성령에 의해 새로운 생명이 심겨지는 것을 의미하는 것으로 이해하고 있다. 즉 새생명을 하나님에 의해 부여받는 것으로 중생을 보고 있다.

칼뱅은 신자들 속에서 죄가 지배력을 잃었으나 여전히 살아 있다고 말한다. "로마서 7장에서 바울이 한 말보다 더 명백한 어떤 증언이 필요한가? 우선 거기에서 바울은 거듭난 사람으로서 말한다(롬 7:6). 이 점을 우리는 다른 곳에서(II.2.27) 밝혔고 아우구스티누스도 반박할 여지가 없는 논리로 이 점을 증명한다"(III.3.11).

칼뱅은 모종의 광적인 무절제의 상태를 영적 중생으로 오해하는 일부 재세례파의 잘못을 비판하고 있다. 그들은 "하나님의 자녀들은 무죄의 상태로 회복되었으므로 육체의 정욕을 억제하려고 애쓸 필요가 없고, 인도자이신 성령을 따르며 그가 주시는 충동 아래 있으면 절대로 곁길로 빠질 수가 없다"고 주장한다. 이른바 율법 폐기론자들에 가까운 이런 주장에 대해 칼뱅은 신성모독에 해당하는 주장이라고 비판하며 "성경이 말씀하는 성령은 살인이나, 간음, 술 취함, 교만, 싸움, 쟁투, 시기 등을 조장하는 분이 아니시며, 사랑과 온유와 근신, 그리고 자비와 화평과 절제와 진실 등을 일으키시는 분"이시라고 주장하고 있다 (III.3.14).

칼뱅이 보기에 "결국 자기를 낮추는 데로 이어지고 또한 용서에 대한 소망에서 벗어나지 않는 두려움"보다 좋은 것은 없다. 우리는 죄에 대한 슬픔에 지나치게 잠겨 있어서는 안 된다. 하지만 베르나르의 말과 같이 "죄에 대한 슬픔은 그것이 계속되지 않는다면, 필요한 것이다." 우리는 겸손하게 자기를 반성하며, 자비하신 하나님을 바라보아야 한다(Ⅲ.3.15).

우리는 "육신의 감옥에서 살고 있는 동안" 끊임없이 우리의 부패한 본성의 결점과 우리의 본성적인 기질과 싸워야 한다. "죽음을 명상하는 것이 철학자의 생활"이라는 플라톤의 말을 인용하며 칼뱅은 그보다 더욱 진실한 말은 "육을 죽이기 위해서 끊임없이 노력하며 훈련하여, 드디어 육을 완전히 죽이고 하나님의 영이 우리 안에서 주관하시게 되도록 하는 것이 그리스도인의 일생"이라고 주장하고 있다(Ⅲ.3.20). 그러므로 우리는 중생의 전 과정을 통해서 "우리는 그의 만드신 바라. … 선한 일을 위하여 지으심을 받은 자니 이 일은 하나님이 전에 예비하사 우리로 그 가운데서 행하게 하려 하심이니라"(엡 2;10)고 고백해야 한다(Ⅲ.3.21).

4. 가톨릭의 회개론에 대한 비판

『기독교 강요』 Ⅲ권 4장과 5장은 당시 가톨릭교회의 회개론에 대한 간략한 소개와 함께 비판을 담고 있다. 칼뱅은 『기독교 강요』가 교리를 위한 짧은 안내서로 계획되었기에 모든 것을 다루는 것은 자신의 본래의 의도가 아니기에 가능한 한 간결하게 다루고 넘어갈 것을 말하고 있다(Ⅲ.4.1). 여기에서는 보다 간결하게 언급하는 정도에서 마무리하고 넘어간다.

스콜라 신학자들이 말하는 회개는 "마음의 통회"와 "입술의 고백"과 "행위를 통한 보속" 세 부분으로 이루어져 있다(Ⅲ.4.1). 마음으로부터 죄를 슬퍼하는 것으로 끝나서는 안 된다. 입술의 고백이라는 고해성사를 통해 사제에게 죄를 고백해야 하고 사제의 사죄 선언으로 끝나서는 안 되며 죄의 값을 치러야 한다는 것이 기본적인 주장이라고 할 수 있다.

사실 지금 우리가 상식적으로 알고 있는 죄의 용서를 받는 것에 대해 교회가 처음부터 명확한 이해를 가지고 있었던 것은 아니었다. 기본적으로 세례를 통해 우리의 과거의 죄가 씻어진다는 것에 대해서는 문제가 없었지만 세례 후에 짓는 죄에 대해서 그것들을 어떻게 처리해야 할 것인가에 대한 고민들이 있었고 그런 맥락에서 칼뱅이 인용하고 있는 제롬의 "회개는 '파선 후의 두 번째 판자'"라는 말이 등장하게 된다(Ⅲ.4.1).

흥미로운 것은 칼뱅은 고해성사를 거부하면서도 죄에서 풀려나기 위해서 자기 교회의 목사에게 사적으로 죄를 고백하고 위로를 얻기 위해 목사의 사적인 도움을 청하는 사람들의 요구를 들어줄 것을 주장하고 있다. "왜냐하면 목사는 공적으로나 사적으로나 복음의 교훈으로 하나님의 백성을 위로하는 것을 직무로 삼는 사람이기 때문이다. 그러나 목사는 항상 지켜야 할 규칙이 있다. 즉 하나님께서 분명히 명령하신 것이 없으면, 일정한 멍에로 사람의 양심을 속박해서는 안 된다는 것이다"(III.4.12).

가톨릭교회는 "남녀 모든 사람들이 사리를 분별할 수 있는 연령에 이르는 즉시 최소한 매년 한 차례 이상 자기들의 사제에게 모든 죄를 고백해야 하며, 그 죄를 고백하고자 하는 확고한 의도를 갖지 않는 이상 죄가 용서받지 못하며, 또한 기회가 주어질 때에 그런 의도를 실행에 옮기지 않으면 낙원에 들어가는 문이 닫힌다"(III.4.15)라고 주장한다. 이런 주장은 일정한 멍에로 사람의 양심을 속박하는 것이요 사람들이 만든 법령으로 신자들의 영혼을 얽매어 두는 것이다(III.4.16). 그렇기 때문에 비밀 고해제도는 폐지되어야 마땅하다(III.4.19).

보속 또는 보상은 가톨릭 회개론의 세 번째 요소인데 "하나님의 자비하심으로 말미암아 우리의 범죄에 대해서 사하심을 받는 것은 분명하지만, 행위의 공로를 통해서 우리 죄의 과실을 갚아서 하나님의 공의를 정당하게 보속해 드려야만 된다는 것이다"(Ⅲ.4.25). 여기에 대한 칼뱅은 대답은 분명하다. 그리스도께서 완전한 보속을 이루셨다는 것이다(Ⅲ.4.26). 이 보속설과 관련하여 등장한 것이 가톨릭의 연옥설과 면죄부이다. "이 보속설에서 면죄부가 파생되어 나온다"(Ⅲ.5.1).

면죄부indulgence는 사실 면죄부라기보다는 면벌부가 더 정확한 번역이라고 할 수 있다. 왜냐하면 고해성사를 통해 사제에게 죄를 고백하면 사제에 의해 죄는 사해지고 남는 것은 죄를 보속하는 것이기 때문이다. 연옥에서 계속 죄에 대한 값을 치르는 것을 감해 주는 장치이기 때문에 면죄부보다 면벌부라고 번역하는 것이 옳을 것이다.

가톨릭신학에서는 그리스도와 거룩한 사도들과 순교자들의 공로를 모아 놓은 "교회의 보고the treasury of the church"가 있다고 주장하였다. 이 보고를 관리할 최고의 책임은 로마 주교인 교황에게 있고 추기경과 주교들도 이 보고의 공로를 분배할 수 있는 권한이 있다고 헛된 주장을 펴고 있었던 것이다. "영구적으로 유효한 면죄부나 몇 년 동안 유효한 면죄부는 교황이 발부하고, 백일 동안 유효한 면죄부는 추기경들이, 사십 일 동안 유효한 면죄부는 주교들이 발부한다는 식이다"(Ⅲ.5.2).

루터의 동역자였던 멜란히톤은 아우크스부르크 신앙고백

(1530년)에서 연옥 문제를 다루지 않았다. 왜냐하면 그 문제가 맹렬한 충돌을 야기하고 유익이 별로 없다고 생각했기 때문이다. 하지만 칼뱅은 이 부분에 있어 자신은 견해를 달리한다고 말한다. "연옥의 교리는 온갖 모독으로 이루어진 것이고, 또한 날마다 새로운 모독을 더하여 그것으로 지탱되고 있고, 게다가 수많은 심각한 오류들을 부추기고 있기 때문에 도저히 그냥 지나칠 수가 없는 것이다"(III.5.6).

칼뱅은 가톨릭의 "죽은 자를 위한 기도"에 대해 "과거 1300년 동안 있어 온 관습"이라고 항변하지만 하나님의 어떤 말씀이나, 어떤 계시, 그리고 어떤 전례에 의해서도 거기에 대한 근거를 발견할 수 없다고 비판하고 있다(III.5.10). 이 죽은 자를 위한 기도를 개신교 중에서 성공회 신자들 일부가 받아들이고 있다.

5. 그리스도인의 성화의 삶

칼뱅이 밝히고 있는 중생의 목표는 그리스도인의 삶에 대한 칼뱅의 이해가 어떤 것인지를 단적으로 보여 준다: "중생의 목표는 신자로 하여금 하나님의 의와 조화를 이루고 일치하는 삶을 살도록 하며, 그리하여 그들이 하나님의 양자가 된 사실을 분명히 드러내도록 하는 데 있다(갈 4:5; 참조. 벧후 1:10)"(Ⅲ.6.1).

종교개혁 신학의 핵심은 뭐니 뭐니 해도 이신칭의 교리이다.
하지만 칼뱅은 성령과 믿음, 그리고 회개에 대해 다룬 후 성화
에 해당하는 중생한 사람의 삶의 문제(6-10장)를 칭의론(11-18장)
보다 먼저 다루고 있다. 그 이유는 "하나님의 긍휼하심으로 말미
암아 오직 믿음으로 우리가 값없이 의를 얻는데, 그 믿음에 선한
행위가 결핍된 것이 아니라는 점을 먼저 이해하고, 또한 성도들
에게 있는 그 선한 행위들의 본질이 무엇인가를 먼저 이해하는
것이 시급"하기 때문이다(Ⅲ.10.1)

칼뱅에게 있어서 우리의 거룩한 삶은 하나님과의 연합을 이루
는 끈이다. "성경에는 의를 권장하는 심히 많고도 훌륭한 이유가
있다." 우리는 "세상의 사악과 부패"로부터 구원을 받았다. 그런
데 그런 후에도 평생 거기에 주저앉아 있다면, 그것은 구원의 목
적과 어긋나는 것이다(Ⅲ.6.2).

그리스도인의 거룩한 삶은 구속의 은혜에 대한 응답으로 마땅
한 것이다. "만일 우리가 의를 위하여 우리 자신을 드리고 헌신
하지 않는다면, 그것은 그야말로 극악무도한 배신으로 우리의
창조주 하나님을 거역하는 것일 뿐 아니라 우리를 구원하신 그
리스도 자신을 저버리는 행위인 것이다"(Ⅲ.6.3).

그리스도로 옷 입기를 배우지 않은 사람은 그리스도를 진정으로 배운 것이 아니다. 복음은 혀의 교리가 아니고 생명의 교리이며, "교리는 우리의 속마음에 들어가며, 다음에 일상생활이 되며, 우리를 개조하고 동화시킴으로써 복음의 결과가 나타나야 한다. 복음의 효력은 마음속 가장 깊은 감정에까지 침투해서 영혼 안에 자리를 잡고 인간 전체에 영향을 주어야 한다"(III.6.4)고 칼뱅은 주장한다.

하지만 그럼에도 칼뱅은 자신이 완전주의적인 입장을 지지하지는 않음을 분명히 하고 있다: "내가 복음적 완전에 도달하지 못한 사람은 그리스도인으로 인정하지 않겠다고 할 정도로 복음적 완전을 엄격하게 요구하는 것은 아니다." "지상 감옥인 육체를 입고 있는 동안에는" 아무도 끊임없이 열심히 계속해서 전진할 수 있을 만한 힘이 없다. 다만 우리는 "우리가 가진 미약한 힘으로라도 할 수 있는 만큼 최선을 다하여 기왕 시작된 나그네의 여정을 끝까지 마치도록 하여야 한다"(III.6.5).

칼뱅은 그리스도인의 생활의 핵심을 자기 부정이라고 주장한다(7장). 십자가를 지는 일은 자기 부정의 일부분이다(8장). 그리고 그리스도인의 삶은 내세를 묵상하는 삶이어야 한다(9장).

칼뱅은 거듭 말한다: 우리는 우리의 것이 아니다. 우리는 하나

님의 것이다. 그러므로 우리는 자기 자신을 다스리는 통치권과 경영권을 자기 자신에게서 취하여 온전히 하나님께 드려야 한다(Ⅲ.7.1). 칼뱅은 "무수한 악이 사람의 영혼 속에 숨어 있다"는 옛 사람들의 말을 인용하며, 이런 상태를 치료하는 유일한 길은 "나 자신을 부인하며 나의 생각을 죽이고, 주께서 나에게 요구하시는 일들을 행하는 데 온 마음을 쏟는 것"이라고 말하고 있다 (Ⅲ.7.2).

디도서 2장 11-14절의 말씀이 주는 교훈을 논하며 바울은 "우리의 눈을 흐리게 하는 것, 전력을 다해 하늘 영광을 추구하는 것을 방해하는 모든 유혹을 일소한다. 참으로 그는 우리로 하여금 하늘에 있는 우리의 기업이 없어지지 않도록 이 세상을 나그네같이 살라고 가르친다"(Ⅲ.7.3).

인간은 맹목적일 정도로 자기 사랑에 몰두한다. "모든 사람은 각각 자기가 잘났다고 생각하며 그 가슴 속에 일종의 왕국을 가지고 있다"(Ⅲ.7.4). 자기 사랑은 우리의 본능에 해당한다. 그러므로 자기 부인이라고 하는 것은 그렇게 쉬운 일이 아니다. "우리는 우리의 본성을 상당히 가혹하게 다루어야 될 것이다. 우리는 원래 자기만을 위하는 쪽으로 기울어져 있기 때문에, 다른 사람의 유익을 도모해서 우리 자신과 재산을 무시한다는 것은 쉽지 않다"(Ⅲ.7.5).

이토록 자기 사랑에 매여 있는 우리들이 이웃을 사랑할 수 있는 이유는 모든 사람에게 존재하는 하나님의 형상을 볼 때 가능하다고 칼뱅은 말한다. "그 하나님의 형상이 그리스도의 성령으로 말미암아 그 사람들 속에서 새로워지고 회복되고 있다"(Ⅲ.7.6). 본격적인 교회론을 다루는 문맥은 아니지만 이웃 사랑과 관련하여 칼뱅은 성경이 우리가 하나님에게서 받은 은혜는 모두 교회 공통의 유익을 위해서 사용하라고 위탁된 것이라고 말한다는 사실을 지적하고 있다(Ⅲ.7.5).

성도들의 삶 속에 십자가를 지는 일은 자기 부정의 일부분이다. 성도의 고난은 그리스도의 십자가와 밀접한 관련이 있다. "그리스도와 나누는 교제로 말미암아 우리의 고난이 오히려 우리에게 복이 될 뿐만 아니라 우리의 구원을 이루어 가는 데에도 큰 도움을 얻게 되는 것이다"(Ⅲ.8.1). 십자가는 그리스도인을 낮추어 하나님의 은혜를 의지하게 한다. "십자가의 고난을 통해서 자기의 연약함에 대해 더 철저한 지식을 갖게 되지 않으면 자기의 인내와 한결같은 의지를 과신하여 안일에 빠지게 되는 법이다"(Ⅲ.8.2). "환난은 인내를, 인내는 연단을 이룬다"(롬 5:3-4). 십자가로 말미암아 우리에게 수많은 유익이 생긴다(Ⅲ.8.3). 십자가는 또한 영적 질병을 치료하는 도구가 되기도 한다. 우리의 육체의 본성은 일순간이라도 부드럽고 관대하게 다루면, 하나님의 멍에를 벗어 버리려는 우리의 육의 충동은 강렬해진다.

기운 좋은 말을 부리지 않고 먹이기만 하면, 며칠 후에는 더욱 날 뛰어 길들일 수 없게 되는 것과 같다. 그 말은 전에는 순종하던 기수騎手도 알아보지 못한다. 하나님께서 이스라엘 백성에 대해서 불만을 말하시던 일을 우리는 항상 하고 있다. 살이 오르고 비대해지자, 우리를 먹여 살리신 이를 발로 찬다(신 32:15)(III.8.5).

십자가는 때로 하나님의 징계의 수단이 되기도 한다. "긍휼이 풍성하신 우리 아버지께서는 우리의 연약함을 미리 막으시는 것은 물론, 우리의 과거의 잘못들을 교정하셔서 우리로 하여금 온전히 순종하도록 하실 필요도 있다"(III.8.6).

그런가 하면 우리는 의를 위하여 핍박을 받는 경우도 있는데 그때 아주 특별한 위로가 있다고 칼뱅은 주장한다. "빈곤까지도 그 자체로 본다면 불행이다. 마찬가지로 추방, 모욕, 감옥에 갇힘, 치욕 등도 불행이며 죽음은 최고의 재난이다. 그러나 하나님의 은혜가 우리 위에 있을 때 이 모든 것이 우리의 행복으로 변한다. … 자기 집에서 쫓겨난다면 하나님의 가족으로서 더욱 친근하게 영접을 받을 것이다"(III.8.7). 이런 표현은 칼뱅 자신이 고국 프랑스에서 추방당한 경험이 그 바탕에 있다고 할 수 있다.

칼뱅은 기쁨으로 십자가를 지라는 말씀을 오해하여 고통에 대해 무감각하라는 의미로 이해해서는 안 된다라고 말하며 그런 생각은 스토아 철학자들의 영향을 받은 것이라고 비판한다. "고통으로 신음하며 우는 것뿐 아니라, 슬픔과 불안에 시달리는 것까지도 죄악이라고 생각"하는 이런 불합리한 생각을 하는 사람들은 대개 한가한 사람들이다(III.8.9). "사랑하는 사람들의 죽음 앞에서 저절로 흘러내리는 눈물을 어찌할 수가 없는 일도 있을 것이다"(III.8.10). 이 부분도 칼뱅의 절절한 경험이 묻어나는 표현이다. 칼뱅은 고대 스토아 철학자들에게서 많은 것을 배웠지만 "아파데이아apatheia"의 원칙 즉 무정감 교리나 운명론은 배척하였다.

환난의 목적은 "우리로 하여금 될 수 있는 대로 현세의 삶을 무시하고, 그리하여 내세의 삶을 바라고 소망하도록 자극을 받는 데 익숙하게 만들고자 하는" 것이다. 그러므로 우리는 이 세상에서 면류관을 기대하지 말고, 오직 눈을 들어 하늘을 우러러보면서 하늘의 면류관을 기대해야 한다(III.9.1). 우리는 가능한 대로 현세 생활의 허무성을 보지 않으려는 경향이 있다. "우리는 마치 이 땅에서 영원토록 살 것처럼 생각하고 온갖 계획들을 세우고 실행한다"(Ⅲ.9.2). 하지만 그렇다고 이 땅의 삶을 무시해서는 안 된다. 그 이유는 이 땅의 삶 또한 무시해서는 안 될 하나님의 축복 가운데 속하기 때문이다. "이 땅의 삶이 하늘나라의 영광을 준비하는 과정이라는 사실을 생각하면, 더더욱 하나님께 감사해야 마땅할 것이다"(Ⅲ.9.3).

우리는 본성적으로 이 땅의 삶에 대한 지나친 애착에 빠지게 되는데 우리는 이를 피해야 한다. 우리는 더 나은 삶을 사모해야 한다. "신자는 죽을 인생을 생각하며 그 비참한 상태를 깨닫는 동시에, 내세의 영원한 삶을 사모하는 일에 더 깨어 있어 더 열심을 내어야 할 것이다. 장차 올 영원한 삶과 비교할 때에, 현재의 삶은 무시해 버려도 무방할 뿐 아니라, 오히려 철저하게 경멸하고 싫어하는 것이 마땅할 정도다"(Ⅲ.9.4). 이런 표현들은 매우 비관적으로 들리는 것이 사실이다. 이어지는 다음의 인용문도 마찬가지다.

하늘이 우리의 고향이라면 땅은 타향임이 틀림없지 않은가? 이 세상을 떠나는 것이 곧 생명으로 들어가는 것이라면, 세상은 무덤이 아니고 무엇인가? 또 살아 있다는 것은 곧 죽음에 잠겨 있는 것이 아닌가? 육신에서 놓이는 것이 곧 완전한 자유를 얻게 되는 것이라면 육신은 감옥이 아니고 무엇인가?(Ⅲ.9.4).

물론 칼뱅은 "우리를 죄의 종으로 만들지 않는 한" 현세 생활을 미워해서는 안 되며, 주께서 기뻐하신다면 세상에 남아 있어야 하며, 우리의 현실 생활에 염증이나 불평 또는 초조감을 가져서는 안 된다라고 말하고 있다. 이 땅에서의 삶을 칼뱅은 "주께서 우리를 배치하신 초소哨所와 같은 것"이라고 말한다. "주의 소환 명령이 있을 때까지 우리는 초소를 지켜야 한다"(Ⅲ.9.4). 이 부분에 대한 논의를 칼뱅은 이어지는 10장에서 보다 상세하게 고찰한다. 만약 10장이 없다면 칼뱅의 현세에 대한 주장은 한쪽으로 치우친 주장이 되었을 것이다. "앞으로 있을 영생불멸과 비교해서 죄로 우리를 얽어매는 현세 생활을 경시하며, 주께서 기뻐하시는 때에는 언제든지 그것을 버릴 수 있기를 갈망해야 한다"(Ⅲ.9.4).

칼뱅은 죽음을 통해서 우리들이 유랑 생활에서 소환되어 고국인 하늘나라로 돌아가게 된다고 설명하고 있다. 우리는 내세의 영원한 삶을 사모해야 한다. "짐승들과 나무나 돌 같은 무생물까지도 자기의 현존 상태의 허무함을 느끼고 부활이 있을 마지막 날을 동경하며, 그 때에 하나님의 자녀들과 함께 허무성에서 해방되기를 갈망한다(롬 8:19 이하)"(Ⅲ.9.5).

우리는 죽음과 종말의 마지막 날을 기쁨으로 기다려야 한다. 칼뱅은 말한다. "그리스도의 학교에 들어가 있으면서도 자기의 죽는 날과 종말의 부활을 기쁘게 기다리지 않는다면, 그는 진보가 없는 사람이다." 심지어 우리는 주의 재림을 기다리며, 무엇보다도 기쁜 일로 생각해서 동경할 뿐 아니라, 신음과 탄식으로 기다려야 한다고 칼뱅은 말하고 있다(Ⅲ.9.5).

위에서 말한 것처럼 여기까지만 칼뱅이 말했다면 칼뱅의 견해는 이 세상에서의 삶에 대해 너무 비관적인 견해를 지녔다고 비판받을 소지가 없지 않아 있는 것이 사실이다. 하지만 칼뱅은 10장에서 이 부분에 관하여 균형 잡힌 견해를 제시하고 있다. 지금까지 칼뱅은 주로 **잘못된 방종**을 경고하는 쪽으로 초점을 맞추었다면 이 장에서는 **잘못된 금욕**을 경계하고 있다.

칼뱅에 의하면 이 세상에서의 우리의 삶은 주의 백성들이 하늘나라로 가려고 서두르고 있는 나그네 생활이다. 만일 이 세상이 그저 지나가는 것에 불과하다면, 이 세상의 삶의 유익한 것들을 사용하되 "그것이 우리의 갈 길을 방해하지 않고 오히려 돕는 범위 내에서 사용해야 한다"(III.10.1). 그러나 칼뱅은 이 문제에 있어서 양극단의 오류에 빠지지 않도록 조심해야 한다고 주장하면서 하나님의 말씀보다 훨씬 더 도가 지나치게 사람의 양심에 족쇄를 채우는 것은 매우 위험하다고 비판하고 있다. 우리는 이 세상의 물건을 사용함에 있어 너무 지나치게 엄격한 입장을 취해서는 안 된다. 물론 칼뱅은 이 세상의 물건을 사용하는 데 있어서 "무절제한 탐욕을 스스로 변명하면서 방종한 삶으로 나아가는 길을 터놓으려 하며, 도무지 인정할 수 없는 그런 일들을 아주 당연시"해서도 안 된다고 경고하고 있다(III.10.1)

이 문제와 관련하여 칼뱅이 제시하는 일반적인 원리는 다음과 같다: "하나님이 섭리로 베풀어 주시는 것들을 사용할 때에 그것들을 만드시고 주신 하나님의 목적에 맞추어서 사용하면 잘못을 범하지 않는다"(III.10.2). 칼뱅은 음식을 예로 든다. 음식은 사람의 생명을 지탱하는 필수품이기 때문에 하나님은 음식을 창조하셨다. 하지만 "하나님은 아울러 우리에게 즐거움과 기쁨을 주기 위해서 음식을 창조하기도 하셨다"(III.10.2). 의복과 풀과 각종 열매와 나무들의 경우도 마찬가지다. 각각의 필수적인 용도 이외에 그 나름의 즐거움과 기쁨, 그리고 아름다움과 향긋한 냄새가 그 가운데 있는 것이다. "한마디로 주께서는 필요한 이용가치를 떠나서 우리가 보기에 아름다운 것들을 많이" 만들어 놓으셨다 (Ⅲ.10.2). 이 말은 칼뱅이 단순한 유용성을 넘어서는 고유의 가치가 美에 있음을 인정한 중요한 문장이다. 칼뱅은 창 4:20에 대한 주해에서 음악은 우리에게 필요하다기보다 즐거움을 주는 것이지만, "그렇다고 해서 무가치하다고 단정해서는 안 되며 배척하는 것은 더욱 불가하다"라고 말하고 있다. 칼뱅은 "사물의 필수적인 용도만을 인정하고 그 외의 용도는 모두 부인해 버리는" 사고를 "비인간적인 사고"라고 부르며 경계하고 있다. "그런 사고는 하나님의 은혜로 베풀어지는 정당한 열매를 우리에게서 빼앗아 가는 것은 물론이요, 모든 감각을 빼앗겨서 사람이 목석이 되지 않는 한 도저히 실현할 수도 없는 것이다"(Ⅲ.10.3).

"외형적인 문제들에 관한 신자들의 자유"와 관련하여, 칼뱅은 두 가지 원칙을 제시하고 있다. 첫째 원칙은 "가능한 한 적게 탐하며, 반대로 사치를 재고하는 것은 물론 지나치게 풍부한 상태를 모두 끊어 내며, 또한 도움이 되는 것들이 오히려 방해거리가 되지 않도록 부지런히 경계하는 것을 우리의 끊임없는 목표로 삼아야 한다"는 것이다(Ⅲ.10.4). 두 번째 원칙은 "가진 것이 별로 없는 사람들은 그들의 궁핍한 상태를 인내로 견디기를 배워서 물질에 대한 지나친 욕심으로 고통을 받는 일이 없도록 해야 한다"는 것이다(Ⅲ.10.5).

마지막으로 칼뱅은 신자들 각자의 소명에 대하여 관심을 가질 것을 요청하고 있다. 우리 각 사람에게는 주께서 지정하신 삶의 양태가 있다. "개개인에게 주어진 삶의 양태는 주님이 지정해 주신 일종의 초소와도 같아서, 아무렇게나 마음 내키는 대로 거기서 벗어나서 이리저리 방황"해서는 안 된다(Ⅲ.10.6). 칼뱅은 우리 각 사람이 자기의 소명을 알고 그것을 이루는 일을 삶의 목표로 살아갈 것을 권면하고 있다. "여기서 또한 소명임을 알고 순종하면, 아무리 낮고 천한 일일지라도 하나님 앞에서는 빛날 것이며 아주 귀한 것으로 인정받을 것이라는 유일한 위안이 생길 것이다"(Ⅲ.10.6).

6. 이신칭의

『기독교 강요』Ⅲ권 11장에서 우리는 종교개혁신학의 핵심인 이신칭의 교리에 이르게 된다. 가톨릭신학은 칭의와 성화를 구별하지 않고 칭의에 성화를 포함시켜 이해하고 '의화義化'라고 칭의justification를 부른다. 이와는 달리 종교개혁신학의 공통적인 특징이 있다면 그것은 칭의와 성화sanctification를 구별하는 것이다.

그런 면에서 루터와 칼뱅, 그리고 웨슬리John Wesley, 1703-1791 모두 칭의와 성화를 구별하는 면에서는 공통점을 지닌다. 다만 루터는 가톨릭과의 치열한 논쟁의 과정에서 성화보다는 칭의론에 치우쳤고, 웨슬리의 경우는 반대로 칭의론보다는 성화론에 치우쳤다고 할 수 있다. 칼뱅은 이중은혜double grace라고 하는 말을 통해 칭의와 성화를 동시에 주장하고 있다. "그리스도와 함께함으로써 우리는 주로 이중의 은혜를 받는다. 첫째는 무죄하신 그리스도를 통하여 하나님과 화해함으로써 우리가 하늘의 심판자 대신 은혜로우신 아버지를 소유할 수 있다. 둘째는 그리스도의 영에 의하여 성화됨으로써 우리는 흠 없고 순결한 생활을 신장할 수 있다"(Ⅲ.11.1).

앞에서 말한 것과 같이 칼뱅은 이 두 가지 선물 중의 둘째인 성화에 대해서 6-10장에서 먼저 다루었다. 그 이유는 "먼저 믿음은 선행을 결하고 있지 않다는 것을 이해하는 편이 더 중요"하다고 생각했기 때문이다. 11-18장까지 칼뱅은 칭의 교리에 대해 상세하게 다루고 있다. "이 칭의의 문제야말로 신앙을 떠받치는 주된 근거이며, 따라서 이에 대해서 더 큰 관심과 주의를 기울여야 한다는 사실을 염두에 두어야 할 것이다"(Ⅲ.11.1). 루터의 "칭의는 그 위에서 교회가 서기도 하고 무너지기도 하는 조항이다"

라는 말이 생각나는 구절이다.

칼뱅은 칭의의 기본 개념에 대해 다음과 같이 말한다: "하나님께서 우리를 의인으로 받아 주시며 은혜를 베풀어 주시는 것"이며, "죄를 용서하는 것과 그리스도의 의를 우리에게 전가하는 것"이다(Ⅲ.11.2). 그러므로 칭의는 단지 우리의 죄를 용서해 주셔서 무죄로 만드시는 것뿐만 아니라 그리스도의 중보를 통해 의를 우리에게 전가하심으로 "우리 자신은 의로운 사람이 아니지만 그리스도 안에서 의로운 사람으로 인정을 받을 수" 있게 된 것을 의미한다(Ⅲ.11.3). 그런 의미에서 칼뱅은 그리스도인이 "죄인이자 의인"이라고 하는 루터의 주장에 기꺼이 동의한다.

칼뱅은 당시 가톨릭의 오류를 공격하기에 앞서 먼저 종교개혁 내부에 있는 논적의 주장을 논박하고 있다. 인간론과 기독론에서 칼뱅의 논적으로 등장하였던 오시안더는 "본질적 의"라는 이상한 괴물을 도입하였는데 그리스도는 오직 그의 신성에 의해서 우리의 의가 되시며 그의 신성에 의해서 우리에게 본질적 의를 부여하신다고 주장하였다. 이러한 오시안더의 주장은 십자가의 고난을 통해 그리스도가 제물이 되셨다는 종교개혁의 교리를 부정하는 것으로 비판을 받았다. 칼뱅은 우리가 그리스도와 하나라는 오시안더의 말에는 찬성하지만 "그리스도의 본질과 우리의 본질이 혼합된다고 하는 데는 반대한다"(Ⅲ.11.5). 오시안더는 칭의와 성화를 "이중적인 의double righteousness"라는 용어로 한데 뒤섞어 버리지만, 칼뱅은 이 둘이 서로 구별된다는 사실을 바울을 인용하여 증명하고 있다. 롬 7장의 "오호라 나는 곤고한 사람이로다. 이 사망의 몸에서 누가 나를 건져 내랴"는 외침은 본질적 의에 해당하는 것일 수 없다(Ⅲ.11.11).

가톨릭의 스콜라 신학자들은 의가 믿음과 행함으로 이루어진다고 주장한다. 이에 대해 칼뱅은 믿음으로 말미암는 의와 행위로 말미암는 의가 서로 너무나 다르기 때문에 그중 하나가 세워지면 다른 하나는 넘어지고 만다는 사실을 보여 주려고 시도한다(Ⅲ.11.13). 가톨릭 신학자들도 사람이 믿음으로 말미암아 의롭다 하심을 받는다는 논지를 부인하지는 않는다. 다만 그들은 "오직 믿음"이라는 말은 성경 어디에도 나타나지 않는다고 주장하였다(Ⅲ.11.19).

칼뱅은 칭의의 교리를 논하면서 여러 번에 걸쳐 하나님의 심판대를 언급한다. 행위로 말미암는 의를 자신 있게 떠들어 대는 자들은 하나님의 공의에 대해서 생각이 없는 사람들이다. 우리가 논하고 있는 의가 인간의 법정이 아니라 하늘의 법정에 속한 의에 관한 것임을 기억한다면 우리 자신의 초라한 척도를 가지고 행위의 순전함을 재어서 그것으로 하나님의 심판을 만족시킬 궁리를 할 수 없게 된다(Ⅲ.12.1). 칭의의 교리를 논하며 우리는 두 가지 일에 유념해야 한다: "첫째로, 주의 영광에 손실이나 지장이 없게 해야 하며, 둘째로, 우리의 양심이 주의 심판대 앞에서 평화로운 안식과 고요한 평온을 느끼도록 해야 한다"(Ⅲ.13.1).

칼뱅은 칭의와 관련하여 인간을 네 가지 종류로 나누고 있다. ① 하나님을 전혀 모르고 우상숭배에 파묻혀 있는 사람들, ② 성례전에 참가하게 되었으나, 불결한 생활을 계속하여 입으로 하나님을 고백하면서도 행동으로 하나님을 부정하는, 이름뿐인 그리스도인, ③ 그 사악한 마음을 헛된 의식으로 감추는 위선자들, ④ 하나님의 영으로 중생하여 진정한 성화에 관심을 가지는 사람들이 바로 그것이다(Ⅲ.14.1).

첫 번째 부류의 사람들은 말하자면 불신자들이다. 칼뱅은 이들 불신자들 사이에서 볼 수 있는 현저한 재능이 모두 하나님의 선물이란 것을 부인하지 않는다(Ⅲ.14.2). 하지만 사람의 덕행은 행위 그 자체에 있는 것이 아니라 그것이 지향하는 목표에 의해서 판단된다(Ⅲ.14.3). 그러므로 믿음이 없이는 참된 덕행도 있을 수 없다. 아우구스티누스는 하나님 없는 불신자들이 보이는 열심을 정당한 코스에서 벗어난 달리기 선수에 비유하고 있다. "아우구스티누스는 말하기를, 정당한 길에서 벗어나서 열심히 달리기보다 차라리 절름발이 걸음을 해도 정당한 길에 서 있는 편이 낫다고 한다"(Ⅲ.14.4). 거듭나지 아니한 우리의 본성대로 한다면, "우리가 선행을 하는 것은 돌에서 기름을 짜내는 것보다 더 어려울 것"이라고 칼뱅은 말하고 있다(Ⅲ.14.5).

둘째와 셋째 부류의 사람들은 이름뿐인 그리스도인과 위선자들인데 이들은 자기들의 악행과 악한 마음을 깨달으면서도 여전히 자기들에게 의로움이 전혀 없다는 것을 고백하지 않고 끝까지 버티는 아주 해로운 오류에 빠져 있다(Ⅲ.14.7). 가장 근본적인 기초가 되는 살아 있는 믿음을 통해 마음을 정결하게 씻는 것이 먼저 선행되어야 비로소 우리에게서 나오는 행위들을 하나님께서 사랑으로 받으신다(Ⅲ.14.8).

네 번째 부류에 속하는 사람들인 참된 성도들이 소유한 의도 행위에서 난 것이 아니라 믿음에서 난 것이다. "하나님의 눈앞에서는 별들까지도 순결하지 못하다(욥 25:5). 성도들이 하는 행위는 그 자체만으로 판단한다면, 공정한 보상으로서 치욕을 받아야 할 뿐이고, 그렇지 않은 것은 하나도 없다"(Ⅲ.14.9). 그러므로 칼뱅은 "값없이 하나님과 화목하게 된다는 소식은 하루 이틀만 전할 것이 아니며, 이 전도 사명은 교회 안에서 항구적인 것이라고 바울은 증거한다(고후 5:18-19 참조)"라고 주장하고 있다(Ⅲ.14.11).

칼뱅은 이 대목에서 우리가 범한 과실들을 보속해 주는 잉여행위works of supererogation가 있을 수 있다는 가톨릭의 주장을 논박하고 있다. 스콜라 신학자들은 선행에 의를 얻기에 충분한 고유의 가치가 있는 것은 아니지만, 우리의 선한 행실은 은혜를 받아들이는 점에서 큰 가치가 있다고 말한다. 하지만 이런 잉여행위에 대한 주장은 죄의 위중함을 망각한 것이다. 정말 중요한 것은 하늘의 법정이요 우리가 의식해야 하는 것은 높으신 심판주이시다. "학교에서나 길모퉁이에서 노닥거리며 무슨 이야기들을 할 수 있느냐가 아니라, 과연 하나님의 심판대 앞에서 무엇을 우리에 대한 변호의 근거로 제시할 수 있는가 하는 것이다"(Ⅲ.14.15).

칼뱅은 두 곳에서 아리스토텔레스의 사원인설을 인용하여 구원을 설명하고 있다: 우리의 구원의 동력인은 하나님 아버지의 사랑이다. 질료인은 성자 예수님의 순종이다. 형상인은 성령의 조명하심인 믿음이다. 목적인은 하나님을 영화롭게 하는 것이다. 이렇게 칼뱅이 우리의 구원을 사원인설을 통해 설명하는 주된 이유는 그것들 중에 행위와 관계되는 것이 하나도 없다는 것을 강조하기 위함이다(Ⅲ.14.17). 물론 이 원인들이 행위를 종속적인 원인으로 삼지 못할 이유는 없지만 그럼에도 참된 원인을 찾아야 할 때는 언제나 행위가 아니라 하나님의 긍휼하심을 바라보아야 한다(Ⅲ.14.21).

성경에는 사람들의 행위가 하나님 앞에서 어느 정도 공로로 인정받는 것으로 말씀하는 것 같아 보이는 구절들이 있는 것이 사실임을 칼뱅은 인정한다. 하지만 '공로merit'라는 용어에 대해 칼뱅은 그것이 매우 교만한 용어라고 주장한다. "공로에 대해서 공로로는 부족하다는 것을 알면 그것으로 충분하다"는 베르나르의 말을 칼뱅은 인용하고 있다(Ⅲ.15.2). 우리가 은혜 위에 은혜를 받는 것이 행위의 공로 덕분이라고 주장하는 것은 은혜를 제거해 버리는 것이다(Ⅲ.15.4). 그리스도는 우리의 구원의 유일한 터가 되신다. 그는 우리의 구원의 시초였고 완성은 우리가 해야 되는 것이 아니다. 그는 길을 열어 주셨을 뿐 아니라, 우리가 그 길을 걸어가는 힘을 부여하신다(Ⅲ.15.5). 선행이 자유 의지의 능력에서 온다고 주장하는 것은 돌에서 기름을 짜내려는 것과 마찬가지다(Ⅲ.15.7).

이신칭의 교리에 대한 가장 큰 오해는 사람들로 하여금 죄를 짓도록 선동한다는 것인데 이런 오해는 종교개혁 시대에 이미 있었던 것 같다. "우리가 죄를 값없이 용서받는 것이 의라고 주장할 때에 사람들은 죄를 짓도록 선동을 받는다고 하는 것은, 중상中傷 중에서도 제일 무가치한 것이다"(Ⅲ.16.4). 칼뱅은 말한다: "믿음과 선행은 굳게 결합되어야 한다는 것을 인정하면서도, 우리는 여전히 칭의는 행위에 있지 않고 믿음에 있다고 주장하는 것이다. 우리는 둘을 구별하지만, 그리스도께서는 자신 안에 두 가지를 다 포함하시며, 그 둘은 서로 뗄 수 없게 결합되어 있다"(Ⅲ.16.1). 그리스도를 통해 우리는 이중의 은혜를 받는다. "그러므로 우리가 의롭다 함을 받는 것은 행위와 떨어진 것이 아니면서도 행위에 의한 것이 아님이 사실인 것은 분명하다. 우리는 그리스도 안에 참여함으로써 의롭다 함을 받으며, 그리스도 안에 참여한다는 것은 의에 못지않게 거룩함을 포함한다"(Ⅲ.16.1).

칼뱅은 이신칭의 교리를 통해 선행을 적대시한다는 비난에 대하여 "칭의를 행위와 분리시킨 것은 선행을 하지 않도록 하거나 또한 행위가 선하다는 것을 부인하기 위함이 아니라, 그 행위들을 의지하거나 그것들을 자랑하거나 혹은 그것들을 구원의 근거로 삼지 않도록 하기 위한 것"이라고 주장하고 있다(Ⅲ.17.1). 가톨릭에서는 "오직 믿음"이라는 종교개혁자들의 구호에 반대하여 "믿음이 없으면 의롭다 함을 얻지 못하는 것이 사실이지만 믿음만으로 의롭다 함을 얻는 것도 아니며, 우리의 의를 완성하는 것은 행위"라고 주장한다. 이에 대해 칼뱅은 행위가 우리를 하나님 앞에 세워 주기에 아무런 가치가 없음을 주장하며, "사람은 하나님 앞에서 그 어떠한 행위도 자랑할 수 없으며, 그러므로 모든 행위의 도움을 완전히 벗어 버린 상태에서 사람이 오직 믿음으로만 의롭다 하심을 얻는다"라고 말하고 있다. 칼뱅은 칭의를 다음과 같이 정의한다: "그리스도와 교제를 하게 된 죄인은 은혜로 하나님과 화목하게 되었으며, 동시에 그리스도의 피로 깨끗하게 되어 죄의 용서를 받으며, 그리스도의 의를 자기의 의 같이 입고 하늘 심판대 앞에 자신 있게 서는 것이다"(III.17.8). 이 부분이 확보되고 나면 선행은 사람들의 공로로서가 아니라 다른 식으로 장려된다는 것이 칼뱅의 주장이다.

우리는 일반적으로 구원은 은혜로 받고 상급은 행함으로 받는다고 생각한다. 이 부분을 칭의와 성화에 적용해 보면 하나님의 은혜로 의롭다 칭함을 받은 다음 선행에 해당하는 성화를 통해 상급을 받는다는 것이다. 하지만 이런 통상적인 이해는 잘못된 것이다. 칼뱅은 상급이 인간의 행위의 공로에 따라 주어지는 것이 아니라 하나님의 은혜의 선물이라고 주장하고 있다(III.18.3). 하이델베르크 교리문답도 "하나님께서 우리의 선행에 대해 이 세상과 오는 세상에서 상 주시겠다고 약속하시는데, 그래도 우리의 선행은 아무 공로가 없다고 할 수 있는가?"라는 질문에 대해 "이 상급은 공로에 의해 얻어지는 것이 아니라 은혜의 선물이다"(제 63항의 답)라고 답하고 있다. 칼뱅이나 하이델베르크 교리문답 모두 상급에 대한 토론을 칭의론과 관련하여 다루고 있는 것이 특이하다고 할 수 있다. 참고로 안토니 후크마는 상급에 대한 토론을 종말론에서 다루고 있다. 물론 후크마는 하이델베르크 교리문답을 인용하여 상급 문제에 대해 답하고 있다.

7. 그리스도인의 자유

칼뱅은 루터와 같이 자유에 대한 독립적인 저술을 남기지는 않았지만 『기독교 강요』 초판(1536년)부터 최종판(1559년)까지 모든 판본에서 "그리스도인의 자유"에 대해 다루고 있다. 최종판이 III권 19장에서 "그리스도인의 자유"를 다루고 있는 데 비해 흥미로운 것은 1536년의 『기독교 강요』 초판에서는 "그리스도인의 자유"가 보다 비중 있게 다루어지고 있다는 것이다. "그리스도인의 자유"를 다루고 있는 6장이 『기독교 강요』가 헌정되고 있는 프랑수아 1세에 대한 헌사와 비교해 보면 왕에 대한 탄원의 사실상의 결론임을 알 수 있다. 칼뱅의 최초의 저술은 『세네

카 관용론』(1532년)으로 알려져 있다. 젊은 칼뱅에게는 루터가 우선적으로 가졌던 관심사인 내면적 자유보다는 정치적 현실 속에서 비쳐지는 시민의 자유가 소중해 보였고 이런 관심은 『기독교 강요』의 초판에서도 그대로 이어진다고 볼 수 있다. 하지만 칼뱅은 『기독교 강요』의 최종판에서 "그리스도인의 자유"를 구원론에 속한 칭의와 예정 사이에 둠으로써 보다 신학적인 영역에 위치시키고 있다.

그리스도인의 자유 문제는 칭의에 대한 가르침에 이어지는 것이며, "칭의의 힘을 이해하는 데 적지 않은 도움이 된다. 참으로 하나님을 진지하게 두려워하는 사람은 이 교리에서 오는 비길 데 없는 유익을 누릴 것이다"(III.19.1).

칼뱅은 그리스도인의 자유를 세 가지로 이해하고 있다. 첫째로, 신자들의 양심은 하나님 앞에서 칭의에 대한 확신을 얻는 데 있어서 율법에 의한 의를 일체 잊어버리고 율법을 뛰어넘어 더욱 전진해야 한다. "그리스도인의 삶 전체는 경건을 향한 일종의 갈망aspiration이어야 마땅하다. 왜냐하면 그리스도인은 거룩을 위하여 부르심을 받은 자들이기 때문이다"(III.19.2). 둘째로, 양심이 율법의 필연성에 강요되어서 율법을 준수하는 것이 아니라, 율법의 멍에를 벗은 양심이 자발적으로 하나님의 뜻에 순종한다는 것이다(Ⅲ.19.4). "이제 율법 아래 있지 아니하니 죄를 지어도 무방하겠거니 하고 생각하는 자들이 있다면, 그 사람들은 이 그리스도인의 자유를 주장할 권리가 전혀 없는 사람들이라는 사실을 알아야 한다. 이 자유는 우리로 하여금 선을 행하도록 격려하는 데 그 목적이 있기 때문이다"(Ⅲ.19.6). 셋째로, 그 자체로서는 "중립적인adiaphora" 외부적인 사물에 관해서, 우리는 하나님 앞에서 어떤 종교적 의무에도 매여 있지 않고, 그런 사물을 때로는 이용하기도 하며 또 때로는 이용하지 않는 것은 전혀 문제가 되지 않는다(Ⅲ.19.7). 앞부분(Ⅲ.10.1-4)에서 하나님의 현세적 선물을 절제 있게 이용하라고 충고하였던 칼뱅은 이 문맥에서는 지나친 내핍생활에 대해서 비판하고 있다. "정리해서 말하자면, 그런 식으로 나가면 결국에는 길을 걷다가 지푸라기 하나만 밟아도 큰 범죄로 생각하게 되는 우에 빠지고 만다는 것이다"(Ⅲ.19.7).

민음이 연약한 형제들을 위해 자유를 삼가는 것도 그리스도인의 자유에 속한다고 칼뱅은 주장한다(Ⅲ.19.10). 또한 자유를 사용할 때 지혜가 필요하다는 점을 지적하기 위해 칼뱅은 바울이 디모데를 데리고 가려고 했을 때에 그에게 할례를 행했던 경우(행 16:3)와 디도에게는 할례를 베풀지 않았던 경우(갈 2:3)를 비교하고 있다. "자유를 사용하는 문제에 대해서 무엇보다 분명한 원칙은, 자유를 사용하는 일이 이웃에게 덕을 세울 경우는 그 자유를 사용하며, 이웃에게 도움이 되지 않을 경우는 자유를 사용하지 않고 절제하는 것이다"(Ⅲ.19.12).

칼뱅은 사람에게 이중의 통치가 있다고 주장한다. "하나는 영적인 통치로서 여기서 양심이 경건과 하나님을 경외하는 일을 배우며, 다른 하나는 사회적인 통치로서 여기서는 인간으로서 또 시민으로서 사람 사이에 유지해야 할 여러 가지 의무를 배운다." 이를 칼뱅은 양심의 법정conscientiae forum과 외부의 법정으로 구별하고 있는데, 사람에게는 두 세계가 있고, 두 세계는 각각 다른 임금과 다른 법률의 권위 하에 있다고 할 수 있다(Ⅲ.19.15).

칼뱅은 양심에 대해 어원을 더듬어 정의를 내리고 있다. 양심은 말하자면 사람이 가지고 있는 하나님의 심판에 대한 감각과도 같은 것이다. 양심은 사람과 하나님 사이의 일종의 중간적 존재이다. 칼뱅은 "양심은 일천 명의 증인이다"라는 옛 사람의 격언을 인용하고 있다. "같은 이유로 베드로도 '선한 양심이 하나님을 향하여 찾아가는' 것을(벧전 3:21) 마음의 평화, 즉 그리스도의 은혜를 확신한다며 하나님 앞에 두려움 없이 나타날 때의 마음의 평화와 동일시한다"(Ⅲ.19.15).

양심을 짐짓 절대시하는 이런 칼뱅의 주장에 대해 요험 다우마Jochem Douma는 비판적인 입장을 개진하고 있다. 다우마에 따르면 구약에는 "양심"이란 용어가 직접 등장하지 않는다. 그럼에도 구약에서는 양심의 기능이 자연스럽게 제시된다. 우리가 "양심"이라 부르는 것을 구약에서는 "마음heart"이라 부르고 있는데, 그래서 우리나라 개역개정에서는 '심장'을 '양심'으로 번역하고 있다. 신약성경에서 우리는 양심에 해당되는 단어인 수네이데시스suneidesis를 발견할 수 있다. 그러나 다우마에 의하면 신약에서도 여전히 양심은 변하지 않는 어떤 것이 아니라 아주 다양하게 기능하고 있음을 알 수 있으며 내 양심으로 나의 잘못을 발견하지 못할 수도 있지만, 그러나 그것이 하나님 앞에서 나를 의롭게 하지는 못한다고 주장하고 있다. 일반적으로 이해하는 것처럼 양심을 '하나님과 함께하는 지식knowing with God'으로 표현하는 것은 적절치 못하다. 양심을 '자기 자신과 함께하는 지식knowing with oneself'으로 해석하여 자신의 생각과 행동을 의식하고 있다는 의미로 보는 것이 더 타당한 이해라고 다우마는 주장하고 있다.[25]

8. 기 도

칭의에 대한 토론을 마치고 그리스도인의 자유에 대해 토론한

다음 칼뱅이 기도에 대해 다루고 있는 이유는 "사람에게 선이란 전혀 없으며 자기 스스로 구원을 취득할 수 있는 수단도 전혀 없다"는 사실이 분명하게 드러났기 때문이다. "사람이 자기의 절실한 처지에 대하여 도움을 얻으려면, 자기가 아닌 다른 누군가에게서 구해야만 한다"(Ⅲ.20.1).

기도에 대해 다루고 있는 『기독교 강요』 Ⅲ권 20장의 분량이 그다음에 이어지는 21장부터 24장에서 다루고 있는 예정론의 분량보다 많은 분량임을 언급할 필요가 있다. 한글판으로 두 부분 모두 100여 쪽에 가까운 분량인데 20장의 분량이 21장에서 24장까지를 합친 분량보다 조금 길다. 그래서 『기독교 강요』 Ⅲ권 20장은 "칼뱅의 기도론"이라는 제목의 단행본으로도 출판되어 있다. 20장에서 칼뱅은 주기도문에 대한 것도 다루고 있다. 이미 『기독교 강요』 Ⅱ권에서 칼뱅은 십계명과 사도신경의 일부를 다루었고 이제 주기도문에 대하여 다루고 있다. 십계명과 사도신경과 주기도문을 다루는 것은 전형적인 교리문답서의 내용을 따른 것인데 현대교회에서도 이 세 가지에 대한 교육이 설교 중에 이루어질 것을 추천한다.

기도는 "믿음의 최상의 실천이며 우리는 이것을 통해 매일 하나님의 은혜를 받는다." 칼뱅은 기도의 필요성에 대해 강하게

주장한다: "하늘 아버지 곁에 우리를 위해 저장되어 있는 보물에 우리의 손이 닿으려면 기도의 힘을 빌려야 한다. … 우리는 하늘 지성소에 들어가서 직접 하나님께 호소할 수 있기 때문이다"(Ⅲ.20.2).

칼뱅은 기도가 주는 여섯 가지 유익에 대해 논하고 있다: 첫째로, 기도는 하나님을 찾고 그를 사랑하며 섬기고자 하는 진지하고도 열렬한 소원으로 우리 마음이 항상 불타오르게 해 준다. 둘째로, 기도는 하나님 앞에 내어놓기 부끄러운 욕망이나 바람이 우리 마음에 들어오지 못하도록 막아 준다. 셋째로, 기도는 하나님이 베푸시는 모든 은택들을 진정한 감사와 찬송으로 받게 해 준다. 넷째로, 우리가 구한 것들을 받아서 하나님이 우리의 기도에 응답하셨음을 깨닫게 되고 나면 하나님의 긍휼하심을 더욱 더 간절하게 바라게 된다. 다섯째로, 우리의 기도로 말미암아 얻어진 그 축복들을 더욱더 큰 기쁨으로 환영하게 된다. 여섯째로, 우리의 연약한 정도에 따라 다르지만, 기도는 하나님의 섭리를 체험을 통해서 확증하게 해 준다(Ⅲ.20.3).

이어지는 내용 가운데 칼뱅은 올바른 기도의 법칙을 네 가지로 제시하고 있다. 첫 번째 법칙은 하나님을 경외함으로 기도해야 한다는 것이다(4-5절). 둘째 법칙은 진심으로 부족을 느끼며,

회개하는 마음으로 기도하라는 것이다(6-7절). 셋째 법칙은 자기 신뢰를 버리고 겸손하게 용서를 빌라는 것이다(8-10절). 넷째 법칙은 확신 있는 소망을 가지고 기도하라는 것이다(11-14절).

칼뱅이 제시하고 있는 기도의 올바른 법칙에 대해서는 상론하지 않고 넘어간다. 다만 두 가지 정도만 언급하고자 한다. 첫째로, 칼뱅은 "우리가 마땅히 빌 바를 알지 못하나 오직 성령이 말할 수 없는 탄식으로 우리를 위하여 친히 간구하신다"(롬 8:26)라는 말씀을 성령께서 실제로 기도하신다거나 탄식하신다는 뜻이 아니라, 우리의 본성적인 능력으로는 절대로 가질 수 없는 그런 탄식과 소원과 신뢰를 우리 속에 불러일으키신다는 뜻으로 해석하고 있다(Ⅲ.20.5). 이 부분 청교도들의 해석이 칼뱅을 따르고 있음을 확인할 수 있다. 대표적으로 존 오웬John Owen, 1616-1683은 성령이 실제로 신자들을 위해 기도하신다고 가정하게 되면 그리스도의 중보 사역의 필요성을 제거하게 될 것이라고 주장하였다.

둘째로 칼뱅은 "합당한 기도에는 반드시 회개가 필요하다"고 주장하고 있다(Ⅲ.20.7). 우리가 구체적인 기도의 제목을 가지고 기도하지 않는 것도 문제겠지만 기도를 단지 우리가 구하는 것을 얻는 수단으로만 생각하는 폐단 또한 조심해야 한다. 그런 의미에서 칼뱅이 합당한 기도와 관련하여 회개를 언급하고 있는 것은 성화와 관련된 문맥에서 기도가 필요함을 언급한 주장으로 이해할 수 있는 중요한 표현이라고 할 수 있다.

칼뱅은 그리스도께서 유일한 중보자이심과 동시에 영원한 중보자이심을 강조하고 있는데 이를 통해 "육체로 죽어서 그리스도 안에서 살고 있는 성자들"의 중보기도를 반대하고 가톨릭의 성인 숭배의 어리석음을 지적하고 있다. 물론 칼뱅은 "신자들이 하나님 앞에서 서로를 위하여 기도를 드린다 할지라도, 그리스도의 그 고유한 중보기도 사역은 전혀 손상을 입지 않는다"라고 주장하고 있다(Ⅲ.20.27).

"중언부언하지 말라"(마 6:7)는 그리스도의 말씀과 관련하여 칼뱅은 "그리스도께서는 끈질기게, 오랫동안, 자주, 열성적으로 하는 기도를 금하지 않으신다"라고 말하고 있다. 그 말씀을 통해 그리스도께서 금하고 계신 것은 "마치 하나님이 사람들처럼 회유를 당할 수 있는 분이신 것처럼 생각하여, 우리가 우리의 힘을 다하여 하나님께 온갖 이야기를 게걸스럽게 늘어놓으면 하나님께서 마지못해서라도 우리의 기도를 들어주신다는 식으로 우리의 능력을 신뢰해서는 안 된다"는 것이라고 주장하고 있다(Ⅲ.20.29).

칼뱅은 교회 건물들을 하나님이 거하시는 처소로 여겨서 그곳에서 기도하면 하나님이 더 잘 들으신다거나 혹은 교회 건물 자체에 무슨 은밀한 거룩함 같은 것이 있어서 거기서 하는 기도가 하나님 앞에 더 거룩하다는 식의 생각을 경계하면서 "하나님의 성전은 교회 건물 자체가 아니고 우리 자신이다"라고 말하고 있다(Ⅲ.20.30).

기본적으로 칼뱅은 사람들이 이해할 수 있는 모국어로 기도를 드려야 한다(Ⅲ.20.33)고 주장하면서 기도 중에 음성을 사용하고 노래를 사용하는 문제를 다루고 있다. 칼뱅은 말과 노래를 배척하지 않는다. 마음의 감동과 관련된 것이면 적극 장려하기까지 한다. 그 이유는 우리의 연약함 때문이다. 우리의 마음은 불안정하고 쉽게 변하며 해이해져 여러 방면으로 흩어져 버리기 때문에 우리 마음이 하나님을 생각하며 깨어 있도록 자극하기 위해서는 노래가 필요하다(Ⅲ.20.31). "적당한 정도를 지킨다면 노래를 부르는 것은 확실히 대단히 거룩하고 유익한 일이다. 그러나 감미로운 느낌과 귀의 즐거움만을 목적으로 작곡한 노래는 교회의 존엄성에 합당하지 못한 것이며, 반드시 하나님을 지극히 불쾌하게 만들 것이다"(Ⅲ.20.32).

흥미로운 것은 "방언"에 대해 칼뱅이 언급하고 있는데 20세기 초 오순절교회에 의해 현대교회에서 광범위하게 이루어지고 있는 방언 기도와 동일한 것으로 보기는 어려울 것 같다.

"영"이란 말은 방언을 할 수 있는 특별한 은혜를 의미한다. 어떤 사람들은 이 능력을 받고 방언과 지성 즉 이해력을 분리함으로써 은혜를 남용하였다. 그러나 물론 우리는 공중 기도에서나 사적인 기도에서나 이해력을 동반하지 않은 말은 하나님께서 심히 불쾌하게 여기실 것이라고 느낀다(III.20.33).

칼뱅은 은사중지론을 주장하였다고 알려져 있다. 그러나 은사중지론에 대한 문제는 『기독교 강요』 IV권에서 교회 직분과 관련한 문제를 다룰 때 등장하는데 비상직원에 해당하는 사도와 선지자는 더 이상 존재하지 않는다는 것이 칼뱅의 주장이고 이후 개혁파의 공식적인 입장이 되었다. 20세기 오순절교회의 출현 이후에 은사중지론의 문제는 재고되어 개혁파 일각에서도 더 이상 은사중지론의 입장을 견지하지 않고 있다.

이어지는 논의에서 칼뱅은 주기도문에 대한 상세한 논의를 제시하고 있다. 주기도문은 하늘 아버지께서 그의 사랑하시는 아들을 통하여 우리에게 가르쳐 주신 것이다. 그리스도께서는 "우리를 위하여 한 가지 기도의 형식을 제시하셔서 우리가 하나님께 구할 수 있는 모든 것과 우리에게 유익이 되는 모든 것과 우리가 구할 필요가 있는 모든 것을 순서대로 세워 놓으신 것이다"(Ⅲ.20.34).

칼뱅은 주기도문을 여섯 가지의 간구로 분류하고 있다. 잘 알려진 대로 처음 세 가지 간구는 당신 청원Thou petition이요 나중 세 가지는 우리 청원we petition이다. 최근 주기도문에 대한 좋은 해설서들이 많이 나와 있는데 여기에서는 칼뱅의 논의 가운데 특이한 것만을 몇 가지 소개하는 것으로 그치려 한다. 두 번째 간구와 관련하여 칼뱅은 하나님 나라의 정의를 제시하고 있다. "사람들이 자기 자신을 부인하고 세상과 이 땅의 삶을 멸시함으로써 스스로 하나님의 의를 위하여 헌신하며 하늘의 생명을 사모할 때에 바로 거기에 하나님의 다스리심이 있는 것이다"(Ⅲ.20.42).

다섯 번째 간구인 "우리 죄를 사하여 주시옵고"에 대해 논하며 칼뱅은 "자기는 완전하여 용서를 빌 필요가 없다고 상상하는 사람들"이 있다고 지적하고 있다. 이들은 "죄의 유혹을 받아 과오에 빠지는 사람들"을 자신들의 제자로 삼고 있다(Ⅲ.20.45). 구원파라고 하는 이단에서는 바로 이 죄 사함을 간구하는 내용이 있는 것을 근거로 거듭난 사람들은 주기도문을 하면 안 된다는 이단적인 주장을 하고 있다. 칼뱅 시대에 이미 이런 이단적인 주장을 하는 사람들이 있었음을 확인할 수 있는 부분이다. 다섯 번째 간구에 "우리가 우리에게 죄 지은 자를 사하여 준 것같이"(마 6:12)라는 조건이 붙어 있는 것을 설명하며 칼뱅은 다음과 같이 주장한다: "용서하기를 꺼리고 복수하고자 하는 마음이 불이 일 듯하며 다른 사람들을 향하여 끈질기게 적개심을 행하고, 자기들은 다른 사람들에게서 분노를 당하지 않기를 바라면서 다른 사람들을 향하여 분노를 일으키는 그런 자들을 하나님의 반열에서 제외시키시며, 그리하여 그들이 감히 하나님을 아버지로 부르지 못하도록 하시는 것이다"(Ⅲ.20.45).

여섯 번째 간구는 시험에 들지 말게 해 달라는 것이다(마 6:13). 우리를 엄습하고 있는 갖가지 형태의 시험들을 칼뱅은 좌우로 구분하여 설명하고 있다. "이런 시험들은 좌우에서 오는데, 바른편에서 오는 것은 예컨대 재물, 권세, 명예 같은 것이다. … 왼쪽으로부터 오는 시험은 예컨대 빈곤, 치욕, 경멸, 고난 등이다"(Ⅲ.20.46). "악에서 구원해 달라"는 간구에 나타나 있는 "악"이란 단어는 "악한 자" 마귀로 이해하든 악이나 죄로 이해하든 별차이가 없다고 칼뱅은 주장하고 있다(Ⅲ.20.46).

기도시간을 정하는 문제와 관련하여 칼뱅은 우리가 연약하므로 여러 가지 보조 수단들을 사용하여 도움을 받는 것이 필요하다는 것을 인정하며 "우리가 게을러서 자극을 받을 필요가 있으므로, 우리들 각자가 기도하는 일을 위하여 일정한 시간을 구별하여 정해 놓는 것이 합당할 것이다"라고 말하고 있다(Ⅲ.20.50). 마지막으로 칼뱅은 "끊임없이 인내하는 자세가 기도에 없다면 그 기도는 헛된 것이고 아무런 결과도 얻지 못할 것"이라고 말하고 있다(Ⅲ.20.52).

9. 예정론

칼뱅은 흔히 예정론을 자신의 신학 체계의 중심으로 삼은 것으로 간주된다. 그러나 『기독교 강요』를 자세히 읽는다면, 이런 생각을 확신하기란 쉽지 않다. 칼뱅은 이 교리에 대해서 분명히 조심스러운 접근을 수용했고, 단지 4개의 장(Ⅲ권 21-24장)에서만 예정에 대해 설명하고 있다. 예정에 관한 기록의 한 부분에서 칼뱅은 그것을 '무시무시한 판결'이라고 말한 적도 있다. "나는 그 선언이 무시무시하다는 것을 인정한다"(Ⅲ.23.7).

예정에 관한 칼뱅의 주장이 『기독교 강요』에서 어디에 위치해 있느냐 하는 것은 매우 중요하다. 예정에 대한 칼뱅의 설명은 은총론에 대한 그의 해설 이후에 나타난다. 칼뱅이 그 신비롭고도 당혹스러운 예정이라는 주제에 대한 고찰로 방향을 전환한 것은, 믿음에 의한 칭의론과 같은 위대한 주제들을 상세하게 설명한 다음이다. 논리적으로 예정은 이러한 분석에 앞서야만 한다. 결국 예정은 개인이 선택된 배경을 수립한다. 그리고 그 사람의 곧 이은 칭의와 성화가 뒤따른다. 하지만 칼뱅은 이런 순서를 따르지 않고 있다.

칼뱅의 예정에 대한 분석은 관찰된 사실로부터 시작된다. 어떤 이들은 복음을 믿는다. 어떤 이들은 믿지 않는다. 예정론의 일차적 기능은, 왜 어떤 이들은 복음에 응답하고 어떤 이들은 응답하지 않는가에 대해 설명하는 것이다. 이것은 은총에 대한 다양한 인간의 반응을 설명하려는 시도이다. 칼뱅의 예정론은 하나님의 주권에 관한 선입견에 근거하여 추론된 어떤 것이라기보다는, 성경의 입장에서 해석된, 인간 경험의 자료들에 대한 숙고로 간주되어야 한다. 그러므로 맥그래스는 칼뱅에게 있어 "예정에 대한 신념은 본래 믿음의 조항이 아니고, 경험이라는 수수께끼의 입장에서 각 개인에게 미치는 은총의 결과에 대한 성서적 숙고로 얻어진 최종적 결론이다"[26]라고 말하고 있다.

칼뱅은 결코 예정론의 창시자가 아니다. 예정론을 통해 칼뱅은 이제껏 기독교 신학의 영역 안에 알려지지 않았던 새로운 개념을 소개하고 있는 것이 아니다. 도리어 중세 후기의 많은 아우구스티누스주의자들(Gregorius of Rimini, c. 1300-1358와 Hugolino of Orvieto, 1300-1373 등)의 영향이 칼뱅에게 있었다고 볼 수 있다. 실제로 칼뱅의 가르침은 이러한 아우구스티누스주의자들의 가르침과 여러 면에서 유사성을 지니고 있다. 이들은 공로나 과실에 관계없이 하나님은 어떤 이들은 영원한 생명에, 어떤 이들은 영원한 저주에 배정했다는 '절대적 이중 예정론'을 가르쳤으며 칼뱅은 이러한 사람들의 주장을 전용했을 가능성이 있다.[27]

선택과 유기라고 하는 이중 예정론은 개혁신학의 특징 가운데 하나로 간주되고 있다. 즉 하나님은 어떤 사람은 구원에 이르도록, 또 어떤 사람은 멸망에 이르도록 예정하셨다는 것이다. "생명의 언약이 모든 사람에게 동등하게 전해지지 않는다는 것은 명백한 사실이며, 전해진 사람들 사이에서도 끊임없이 또는 같은 정도로 환영받는 것은 아니다. 이러한 다양한 결과 속에 하나님의 판단의 놀라운 깊이가 드러나 있는 것이다"(III.21.1).

칼 바르트는 이러한 개혁신학의 이중 예정론을 기독론적으로 해석하여 유기된 자는 그리스도 한 분이며 그 안에서 온 인류가 선택되었다고 주장하였다. 이렇게 되면 선택과 유기라고 하는 이중예정론 가운데 유기 부분이 사라져 버리고 만다. 바르트의 신학에서 만유구원론적인 색채를 발견하게 되는 대목이다.

칼뱅은 알미니우스Jacobus Arminius, 1560-1609가 등장하기 이전임에도 예지예정에 대하여 비판하고 있다. 선택이 공로에 대한 예지에 근거한 것이 아니라 오직 하나님의 주권적인 뜻에 근거한 것이라고 칼뱅은 주장하고 있다(III.22.1). 흥미로운 것은 칼뱅이 선택의 목적을 성화로 제시하고 있는 것이다. 거룩함은 선택의 원인이 아니라 선택의 결과이다(III.22.3).

후대의 개혁신학과 알미니안 신학의 결정적인 차이는 그리스도의 속죄의 범위와 관련이 있다. 즉 그리스도가 모든 사람을 위해 죽으셨다는 것과 택자들을 위해서 죽으셨다는 것이 바로 그것이다. 칼뱅은 복음 초청의 보편성과 선택의 특수성이 결코 서로 모순되지 않음을 주장하고 있다. "외적인 전도를 통해서 하나님께서 회개와 믿음을 갖도록 모든 사람을 부르시지만 한편으로 회개와 믿음의 영은 모든 사람에게 주어지는 것이 아니라는 이 두 가지 상반된 개념들을" 성경은 조화롭게 제시하고 있다(III.22.10).

칼뱅의 예정론을 반대했던 사람들이 그와 같은 시대에 있었는데 제롬 볼섹Jerome Bolsec, ?-1584과 세바스티앙 카스텔리오Sebastian Castellio, 1515-1563가 대표적이다. 물론『기독교 강요』에 이들의 이름이 직접적으로 등장하지는 않지만 22장 10절에서 칼뱅은 이들을 "거만하게 선택을 욕하는 자들"로 언급하고 있다.

칼뱅은 선택은 인정하나 유기는 인정할 수 없다는 사람들의 논리에 대해 유기가 선택에 필수적으로 수반되는 것이며, 유기도 하나님께서 그의 뜻으로 행하시는 것이라고 주장하고 있다 (III.23.1). "구원에 대해서는 하나님께 그 원인을 돌리고, 또한 멸망받을 자들의 경우는 그들이 자기들의 뜻에 따라서 스스로 멸망을 자초하였으므로 그 원인을 그들 자신에게로 돌리는 것"에 대해 칼뱅은 가혹한 듯 보이는 면을 부드럽게 해 주는 이점이 있음을 인정하면서도, "멸망을 위하여 예비된 사실의 원인을 하나님의 은밀하신 계획 이외에 다른 것에서 찾는다는 것은 전혀 모순된 것"이라고 주장하고 있다(III.23.1).

23장에서 칼뱅은 예정론에 대한 거짓된 비방 다섯 가지에 대하여 반박하고 있다. 첫 번째 반론은 선택 교리가 하나님을 폭군으로 만든다는 논리다. 두 번째 반론은 선택이 사람의 책임을 제거한다는 논리다. 세 번째 반론은 하나님이 사람을 편파적으로 대하신다는 논리다. 네 번째 반론은 선택의 교리가 올바른 삶을 향한 열심을 무너뜨린다는 논리다. 칼뱅이 마지막으로 다루고 있는 예정에 대한 반론은 선택의 교리가 성경에 있는 모든 권고들을 무의미하게 만든다는 논리다.

지금도 예정론과 관련하여 위의 반론들과 유사한 반론들이 제기되고 있다. 특별히 거룩한 삶에 대한 열망을 방해한다는 네 번째 반론과 관련하여 칼뱅은 "이런 그들의 논지가 전혀 사실무근인 것은 아니다"라고 말하며 예정론의 목적이 무엇인지에 대해 다음과 같이 말하고 있다.

성경은 우리로 하여금 불경한 경솔함으로 하나님의 그 깨달을 수 없는 비밀한 것들을 찾아 나서도록 담대한 마음을 일으키고자 하는 의도로 예정에 대해서 말하는 것이 아니다. 오히려 그 의도는, 우리로 하여금 겸손하고 낮아져서 하나님의 심판에 대하여 떨며 그의 긍휼하심에 대해 존귀히 높이기를 배우게 하고자 하는 것이다(Ⅲ.23.12).

예정론이 남용될 수 있는 가능성과 관련하여 칼뱅은 우리가 불신자들을 향하여 "당신들이 믿지 않는다면, 그것은 당신들이 이미 하나님의 뜻으로 멸망하도록 예정되었기 때문이요"라고 말한다면, 그것은 태만한 마음을 조장할 뿐 아니라, 악한 생각이라고 논박하고 있다. 또한 불신자들의 미래에 대해서도 함부로

속단하는 것은 저주를 하는 것이 될 수 있음을 경계하고 있다. "그러므로 아우구스티누스는 이런 사람들은 미련한 선생이거나 악하고 불결한 예언자이므로 교회에서 물러나라고 정당하게 요구한다"(III.23.14).

마지막 24장에서 칼뱅은 예정을 하나님의 부르심과 관련하여 설명하고 있다. 이 장에서 칼뱅은 외적인 소명이라고 하는 일반적인 부르심과 내적 소명이라고 하는 특별한 부르심을 구분한다. 외적인 소명은 "하나님께서 외적인 말씀 선포를 통하여 모든 사람들을 동등하게 자기에게로 초청하시는 것을 말한다." 내적인 부르심은 "신자들에게만 베푸시는 부르심으로서, 외적으로 선포된 말씀을 성령의 내적인 조명을 통해서 그 마음속에 거하도록 하시는 것이다"(III.24.8). "내적인 부르심이야말로 우리를 속일 수 없는 구원의 보증이다"(III.24.2).

예정에 관한 칼뱅의 마지막 결론은 "바울과 함께 그 깊은 신비 앞에서 두려워 떨어야 한다"는 것이다. "이 사람아 네가 누구이기에 감히 하나님께 반문하느냐"(롬 9:20). "아우구스티누스가 올바로 주장하듯이, 하나님의 공의로우심을 인간의 정의의 잣대로 재려는 자들은 악행을 하고 있는 것이기 때문이다"(III.24.17).

10. 종말론

『기독교 강요』 III권의 마지막 장인 25장에서 칼뱅은 "최후의 부활"에 대해 논하고 있다. 종교개혁 이후의 개혁파 신학자들은 신자들의 영화를 취급하는 구원론의 부속물로 종말론을 취급하였는데 이는 칼뱅의 선례를 따른 것이라고 볼 수 있다. 종교개혁은 초대교회가 그리스도의 재림과 영생에 관하여 가르친 바를 채용하였고 재세례파들에게서 나타난 조잡한 형식의 천년왕국론을 말끔히 쓸어 버렸다. 종교개혁은 로마교회에 반대하여 중간기 상태에 대하여 많이 반성하여 생각하였지만, 종교개혁의 교회들이 종말론의 발전을 위해 많은 일을 했다고 말할 수는 없다.

칼뱅은 자신이 구원론의 말미 부분에서 최후의 부활에 대해 다루고 있는 목적에 대해 다음과 같이 말하고 있다: "독자들로 하여금, 완전한 구원을 이루시는 주인이신 그리스도를 영접하고 난 다음 거기서 더 높이 올라가기를 배우게 하고, 그리하여 그리스도께서 하늘의 영생과 영광으로 옷 입고 계셔서 온 몸이 그 머리와 같아지게 하고자 하신다는 것을 알도록 하기 위함이다"(III.25.3).

칼뱅은 완전히 썩어 버린 몸이 때가 오면 부활하리라는 것을 믿는 것이 쉬운 일이 아니라고 말하면서 그런 이유 때문에 "영혼 불멸을 말한 철학자는 많아도 육신의 부활을 인정한 사람은 적다"라고 주장하고 있다(III.25.3). 하지만 그리스도를 다시 살리신 전능하신 하나님은 마지막 날 우리도 다시 살리실 것이다. "부활을 증명함에 있어서 우리는 마땅히 하나님의 무한하신 권능을 생각해야 한다"(III.25.4).

"죽음 이후의 영혼의 상태"는 보통 조직신학에서 중간상태 intermediate state라는 주제로 다루어진다. 분명 "성경은 도처에서 우리에게 그리스도의 재림을 대망하라고 명령하며, 영광의 면류관을 그때까지 연기한다"(III.25.6). 중간상태에 대한 논의는 우리에게 가톨릭의 연옥을 떠올리게 하는 교리이기에 이 문제를 다룰 때 유의해야 한다. 큰 맥락에서 개혁자들은 중세 가톨릭의 연옥교리를 부정하면서도 중간상태는 수용하였다고 할 수 있다. 칼뱅은 이 중간상태에 대한 지나친 호기심을 경계하고 있다.

우리의 영혼의 중간상태에 대해서 지나친 호기심을 가지고 탐구하는 것은 마땅하지도 않고 유익하지도 않다. 영혼은 어디에 있는가, 이미 하늘의 영광을 누리고 있는가 등의 문제로 공연한 고통을 받는 사람들이 많다. 그러나 모르는 일에 대해서 하나님께서 우리에게 알려 주신 것 이상으로 더 깊이 알려고 하는 것은 미련하고 경솔한 짓이다. 성경은 그리스도께서 그들과 함께 계시며, 그들이 위로를 얻도록 낙원으로 영접하신다고 하였고(요 12:32 참조), 한편에서는 버림받은 자들이 마땅히 받아야 할 고통을 받는다고 하였다. 이 이상의 말씀은 없다(III.25.6).

우리는 하나님께서 우리에게 정하신 한계를 지키고 만족해야 한다. "경건한 자들의 영혼은 이 세상의 싸움의 수고를 마치면 복된 안식에 들어가고, 거기서 약속된 영광을 누리기를 기쁨으로 기대하며 기다리고, 그리하여 구속자이신 그리스도께서 재림하시기까지 모든 것들이 미결 상태에 있다는 사실로 만족해야 할 것이다"(III.25.6)

우리가 부활할 때 받게 될 몸은 어떤 몸인가? 여기에 대해 칼뱅은 어떤 사람들(예컨대 소시니안들)이 영혼은 현재 입고 있는 몸을 받는 것이 아니라, 새로운 다른 몸을 받는다고 주장하는 것을 극심한 오류라고 지적하며 "성경은 우리가 현재 입고 있는 이 몸이 부활하리란 것을 무엇보다도 분명히 가르친다"라고 말하고 있다(III.25.7). 칼뱅은 몸의 부활에 대해 "하나님께서 십자가의 기치 하에 훈련시키시고 승리의 천사로 장식하시는 몸이 천국에 들어가는 것을 거절할 하등의 이유도 없다"라고 주장하고 있다(Ⅲ.25.8).

악한 자들의 영원한 형벌에 대한 교리는 우리에게 많은 어려움을 안겨 주는 것이 사실이다. 이 문제를 회피하는 한 가지 방법은 악한 자들의 멸절을 주장하는 것이다. 복음주의의 유명한 지도자로 알려진 존 스토트John Stott, 1921-2011가 이러한 멸절설을 주장하여 논란이 되었다. 이 문제와 관련하여 칼뱅은 "그들[악한 자들]이 심판대 앞에 나와 서서 그들의 완악함에 대해서 형벌을 받지 않고 그서 죽음으로 완전히 소멸되어 버린다면 그것이야말로 가벼운 형벌일 것이다"라고 말하며 비판하고 있다(Ⅲ.25.9).

이런 버림받은 자들의 영원한 상태에 대해 다루며 칼뱅은 "하나님께서는 한 번 보시는 것으로 모든 죽을 인생들을 흩으시며 멸망시키시지만, 자신을 경배하는 자들에 대해서는 격려하시며, 그들이 이 세상에서 겁이 많기 때문에 십자가를 진 그들에게 더욱 용기를 주셔서 계속 전진하게 하신다(시 90:7이하)"라고 말하면서, Ⅲ권의 논의를 마무리하고 있다. 하나님께서는 친히 "만유의 주로서 만유 안에 계시게" 되는 날까지(고전 15:28) 십자가를 지고서 계속 전진하도록 우리에게 용기를 주신다(Ⅲ.25.12).

5장

『기독교 강요』 IV권

―――

하나님께서 우리를 그리스도의 공동체로 인도하시며
우리를 그 안에 있게 하시려는 외적인 은혜의 수단

『기독교 강요』 IV권은 교회론을 다루고 있다. 종교개혁 1세대
인 루터에게는 교회론이 없다고 한다. 왜냐하면 언제든지 가톨
릭교회가 개혁되면 다시 가톨릭교회로 돌아갈 생각을 했기 때문
이라는 것이다. 하지만 종교개혁 2세대인 칼뱅 때가 되면 개신
교와 가톨릭의 분열은 그 이전 상태로 돌이킬 수 없을 것이라는
점이 보다 분명해지면서 교회론적인 관심이 일어나게 되었다.
그래서 『기독교 강요』 IV권에는 『기독교 강요』의 그 어떤 부분보
다도 당시 가톨릭교회에 대한 언급이 많이 등장한다.

『기독교 강요』 IV권은 세 부분으로 이루어져 있다. 1-13장에
서 칼뱅은 이른바 교회론을 다루고 있다. 이 가운데 1-3장에

서 교회의 필요성, 교회의 표지, 그리고 거짓 교회와 참된 교회를 비교하고 교회의 직분자들에 대하여 논하고 있다. 4-11장까지는 당시 가톨릭교회와 관련된 오류들을 논하고 있으며, 12장에서는 권징에 대해서, 13장에서는 서원에 대해서 다루고 있다. 14-19장은 성례론을 다루고 있는데, 로마가톨릭의 미사와 거짓 성례들에 대해서도 언급하고 있다. 마지막 20장에서 칼뱅은 국가론을 제시하고 있다.

1. 교회의 필요성

『기독교 강요』 IV권의 앞머리에서 칼뱅은 자신이 다루어야 할 문제들이 무엇인지를 다음과 같이 소개하고 있다: "우리의 가르침의 계획상 이제는 교회와 그 정치, 질서, 그리고 권세를 논의해야 하겠고, 이어서 성례를 논의하고, 마지막으로 시민의 공공 질서에 대해서 논의해야 할 것이다"(IV.1.1).

칼뱅은 "우리는 지금 육체라는 감옥에 갇혀 있어서 천사와 같은 상태에는 아직 이르지 못하였다"라고 말한 다음, 이런 우리들을 위해 "하나님께서는 그의 놀라운 섭리 가운데서 자기 자신을 우리의 능력에 맞추사, 아직 멀리 있는 우리로 하여금 그에게로 가까이 나아가도록 한 가지 방도"를 마련해 주셨는데 그것이 교회라고 주장하고 있다. 교회의 필요성에 대한 칼뱅의 주장은 "하나님이 아버지가 되는 사람에게는 교회가 어머니가 되어야 한다"는 말에 잘 나타나 있다(IV.1.1). 이 말은 "교회를 어머니로 모시지 않으면 하나님을 아버지로 모실 수 없다"는 키프리안의 말과 동일한 의미이다.

칼뱅은 사도신경 가운데 "거룩한 공회를 믿는다"는 구절과 관련하여 그것이 삼위 하나님에 대한 신앙과는 다른 것임을 논하고 있다. 왜냐하면 뒤이은 구절에서 "죄를 사하여 주시는 것과 몸이 다시 사는 것, 그리고 영원히 사는 것"을 믿는다는 것도 믿음의 대상으로 언급하고 있는 것이 아니라 우리의 믿음의 내용이기 때문이다. 사도신경에서 고백하고 있는 교회는 가견적 교회뿐만 아니라 하나님의 선택을 받은 모든 사람들 심지어 죽은 사람들까지도 포함하는 것이라고 칼뱅은 보고 있다(IV.1.2).

고대 교회에서 니케아-콘스탄티노플 신경을 따라 교회의 속성으로 고백하였던 것은 통일성과 거룩성, 그리고 보편성과 사도성이다. 먼저 칼뱅은 교회의 공교회성, 곧 보편성에 대해 언급하고 있다. "교회를 보편적이라고 부르는 것은, 그리스도가 나누어지지 않는 한(고전 1:13 참조)—이것은 있을 수도 없는 일이지만

— 교회도 둘이나 셋이 있을 수 없기 때문이다." 이 보편성은 통일성과 밀접한 연관이 있다. "택한 자들 모두가 그리스도 안에서 서로 연합을 이루어(엡 1:22-23) 한 머리를 의지하며, 또한 한 몸으로 함께 자라나며, 한 몸의 각 지체들로서(롬 12:3; 고전 10:17; 12:12, 27) 서로 연결되고 결합되어 있는 것이다(엡 4:16)"(IV.1.2).

칼뱅은 사도신경 가운데 "성도가 서로 교통하는 것"이라는 문구가 교회가 무엇인지를 잘 표현해 준다고 보고 있다. "하나님께서는 모든 신자의 아버지시며 그리스도께서는 그들 모든 신자들의 머리시라는 것을 참으로 확신한다면 그들은 형제애로 연합되지 않을 수 없고 또 그들이 받은 은혜를 서로 나누지 않을 수도 없다." 칼뱅은 "교회에 참여하는 것"이 가지는 강력한 능력을 말하고 있다. 그것은 "우리를 하나님의 공동체 안에 머물게 한다." 교회의 통일성에 대해 칼뱅은 그것이 눈으로 보고 손으로 만져야만 하는 것으로 이해하지 않는다. "오히려 교회의 통일성이 믿음의 영역에 속해 있다는 사실에서 경계를 받아, 그 통일성이 우리의 지각을 넘어선다 할지라도, 눈으로 분명히 보는 것 이상으로 그것을 대해야 마땅하다는 점을 생각해야 하는 것이다"(IV.1.3).

칼뱅은 특별히 가견 교회visible church를 신자들의 "어머니"라 부르고 있다. "이 어머니가 우리를 그 뱃속에서 잉태하고, 낳고, 가슴의 젖으로 우리를 양육하며, 또한 마지막으로 우리가 죽을 육체를 벗고 천사들과 같이 되기까지(마 22:30) 그 보살핌과 인도 아래 우리를 지키지 않는 한, 우리가 생명 속으로 들어갈 다른 길이 없다"(Ⅳ.1.4).

우리는 가견 교회 안에서 많은 인간 사역자들을 만나게 된다. 이들 사역자들은 흠 많은 죄인들이다. 하나님께서는 인간적인 수단을 통하여 우리를 가르치시기 원하신다. 여기에 대해 "말씀을 가르치도록 부르심을 받은 자들이 미천하기 때문에 그로 인하여 말씀의 권위가 손상된다고 생각하는 자들"이 각 시대마다 "인간의 말과 인간의 사역을 통하여 가르침을 받는 멍에를 지지 않으려고 안간힘을" 쓰고 있음을 칼뱅은 지적하고 있다(Ⅳ.1.5).

이렇듯 연약하고 흠이 많은 인간을 사역자로 세우시는 이유는 두 가지다. "한편으로는 우리가 목사의 말을 하나님 자신의 말씀 같이 들을 때 이것을 아주 좋은 수단으로 삼아 우리의 순종을 시험하신다. 또 한편으로는 우리의 연약함을 고려하셔서, 친히 우리를 향하여 우레같이 말씀하시면 우리가 도망할 것이므로 사람인 해석자들을 통하여 말씀하심으로써 우리를 자신에게로 이끄신다." 칼뱅은 말한다: "하나님께서 인류에게 주신 훌륭한 선물이 많은데 그중에서도 사람들의 입과 혀를 성별하시고 그것들을 통해서 자신의 음성이 들리게 하셨다는 것은 특별한 은혜이다." 칼뱅이 복음 선포의 직책을 얼마나 귀하게 여겼는지를 가늠하게 되는 대목이다. "교회는 오직 외면적인 복음 선포에 의해서만 성장하며 성도들은 오직 하나의 끈에 의해서만 묶여지며, 하나로 연합하여 배우고 전진함으로써 하나님께서 세우신 교회의 질서를 유지한다는 것이다(엡 4:12)." 칼뱅은 그런 면에서 공예배의 중요성을 강조하고 있다. 신자들에게는 공예배보다 더 큰 도움이 되는 것은 없다. "하나님께서는 공예배에 의해서 자기의 백성을 점진적으로 향상시키신다"(IV.1.5).

칼뱅은 이전 여러 번 언급하였던 택함받은 자들과 버림받은 자들을 구별하는 것은 우리의 임무가 아니라 오직 하나님께서 하실 일이라고 다시 한 번 주장한다(IV.1.3). 칼뱅이 거듭 강조하고 있는 것 하나는 "누가 하나님의 백성인가를 아는 것은 하나님만이 가지신 특권(딤후 2:19)"이라는 것이다. 우리는 다음의 사실을 일상적으로 경험하고 있다. "완전히 멸망해서 아무 소망도 없는 것처럼 보이던 사람들이 하나님의 선하심에 의해 부름을 받아 바른 길로 돌아오며, 누구보다도 든든히 서 있는 듯하던 사람들이 넘어진다." 그러므로 칼뱅은 아우구스티누스의 말을 인용하여 "하나님의 은밀한 섭리에 따라 '밖에도 양이 많고 안에도 이리가 많다'"라고 말하고 있다(IV.1.8).

고대 교회에서 주장하였던 교회의 속성을 가지고는 참된 교회와 거짓 교회를 분별할 수 없게 되었다. 여기에 교회의 표지에 대한 필요가 등장하게 된다. "하나님의 말씀을 순수하게 전파하며 또 듣고 그리스도께서 제정하신 대로 성례를 지킬 때에 거기에 하나님의 교회가 있다는 것은 의심의 여지가 없다(엡 2:20 참조). '두 세 사람이 내 이름으로 모인 곳에는 나도 그들 중에 있느니라'(마 18:20)고 하신 주의 약속은 반드시 실현되기 때문이다"(IV.1.9). 특이한 것은 칼뱅은 권징을 중요하게 여기면서도 교회의 표지에는 포함시키고 있지 않다는 것이다. 후대의 개혁신학은 이런 칼뱅의 입장과는 달리 마르틴 부서 등의 견해를 따라 권징을 말씀 선포와 성례의 시행과 함께 참된 교회의 표지로 받아들였다.

칼뱅은 교회에 이러한 표지가 있는 한 아무리 다른 결함이 있더라도 거기에서 분리하는 것은 정당하지 않다고 주장하고 있다. "교회에서 분리하는 것은 바로 하나님과 그리스도를 부인하는 행위다"(IV.1.10). "그리스도인들은 결코 비본질적인 문제들에 관해서 의견이 다르다고 해서 그것을 이유로 분열을 일으켜서는 안 된다"(IV.1.12). 칼뱅은 흠과 티가 없는 완전한 교회를 찾으려는 일부 재세례파의 주장을 비판하고 있다. "자기는 완전히 성결하다는 그릇된 신념으로, 이미 낙원의 천사라도 된 양 인간의 본성이 조금이라도 남아 있다고 생각되는 사람들과의 교제를 거부하는 사람들이 언제든지 있었다"(IV.1.13).

칼뱅은 성경에서 고린도교회와 갈라디아교회를 예로 들어 사람들에게서 함부로 교회라는 명칭을 빼앗는 것을 삼가야 한다고 주장한다. 복음 선포와 성례 집행이라고 하는 교회의 표징이 그 가운데 있었기 때문에 그들 사이에는 여전히 교회가 존속했다. 특별히 갈라디아교회는 복음을 망가뜨리는 자들인데도, 바울 사도는 그들 가운데 교회가 있음을 기꺼이 인정하고 있다(갈 1:2)(IV.1.14).

교회의 거룩성과 관련하여 칼뱅은 "교회는 아직 완전히 거룩하지가 않다. 그러므로 교회는 매일 전진하면서도 아직 완전하지 못하다는 의미에서 거룩하다. 즉 하루하루 전진하지만 아직은 거룩이라는 목표에 도달하지 못했다는 것이다"라고 말하고 있다(IV.1.17). 현실교회의 거룩하지 못함이 교회 분열의 이유가 되어서는 안 된다. 심지어 불결한 사람들이 집례하는 성례도 거룩하고 고결한 사람에게는 여전히 깨끗하고 유익한 것이다(IV.1.19).

사도신경에서 교회를 말한 다음에 죄의 용서를 말하고 있는 것은 우리가 지상에서 경주를 계속하고 있는 자신이 완전하게 되었다고 믿는 것이 마귀적인 공상이라는 것을 보여 주는 것이다. 우리는 완전해지려는 노력을 포기해서는 안 된다(IV.1.20). 하지만 "우리는 일평생 죄의 흔적을 가지고 다니므로, 우리 죄를 사해 주시는 하나님의 은혜가 항상 우리를 붙들어 주지 않는다면 우리는 일순간이라도 교회 안에 머물지 못할 것이다"(IV.1.21)라고 칼뱅은 말하고 있다.

가톨릭교회에 대한 칼뱅의 판단은 조금은 이중적으로 느껴진다. 칼뱅을 비롯한 개혁자들에게 로마 교황은 적그리스도임에 분명하다. "우리가 보기에 저 사악하고 가증스런 왕국의 수령과 기수는 로마 교황이다"(IV.2.12). 마찬가지로 가톨릭교회는 "그리스도의 으뜸되는 대적이면서도 교회의 이름으로 지금 우리를 괴롭히며 무식한 사람들을 위협한다"(IV.2.4). 하지만 그럼에도 칼뱅은 가톨릭교회를 교회라고 부르고 있다. 그 이유는 "다만 하나님께서 그 안에 그의 백성의 남은 자들을 —비록 비참하게 분산되어 있지만— 기적적으로 보존하셨기 때문이며, 표지 특히 악마의 간계와 인간의 패악도 파괴할 수 없는 교회의 표지가 다소간 남아 있기 때문이다"(IV.2.12). 그래서 칼뱅은 가톨릭교회가 유일한 교회라는 것에 대해서는 강하게 반대하지만 그렇다고 해서 그들 사이에 교회가 있는 것까지 부정하지는 않는다(IV.2.12).

교회 안의 직분과 관련하여 칼뱅은 "하나님께서는 아무 도움이나 연장이 없이도 사업을 친히 하시거나 천사들을 시켜서 하실 수 있었으나, 여러 가지 이유로 사람을 수단으로 삼아 일하시는 길을 택하신다"라고 말하고 있다. 하나님께서 인간 사역자를 통해 일하시는 이유는 그것이 "겸손을 위한 가장 훌륭하고 유익한 훈련"이 되기 때문이다. "우리와 같은, 때로는 우리보다 못한 사람들을 통해서 말씀이 신포될 때 우리가 말씀에 복종하는 습관을 가지도록 하신다"(IV.3.1).

칼뱅은 엡 4:11에 있는 사도와 선지자, 그리고 복음 전하는 자는 주께서 그의 나라의 초창기에 세우셨고 필요에 따라 이따금씩 다시 일으키시는 "임시직" 또는 "특별직"이라고 부른다. 목사와 교사만이 교회에 항상 있는 일상적인 직분인데, 교사는 칼뱅의 성직 제도에서 높고 중요한 자리를 차지하였다. 교사는 권징이나 성례 집행이나 경고와 권면을 하는 일을 맡지 않고 성경을 해석하는 일만을 맡았다면 목사는 이 모든 의무를 겸하는 것으로 보았다. 즉 교사의 주된 임무는 신자들 사이에 건전하고 순수한 교리를 유지하는 것이었다(IV.3.4). 칼뱅이 맨 처음 제네바에서 가졌던 공식적인 직책도 "교사"였다. 목사와 교사를 구분하는 관행은 청교도들에 의해 계승되었지만 지금은 더 이상 유지되지 않고 있다.

칼뱅은 교회를 다스리는 사람들을 서로 구별하지 않고 "감독," "장로," "목사" 또는 "사역자"라고 부르며, 말씀을 전하는 사람들을 성경에서는 모두 "감독"이라고 부른다고 주장하고 있다. 말씀 사역을 담당하는 직분 이외의 다른 직분들에 대해 로마서와 고린도전서에서 바울이 말하고 있는 능력, 병 고치는 은사, 통역, 다스리는 것, 구제하는 것 가운데 칼뱅은 앞의 두 가지는 일시적인 것이기에 길게 논할 가치가 없다고 생각해서 생략하고 있다. 이 부분이 바로 칼뱅의 은사중지론에 해당하는 대목이다. 칼뱅이 염두에 둔 두 가지는 능력과 병 고치는 은사인 것 같다. 이런 은사와 달리 칼뱅이 보기에 "다스리는 일과 구제하는 일 두 가지는 영구적인 것이다." "다스리는 사람들은 (고전 12:28) 신자들 사이에서 선택된 장로들이었으며, 감독들과 함께 도덕적인 견책과 권징을 시행하는 일을 맡았다고 나는 믿는다"(IV.3.8).

집사들에게는 구제하는 일이 맡겨졌다. "구제하는 자는 성실함으로 … 긍휼을 베푸는 자는 즐거움으로 할 것이니라"(롬 12:8)는 말씀을 언급하며 칼뱅은 구제에 두 가지 종류가 있다고 주장한다. 두 가지 종류의 구제에 따라 "집사직에는 두 가지 다른 등급이 있었을 것이다. 만일 내 생각이 틀리지 않는다면, 바울은 처음 문장에서 구제 물자를 나누어 주는 집사들을 가리킨다. 그러나 둘째 문장은 빈민과 병자들을 돌보는 사람들을 말한다"라고 주장하고 있다(IV.3.9).

2. 가톨릭의 교황제에 대한 비판

먼저 칼뱅은 교황제가 확립되기 이전의 고대 교회의 상태와 교회 정치에 대하여 다루고 있다. 이런 논의를 통해 칼뱅은 가톨릭의 위계질서적인 교직체제가 얼마나 성경과 초대교회에서 벗어난 것인지를 보여 주려고 한다. "성경은 우리 앞에 세 가지 종류의 사역자들을 제시해 놓고 있다"고 칼뱅은 주장한다. "장로직 가운데서 ① 일부는 목사와 교사들로 택함을 받았고, ② 그 나머지는 도덕적인 문제들을 치리하고 교정하는 책임을 맡았으며, ③ 가난한 자들을 돌보고 구제품을 분배하는 일은 집사들이 맡았다"(IV.4.1).

칼뱅에 따르면 "감독"은 가르치는 직분을 맡은 사람들인 "장로"들 가운데 각 도시에서 뽑힌 한 사람을 말한다. 그것은 지위가 같은 사람들 사이에서 흔히 생기는 불화를 막으려는 이유 때문이었다. 장로들은 교회의 관습에 따라 "감독"에게 복종해야 된다는 것을 알고 있었으며, 그와 같이 감독들도 자기들이 장로들보다 높다는 것은 주께서 정하신 일이 아니라 교회의 관습에 의한 것이며, 장로들의 협력을 얻어서 교회를 다스려야 한다는 것을 알고 있었다(IV.4.2).

성경을 라틴어로 번역한 초대교회 교부 제롬Jerome, 347-420은 로마교회의 장로였다. 그런가하면 삼위일체 이단이었던 아리우스Arius, 250/256-336는 알렉산드리아교회의 장로였다. 그래서 장로가 설교를 해서는 안 된다고 결정한 것은 아리우스가 교회를 소란하게 만든 후 알렉산드리아에서만 있었던 일이었고, 제롬은 이 사실에 대해 불쾌감을 숨기지 않았다고 한다. 칼뱅은 "사람들에게 하나님의 말씀을 먹이며, 공적으로나 사적으로나 건전한 교리로 교회의 덕을 세우는 것이 감독의 가장 중요한 의무"라고 주장하고 있다. 설교를 하지 않는 감독들이 있었던 모양인지 칼뱅은 교황 그레고리우스Gregory I, 540-604의 말을 인용하고 있다: "감독에게서 소리가 들리지 않는다면 그는 죽은 것이다. 설교하는 소리를 내면서 다니지 않는 감독은 숨은 심판자의 진노를 자기 위에 내리게 한다." 그레고리우스의 다음의 말도 칼뱅은 인용

한다: "매일 사람들이 죽어 가는 것을 보면서도 미지근하고 잠잠한 우리는 그들을 죽이는 자들이다"(IV.4.3).

가톨릭의 교권제도hierarchy에 대해 칼뱅은 그 말을 부적절한 것으로 보는데 그 말은 성경에서 사용되지 않는 말이다. "성령께서는 교회 정치에 관한 한 사람들의 주도권이나 지배를 꿈꾸지 않도록 조심하기를 원하신다"라고 칼뱅은 주장하고 있다(IV.4.4).

교회 재산의 사용과 관련하여 고대 교회는 교회법을 제정하여 교회 수입을 네 부분으로 나누게 하였다고 칼뱅은 설명하고 있다. 즉, 한 부분은 성직자들을 위히여, 한 부분은 가난한 자들을 위하여, 세 번째 부분은 교회 건물들의 수리를 위해, 그리고 네 번째 부분은 해외와 국내의 불쌍한 사람들을 위하여 사용하도록 하였다는 것이다(IV.4.7). 특별히 고대 교회는 교회의 재물을 가난한 자들을 위하여 사용하였는데 이 부분에서는 칼뱅이 인용하고 있는 암브로시우스의 말을 그대로 인용하는 것이 좋을 것이다. "교회가 가진 것은 무엇이든 다 불쌍한 자들을 지원하기 위한 것이다." "감독이 가진 것 가운데 가난한 자들에게 속하지 않은 것이 없다"(IV.4.8).

고대 교회의 관행 가운데 칼뱅은 "사람들이 자기들의 감독들을 택할 수 있는 자유는 오랫동안 보존되었으며, 모든 사람이 원하지 않는 감독을 억지로 임명할 수는 없었다"라고 말하며, 신자들이 반대하는 사람을 임명하는 것을 금지하였던 안디옥 회의 Synods of Antioch, 264-269년에서의 결정을 언급하고 있다(Ⅳ.4.11).

칼뱅은 당시 가톨릭교회의 타락상에 대해 "성직 매매가 없이 수여되는 성직록은 백에 하나도 없다"고 단언하고 있다. "어떤 자들은 추악한 아첨으로 얻기도 하고 또 어떤 자들은 말도 할 줄 모르는 어린아이 때에 이미 아저씨나 친척에게서 성직록을 유산으로 받기도 했다. 사생아가 아버지에게서 유산으로 받은 교회도 있다"(Ⅳ.5.6). 칼뱅도 12살 되던 1521년부터 25살이 되던 1534년까지 성직록benefices을 받았다. 이어지는 내용 가운데 칼뱅은 당시 가톨릭교회의 타락상에 대해 다음과 같이 말하고 있다. "지금 군주들의 궁정에서는 각각 수도원장직이 셋, 주교직이 둘, 대주교직 하나를 가진 소년들을 볼 수 있다. … 단지 나는 이 악폐들은 해괴하다는 것, 즉 하나님과 자연과 교회 제도에 반대된다는 것을 말하려 한다"(Ⅳ.5.7). 이런 비판은 조금도 과장된 것이라고 할 수 없다. 당시 가톨릭교회의 문제를 말하자면 지면이 모자랄 정도라고 할 수 있다. 다만 당시의 가톨릭교회와 지금의 가톨릭교회를 무비판적으로 동일시하는 일은 조심해야 한다.

칼뱅은 당시 성직자들이 "말씀 선포와 권징의 엄수, 성례 집행을 귀찮은 짐"이라고 해서 던져 버렸다고 개탄해 마지않는다 (IV.5.10). 교황제 하의 교회는 "모든 것이 그리스도께서 정하신 것과는 다르고 이질적이며 고대 교회의 규정과 관례에서 타락했고 자연이나 이성과 모순되기 때문에, 이런 무질서한 제도를 그리스도의 이름으로 그들이 옹호하는 것은 그리스도에 대한 최대의 타격이 된다"(IV.5.13)라고 칼뱅은 주장하고 있다.

고대 교회는 교회 수입의 절반이 빈민에게 갔다면 지금은 한 푼도 가지 않고 있다고 칼뱅은 비판하고 있다(IV.5.16). 고대 교회의 사제들의 재산이 많지 못했다는 것은 암브로시우스가 주재한 아퀼레이아 종교회의Council of Aquileia(381년)의 발표에 충분히 나타나 있다고 칼뱅은 주장하고 있다. "주의 사제들은 빈곤이 영광이다"(IV.5.17). 제롬은 "주교의 영광은 빈민을 돌보는 것이며 모든 사제의 수치는 재산을 모으려고 애쓰는 것"이라고 말했다 (IV.5.19).

지금도 가톨릭교회는 로마 교황의 수위권supremacy을 주장하고 있다. 2차 바티칸 공의회(1962-65년) 이후 가톨릭교회는 동방정교회와 여러 개신교회와 대화에 임하고 있다. 많은 부분 건설적인 합의에 이르기도 하였지만 의견의 일치를 보지 못하곤 하는 것 중의 하나가 바로 로마 주교인 교황의 수위권이다.

가톨릭교회가 주장하는 로마 교황의 수위권은 베드로가 초대 교황이었다는 억지 주장과 연결되어 있다. 이에 대한 칼뱅의 반응은 훨씬 후대에 와서야 로마 교황의 수위권이 확립되었다는 것이다. "교회 내에서의 수위권이 베드로에게 확정되었으므로 그것은 끊임없이 계승되어야 한다고 하는 그들의 이 주장을 정신이 올바른 사람들은 결코 인정하지 않을 것이다"(IV.6.11). 가톨릭에서는 베드로가 로마에서 죽었다고 생각한다. 칼뱅도 이 사실을 부정하지 않는다. 하지만 베드로가 로마교회의 감독이었다는 것, 특히 오랫동안 감독이었다는 것은 믿어지지 않는다고 칼뱅은 주장하고 있다(IV.6.15).

칼뱅은 로마교회에 대해서 고대 저술가들이 큰 경의를 표명하며 경건하게 언급하고 있다는 사실도 부정하지 않는다. 그 이유는 세 가지가 있다고 칼뱅은 설명하고 있다.

첫째, 베드로의 전도로 로마에 교회가 설립되었다는 생각이 어디서 생겼는지는 모르지만, 아무튼 당시에는 유력했기 때문에 이 생각이 로마교회에 호감과 권위가 돌아가게 하는 데 매우 큰 도움이 되었다. 그러므로 서방에서는 로마교회를 존경하는 뜻으로 "사도의 교구"라고 불렀다. 둘째, 로마는 제국의 수도였기 때문에 아마도 그곳 사람들은 교리와 지혜와 수완과 풍부한 경험 등에서 다른 곳 사람들보다 훌륭했을 것이다. … 셋째, 동방과 희랍과 아프리카까지도 교회들이 의견 차이로 많이 흔들렸을 때 로마는 그들보다 고요했고 문제가 적었다. 그래서 지위를 빼앗긴 경건하고 거룩한 감독들이 로마에 가서 피난처를 얻은 예가 많다. 서방 사람들은 아시아나 아프리카 사람들보다 두뇌가 예민하지 못하고 느린 편이었기 때문에 새것에 끌리는 점도 적었다. 저 불안한 시대의 다른 교회보다 로마교회가 문제가 적었고, 한번 받은 교리를 더욱 굳게 지켰다는 사실은 로마교회의 권위를 많이 높였다 (IV.6.16).

로마의 수위권이 확립된 시기는 아무리 빠르게 잡아도 325년의 니케아 회의의 결정보다 더 앞설 수 없으며(IV.7.1), 로마의 수위권이 최종적으로 확립된 것은 7, 8세기였다고 칼뱅은 보고 있다. 포카스Phocas, 547-610 황제가 보니파키우스 3세Boniface III에게 로마가 모든 교회들의 우두머리가 되는 특권을 하사한 607년의 사건과 프랑크 왕 페팽Pepin the Short, 714-768과 로마 교황 자카리아스Zacharias, 679-752의 거래를 거쳐, 샤를마뉴 대제Charlemagne, 742-814의 권위에 의해서 교황의 권세가 크게 강화되었다. 페펭과 자카리아스에 대해 칼뱅은 "강도들이 물건을 약탈한 후 자기들끼리 그것을 서로 나누어 가지듯이, 이들도 자기들의 이권을 서로 나누어 가졌다"라고 혹평한 후 샤를마뉴 대제에 대해 "그 역시 로마 교황의 노력에 의해서 제국의 황제의 자리에 올랐기 때문에 그를 받들지 않을 수 없었던 것이다"라고 말하고 있다(IV.7.17).

칼뱅은 옛날에는 로마교회가 과연 모든 교회들의 어머니였음을 인정한다. 하지만 적그리스도의 관구가 되기 시작한 이후부터 로마교회는 과거의 본질을 완전히 상실해 버리고 말았다(IV.7.24). 부패한 교황제의 현실에 대해 칼뱅은 "지금은 설교도 없고 권징도 엄수되지 않으며 교회들에 대한 열의도 없고 아무런 영적 활동도 없다. 모름지기 있는 것은 세상뿐이다. 그래도 이 미로를 가장 질서 정연한 것같이 찬양하고 있다"라고 개탄하고 있다(IV.7.22).

칼뱅은 로마 교황을 적그리스도라고 명시적으로 지적하고 있다(IV.7.25). 칼뱅이 직접적으로 염두에 두고 있었던 교황들은 레오 10세Leo X, 1513-1521, 클레멘트 7세Clement VII, 1523-1534, 바오로 3세Paul III, 1534-1549였는데, 칼뱅은 이 문장을 1543년에 썼다. 이런 판단의 배후에는 살후 2:3-4 말씀에 대한 해석이 있다. 바울이 묘사하고 있는 배교하는 일이 있으리라고 하는 예고(살후 2:3)

는 전반적인 배교가 교회를 점령할 때에 비록 교회의 일부 신자들은 각지에 흩어져서 신앙의 진정한 단결을 유지하겠지만 가증한 자의 자리는 높여지리라는 뜻이다. 바울은 자신의 시대에 이미 안티오쿠스Antiochus IV Epiphanes, c. BC 215-BC 164가 불법의 비밀 속에서 활동하기 시작했는데(살후 2:7) 하나님의 영광을 빼앗아 자기 스스로 그것을 높이는 것을 적그리스도의 특징으로 명시하고 있다(살후 2:4)(IV.7.25). 이런 칼뱅의 판단은 청교도들에게 그대로 이어져 웨스트민스터 신앙고백에도 반영되어 있다. "주 예수 그리스도 외에 교회의 다른 머리는 없다. 로마 교황도 또한 결코 그 머리가 될 수 없고, 다만 적그리스도요, 불법의 사람이요, 멸망의 아들이요, 교회 안에서 그리스도와 하나님이라 일컫는 모든 것에 대적하여 자기를 높이는 자이다"(25장 6절). 하지만 지금은 여러 비판 때문에 이 조항은 삭제되어 사용되고 있다.

칼뱅은 로마교회의 지배적인 비밀신학의 제1조는 하나님이 없다는 것이며, 제2조는 그리스도에 관한 모든 기록과 교훈은 허위요 기만이라는 것이요, 제3조는 내세와 최후의 부활에 관한 교리들은 우화에 지나지 않는다는 것이라고 조롱하고 있다(IV.7.27). 심지어는 요한 22세John XXII, 1244-1334는 영혼이 육체와 함께 죽어 부활하는 날까지 죽은 대로 있다고 공공연하게 주장한 배교자였다. 칼뱅은 로마교회가 주장하는 특권을 여전히 유지하고 싶다면 교황 명부에서 요한 22세를 삭제해야 한다고 주장하고 있다(IV.7.28). 그래서 "비록 로마가 과거에 교회들의 머리인 때가 있었다고 할지라도 현재는 교회의 발에 붙은 새끼발가락으로 볼 가치도 없다"라고 칼뱅은 결론 내리고 있다(IV.7.29).

칼뱅은 초기 기독교회에서 로마교회와 교황의 수위권이 어떻게 확립이 되고 타락하게 되었는지를 추적한 다음 계속해서 교황제에서 교회의 권세가 어떻게 남용되고 있는지를 살펴본다.

이제는 세 번째 부분인 교회의 권세에 대해 논의할 차례가 되었다. 교회의 권세는 부분적으로는 개개인의 감독(주교)들에게 있고, 부분적으로는 공의회—국지적이든 전교회적이든—에 있다. 나는 교회에 합당한 영적인 권세에 대해서만 말하고자 한다. 이 권세는 교리권, 재판권, 입법권이다. 교리권에는 두 부분이 있는데, 신조들을 제정할 권세와 그것들을 해명할 권세가 그것이다(IV.8.1).

교회의 권세에 대해 칼뱅은 그것이 "무한정한 것이 아니라 주님의 말씀에 종속되는 것이요, 말하자면 그 말씀 속에 들어 있는 것"이라고 주장한다(IV.8.4).

칼뱅은 사도들이 주의 지도를 받았는데 그리스도의 영이 선도자가 되어 "그들이 할 말을 어느 정도 불러 주셨으며"(IV.8.8), "사도들은 성령의 말씀을 틀림없이 받아썼고 따라서 그들의 글은 하나님의 말씀으로 인정해야 한다"(IV.8.9)라고 주장하고 있다. 이런 표현에 근거해서 칼뱅이 기계적 영감설이나 구술설dictation theory을 주장했다는 이해를 하기도 하지만 칼뱅이 하나님께서 인간수준으로 자신을 낮추신 적응-accommodation에 대한 주장을 하는 것과 함께 이해하면 칼뱅의 영감설이 기계적 영감설보다는 유기적 영감설에 가까운 것으로 이해하는 것이 보다 바른 이해일 것이다. 이런 주장을 하는 칼뱅의 의도는 분명하다. 하나님의 말씀인 성경을 강조하고자 하는 것이다. "믿음은 사탄과 지옥의 모든 간계와 전세계에 대항했을 때 굴복하지 않고 흔들리지 않을 만큼 굳게 설 수 있어야 한다. 이런 견고성은 하나님의 말씀에서만 얻을 수 있다"(IV.8.9).

교회의 권세는 말씀에 부속되어야 한다. 말씀과 분리된 교회의 권세는 있을 수 없다(IV.8.13). 교회는 주의 말씀에 계시되지 않은 것을 하나님의 말씀이라고 가르치며 주장해서는 안 된다(IV.8.15). 교회는 무오하지 않으며 매일의 계속되는 과정을 통해

티와 주름 잡힌 것이 씻겨져야 하는데 "그리스도께서 오셔서 모든 남은 것을 완전히 제거하실 때까지 계속될 것이다"(IV.8.12).

종교개혁이 발발할 어간에 공의회주의자들은 교황의 권세보다 공의회가 더 우위에 있음을 주장하였다. 대표적으로 콘스탄츠 공의회Council of Constance, 1414-1418는 3명의 교황이 서로 싸우는 상황을 종료시키고 마르틴 5세Martin V, 1369-1431를 새로운 교황으로 선출하였다. 우리가 알고 있는 교황권이라고 하는 것이 부침을 경험하였음을 알려 주는 이야기가 아닐 수 없다. 하지만 종교개혁 어간에는 교황권이 어느 정도 회복단계에 접어들었다고 보는 것이 일반적이다.

칼뱅은 교회 회의 가운데 325년의 니케아 회의와 381년의 콘스탄티노플 회의, 그리고 431년의 1차 에베소 회의와 451년의 칼케돈 회의를 거룩한 회의로 공경하며 받아들인다는 입장을 밝히고 있다(IV.9.8). 이런 칼뱅의 견해를 대부분의 개신교회들도 공유하고 있다.

이와 달리 가톨릭교회에서는 교회 회의의 결정들을 "성경에 대한 해석"이라고 부르면서 연옥과 성자들의 중보기도와 은밀한 고백과 기타 비슷한 문제들을 정당화하는 구실로 삼지만 칼뱅은 이러한 문제들에 대해 성경에서는 한마디도 찾아볼 수 없다고 비판하고 있다. 가톨릭교회에서는 후대에 그들이 사제들의 결혼을 금지한 것도 성경에 대한 진정하고 순수한 해석으로 인정하라고 요구한다(IV.9.14).

칼뱅은 『기독교 강요』 IV권 10장에서 교회의 입법권에 대해 토론하고 있다. "이제 교회의 권세의 두 번째 부분이 이어진다. 가톨릭교도들은 이 부분을 입법권이라고 한다. 여기서 무수한 인간적 전통 즉 가련한 영혼들을 옭아매는 무수한 그물이 생기게 되었다." 칼뱅은 여기에서 교회 정치 제도를 다루는 것이 아니라 과연 교회가 법을 정하여 성도들의 양심을 속박할 권리가 있는지를 문제 삼고 있다. "나는 다만 그리스도께서 해방시켜 주신 문제들에 관한 한, 양심을 다시 속박하지 말라고 주장할 뿐이다. … 양심은 어디에도 예속되지 않아야 하며 아무 속박도 받지 않아야 한다"(IV.10.1). 이 부분에서 양심에 대한 칼뱅의 설명은 III권 19장의 내용과 거의 문자적으로 동일한 내용을 반복하고 있기에 여기에서 다시 다루지는 않는다.

칼뱅은 "모든 인간 사회는 공공의 평화 촉진과 화합의 유지를 위해서 어떤 형태로든 조직될 필요가 있다"는 것을 기꺼이 인정한다. 그러므로 칼뱅은 "교회의 질서를 세우는 정당한 법들까지도 모두 다 제거하려"는 것을 반대한다(IV.10.27). 진정한 종교를 모호하게 만들며 사람의 양심을 괴롭히는 "불경건한 교회법"과 "올바른 교회법"을 구별하는 아주 훌륭하고 확실한 표지를 우리는 가지고 있다. 한마디로 그것은 "공공의 품위를 위한 것"이라고 칼뱅은 주장한다. 이 부분을 이해하기만 하면 "하나님께 예배하는 일을 인간이 만들어 낸 것들로 판단하는 자들이 빠지는 그런 미신이 제거되는 것이다"라고 칼뱅은 말하고 있다(IV.10.28). 어떤 사람들에게는 애매하게 느껴질 수도 있을는지 모르지만 칼뱅은 "나는 하나님의 권위를 근거로 성경에서 이끌어 낸 법들, 곧 인간이 만들기는 했으나 전적으로 하나님에게서 온 법들만을 인정한다"라고 주장하고 있다(IV.10.30).

정당한 교회법들에 대해 칼뱅은 "자유로운 양심으로 미신이 없이 경건하고도 기꺼운 순종의 자세로 지켜야 할 의무"가 우리에게 있다고 강조하면서 "교만과 완고한 고집으로 그것들을 공공연히 침해하는 일이 있어서는 안 된다"고 경계하고 있다. 하지만 지나친 세심함과 경계를 기울이는 것은 오히려 양심의 자유를 저촉할 수 있다. 이 규례들은 "완전히 고정된 영구한 법령들"이 아니고, "인간의 연약함을 위한 외형적인 기본 법칙들"이다. 그래서 칼뱅은 정당한 교회법들의 자구에 매인 율법적인 자세를 경계하고 있다. "여자가 잠잠하고 있는 것이 합당한 곳이 있는 것과 같이, 발언하는 것이 합당한 곳도 있다"(IV.10.31). 칼뱅은 "비록 과거에 선한 이유로 제정되었고 또한 그 자체로서는 불경한 점이 드러나지 않는 의식들이라 할지라도 그것들을 제거하지 않고서는 그 끔직한 미신들을 깨끗이 척결할 수 없게 되어 버린" 경우들도 있을 수 있음을 지적하고 있다(IV.10.32).

칼뱅은 행정관과 정치 체제가 없이는 아무 도시나 마을이 기능을 발휘할 수 없는 것과 마찬가지로 하나님의 교회에도 신령한 다스림의 체제가 필요하다고 주장하고 있다. "교회의 권세의 세 번째 부분이 남아 있는데, 이는 교회가 질서가 잘 잡혀 있는 상태에서는 가장 중요한 부분이다. 이미 말한 바와 같이, 이것은 바로 교회의 재판권이다"(IV.11.1). 칼뱅이 생각하는 교회 재판권의 목적은 "죄악을 막으며 발생한 불상사를 제거하는 것"이다. 교회의 재판권은 영적인 것이다. 이 재판권을 행사할 때에 고려해야 할 점은 두 가지인데, 가장 먼저 교회의 재판권이라고 하는 이 영적 권세는 칼의 권리에서 완전히 분리되어야 하며, 그리고 이 영적 권세는 한 사람의 결정이 아닌 합법적인 회의의 결정에 의해서 행사되어야 한다고 칼뱅은 주장한다. 교회가 비교적 순수했을 때에는 이 두 가지를 모두 준수했다. "거룩한 감독들은 권세를 행사하는 수단으로 벌금이나 투옥이나 그 외의 국가의 법칙을 쓰지 않고 오직 주의 말씀만을 사용했다. 이것은 합당한 일이었다. 교회가 줄 수 있는 가장 엄중한 벌, 이를테면 그 최후의 벼락은 출교인데 이것은 불가피한 때에만 사용되었다"(Ⅳ.11.5).

3. 권징

교회의 표지를 논함에 있어 칼뱅은 이후 개혁신학에서와는 달리 비록 권징을 참된 교회의 표지로 명시하지는 않았지만 여러 문맥에서 그 필요성을 천명하고 있다. "어떠한 사회도, 아무리 적은 가족이라도 권징이 없이는 적절한 상태를 유지할 수가 없으니, 가능한 한 질서를 잘 유지해야 할 교회로서는 더욱더 권징이 필요하다." 칼뱅은 권징을 "그리스도의 교훈에 반대해서 날뛰는 사람들을 억제하며 길들이는 굴레"와 "나태한 사람을 고무하는 박차," 그리고 "더 중한 타락에 빠진 사람들을 그리스도의 영의 유화함으로써 부드럽게 징벌하는 아버지의 매"와 같은 것으로 비유하고 있다(Ⅳ.12.1).

칼뱅은 권징의 목적에 대하여 세 가지를 제시하고 있다: 첫째, 추악하고 부끄러운 생활을 하는 자들에게서 그리스도인이라는 이름을 빼앗으려는 것이다. 둘째, 선인들이 악인들과 늘상 어울림으로써 부패하는 일이 발생하지 않도록 하는 데 있다. 셋째, 자기들의 부패한 모습에 대하여 부끄러움을 느끼고 거기에 압도되어 회개하도록 하기 위함이다(IV.12.5).

칼뱅은 암브로시우스Ambrose. c. 340-397가 데살로니가에서 있었던 학살 사건 때문에 데오도시우스 황제Theodosius I, 347-395를 성찬에 참여하는 것을 금지시켰던 사건을 언급하며 "비행으로 교회에 중대한 손상을 입힌 사람이 견책만 받는다는 것은 불충분하고, 얼마 동안 성찬에 참가하는 것을 금지시켜 회개의 확증을 보일 때까지 기다려야 한다"라고 주장하고 있다(IV.12.6). "위대한 왕들도 만왕의 왕이신 그리스도 앞에 엎드려 애원하는 것을 불명예로 생각할 것이 아니다. 또 교회의 심판을 받는 것을 불쾌하게 생각할 것도 아니다. 그들은 궁 안에서 거의 아첨만을 듣고 있기 때문에 더욱 사제들의 입을 통해서 주의 책망을 들을 필요가 있다"(IV.12.7).

칼뱅은 권징을 엄중히 시행할 것을 주장하고 있지만 지나치게 엄격하게 흐르는 것은 경계하고 있다. 엄중한 권징을 행하되 "온유한 심령"(갈 6:1)을 결합하는 것이 교회로서 합당한 일이다. 이런 온유한 심령으로 이루어지지 않는 권징은 자칫 "고치려고 하다가 도리어 죽일 수도 있다"(IV.12.8). 권징을 통해 "교회에서 추방된 사람들을 선택된 사람들의 숫자에서 삭제하거나 그들이 이미 멸망한 사람인 것같이 절망하는 것은 우리가 할 일이 아니다"라고 칼뱅은 말하고 있다(IV.12.9). 말하자면 출교는 교정 수단이지 저주와는 다르다. "저주는 모든 용서를 거부하고 사람을 영원한 멸망으로 정죄하는 것"이라면 "출교는 그 사람의 도덕적인 품행을 제지하고 책망하는 것"이며 "그 사람이 미래에 정죄를 받을 것을 미리 경고하는 성격을 띤 것으로 그를 돌이켜 다시 구원의 반열에 세우고자 하는 것"이다. "이렇듯 온유한 태도를 유지하지 않는다면 우리는 곧 권징에서 도살 행위로 타락할 위험성이 있다"(IV.12.10).

칼뱅은 이른바 "권징의 나머지 부분" 또는 "본래 열쇠의 권한에 속하지 않는 부분"이 있음을 말하며 이것은 "목회자가 그때그때의 필요에 따라 신자들에게 금식이나 엄숙한 간구 및 그 밖의 행동으로 겸손과 회개와 신앙을 나타내기를 권고하는 부분"인데 "그 시기나 방법이나 형식은 하나님의 말씀에 제시되어 있지 않고 교회의 판단에 맡겨져 있다"고 말하고 있다. 중대한 일이 있을 때마다 백성을 모으고 기도와 금식을 행하였던 "율법과 선지자"의 모범에서 취하여 온 이러한 관례들은 초대 교회에서 사도들의 시대부터 행해졌다(욜 2:15; 행 13:2-3)(IV.12.14). 금식에 대해 칼뱅은 과거에 항상 유익했던 것과 같이 오늘날의 신자들에게도 훌륭한 도움이 된다고 주장한다(IV.12.17).

성직자들의 결혼 금지 관행에 대해 칼뱅은 "하나님의 말씀뿐만이 아닌 일체의 공정성을 무시하고 불경건한 폭압을 가한 것"이라고 비판하고 있다. "첫째, 주께서 각자의 자유에 맡기신 일을 사람이 금지한다는 것은 합당한 일이 아니었다. 둘째, 이 자유를 침범하지 말라고 주께서 분명히 말씀하시며 주의시키셨다는 것은 증명할 필요조차 없는 명백한 사실이다"(IV.12.23). 칼뱅은 여기에 사도들 자신의 예를 들고 있다. "사도들 자신이 몸소 결혼함으로써 결혼은 아무리 훌륭하고 거룩한 직책을 가진 사람이라도 할 수 있는 일이라는 것을 증명했다"(IV.12.25). 그 유명한 니케아 회의(325년)에서 성직자들에게 독신 생활을 요구하자는 선동이 있었음을 칼뱅은 언급하고 있다. "언제든지 미신적인 소수의 사람들이 있었으며, 이런 자들은 무슨 신기한 것을 생각해내어 명예를 얻으려고 한다. 그러나 어떤 결정이 있었는가? 자기 아내와 동거하는 것이 정절을 지키는 것이라고 선언한 파프누티우스의 의견이 채택되었다"(IV.12.26). 파프누티우스Paphnutius of Thebes는 사막의 성자 성 안토니St Anthony, c. 251-356의 제자로 그 자신도 금욕생활을 하는 유명한 감독이었으나 독신 생활을 요구하는 제안에는 반대하였는데, 결혼은 존귀한 것이며 합법적 동거는 곧 정절을 지키는 것이라고 주장하였다.

4. 서 원

칼뱅이 『기독교 강요』 IV권 13장에서 "경솔한 서원으로 자신을 비참하게 얽어매는 것"으로 중점적으로 다루고 있는 것은 수도원과 관련된 것이다. 칼뱅은 "그리스도께서 그의 무한히 귀중한 피의 값으로 교회의 자유를 사셨건만 그 교회가 잔인한 압제에 눌리며 산더미 같은 전통에 거의 압도되었다"는 사실에 대해 개탄해 하고 있다(IV.13.1). 한마디로 말하면 "불법적이거나 부적절한 생각에서 나온 서원"은 "하나님 앞에서 무가치하며 따라서 우리에게 대해서 구속력이 없다"는 것이다. 그렇기 때문에 "오류와 미신의 자세로 행한 서원들은 하나님 앞에서 가치가 없는 것이며, 따라서 반드시 버려야 하는 것이다"라고 칼뱅은 주장하고 있다(IV.13.20).

루터는 1521년 『수도원 서약에 관하여On Monastic Vows』라는 논문에서 부당한 서원에 매여 있는 사람들에게 복음적인 자유를 주장하라고 권고하였다. 루터의 아내 캐서린 폰 보라Catherine von Bora, 1499-1552는 이런 루터의 주장에 호응하여 1523년 수녀원을 탈출하였다. 이렇게 "수도원을 떠나 존경할 만한 생활로 돌아선 사람들"에게 "악인들이 퍼붓는 비방"이 있었다. 즉 "그런 사람들은, 하나님과 교회를 향하여 선언한 소위 '불변하는' 서원의 의무를 깨뜨림으로써 믿음을 저버리고 언약을 깨뜨린 것"이라는 극심한 비난을 받았다. 이런 비난에 대해 칼뱅은 "첫째로, 아무리 사람이 인정한다 해도 하나님께서 폐기시킨다면 그런 서원은 아무런 구속력이 없다는 것이다. 둘째로, 그 사람들이 하나님에 대한 무지와 오류 가운데 스스로 얽혀 있는 동안에는 그런 서원이 구속력이 있었다손 치더라도, 이제는 진리에 대한 지식으로 말미암아 눈을 떴으니, 그들은 그리스도의 은혜로 말미암아 자유한 상태에 있는 것이다"라고 응답하고 있다(IV.13.21).

5. 성례론

『기독교 강요』 IV권 14장부터 19장에서 칼뱅은 성례론에 대해 다루고 있다. 14장에서 17장까지는 성경에 있는 성례전에 대한 해설을 다루고 있고, 18장과 19장은 로마 가톨릭교회의 미사와 다섯 가지 거짓 성례를 논박하고 있다. 분량상으로 상당한 내용이지만 당시 논란이 되던 부분은 다소 지루하여 상론은 생략하고 넘어가고자 한다.

1) 성 례

칼뱅은 성례를 "우리의 약한 믿음을 받쳐 주기 위해서 하나님께서 우리에게 대한 그의 선하신 뜻의 약속을 우리의 양심에 인치시는 외형적인 표"라고 정의하고 "그 표에 의해서 주와 주의 천사들과 사람들 앞에서 주께 대한 우리의 충성을 확인"한다고 보았다. 보다 간단하게 "성례는 우리에게 대한 하나님의 은혜를 외형적인 표로 확인하는 증거이며 동시에 우리는 하나님께 대한 우리의 충성을 확인하는 것"이라고 칼뱅은 주장하고 있다 (IV.14.1).

칼뱅은 성례가 "하나님의 거룩한 말씀을 확인하기 위해서 필요하다"는 입장을 거부하고 "말씀에 대한 우리의 믿음을 확립하기 위해서" 성례가 필요하다고 주장한다. 왜냐하면 "하나님의 진리는 그 자체로서 든든하고 확고하므로, 그 자체 이외의 다른 어떤 것으로 확증되어야 할 이유가 없기 때문이다." 하지만 "우리의 믿음은 연약해서 각종 수단을 사용하여 사방으로 괴어 주고

받쳐 주지 않으면 떨리고 흔들리며 비틀거리다가 결국은 무너지고 만다"(IV.14.3). 성례는 언약의 "표"이며, "우리로 하여금 하나님의 말씀의 진실성을 더욱 확실하게 믿게 만드는 행사"이다. 칼뱅은 아우구스티누스가 성례를 "보이는 말씀"이라고 부른 것을 언급하고 있는데 그것은 성례가 "하나님의 약속들을 그림에 그리듯이 분명한 형상으로 그려서 우리의 눈앞에 보여 주기 때문이다"(IV.14.6).

칼뱅은 "성례가 그 임무를 올바르게 수행하려면 반드시 저 내적 교사인 성령께서 오셔야 한다"라고 주장하고 있다. "성령의 힘이 아니면 마음속에 침투하고 감정을 움직이며 우리의 영혼을 열어서 성례가 들어오게 할 수 없다. … 즉 성령의 힘이 없으면 성례는 아무 유익도 주지 못하며, 이 교사의 가르침을 이미 받은 마음속에서 성례가 믿음을 강화하며 증진시키는 것을 아무것도 막을 수 없다"(IV.14.9). 성령께서는 "우리 귀에 들리는 말씀과 눈에 보이는 성례가 헛되지 않도록 … 그 말씀은 하나님께서 하시는 것이라고 우리에게 알려 주시며 완고한 우리의 마음을 부드럽게 하시고 당연히 순종해야 할 주의 말씀에 순종하도록 준비시키신다. 그리고 성령께서는 그 바깥에서 전해지는 말씀과 성례를 우리의 귀로부터 영혼에 전달하신다"(IV.14.10).

우리는 "마치 성례로 의롭다 함을 받는 것처럼" 생각해서는 안 된다. 칼뱅은 "성례에 참가해야만 구원의 보장을 얻는 것은 아니다"라고 주장하면서 "칭의는 그리스도에게만 맡겨져 있으며, 그것은 성례라는 인으로 말미암음과 같이 복음 선포에 의해서도 우리에게 전달되고, 성례가 없어도 완전히 성립될 수 있다"고 말하고 있다. 칼뱅은 "보이는 표징이 없어도 보이지 않는 성화가 있을 수 있으며 보이는 표징이 있어도 진정한 성화가 없을 수 있다"고 한 아우구스티누스의 말을 옳은 말이라고 인용하고 있다 (IV.14.14).

칼뱅은 세례에 대해 "우리가 깨끗하게 씻음을 받았다는 것을 우리에게 확증"하는 것이며 성만찬에 대해서는 "우리가 구속을 얻었다는 것을 확증"하는 것이라고 말하고 있다.

물과 피는 깨끗하게 하며 구속하는 증거다. 그러나 가장 중요한 증거인 성령은 이런 증거를 우리가 확신하게 만드신다. 이 숭고한 신비는 그리스도의 거룩한 옆구리에서 물과 피가 흘러나온 때에(요 19:34) 그리스도의 십자가에서 우리에게 훌륭하게 제시되었다. 그러므로 아우구스티누스는 십자가를 우리의 성례의 원천이라고 불렀다(IV.14.22).

칼뱅의 성례론에서 우리는 성령의 역할에 대한 강한 강조를 보게 된다. 하지만 칼뱅은 성령을 강조하다가 말씀과 성례를 도외시하는 자리까지 나아가는 오류를 범하지는 않는다.

2) 세 례

세례는 "우리가 그리스도에게 접붙임을 받아 하나님의 한 자녀로 인정되기 위해서 교회라는 공동체에 가입되는 입문의 표징"을 말한다(IV.15.1). 칼뱅은 세례가 우리에게 주는 도움에 대해 세 가지로 제시한다. 첫째로, 세례는 우리의 죄 씻음을 보증하고(IV.15.2), 둘째로 세례는 그리스도 안에서 죽고 새생명을 얻는다는 것을 보여 주며(IV.15.5), 셋째로 세례는 그리스도와의 연합을 보증한다(IV.15.6).

칼뱅은 세례가 "과거를 위해서만 받는 것이며, 세례를 받은 후에 우리가 지은 죄를 위해서는 마치 전에 받은 세례의 힘이 소진한 것처럼 어떤 다른 성례에서 새로운 속죄의 방도를 찾아야 한다"고 생각하는 것이 잘못이라고 지적한다. 이런 잘못된 생각 때문에 초대 교회에 "생명이 위급하거나 임종의 시간이 아니면 세례를 받지 않는 사람들이 있었다." 칼뱅은 이에 대해 "언제 세례를 받든지 우리는 일생 동안 씻음을 받고 깨끗하게 된다는 것을 알아야 한다"라고 주장하고 있다(IV.15.3). 칼뱅은 세례 자체가 고해 성사라고 말한다. "만일 고해가 평생토록 해야 하는 것이라면, 세례의 능력도 똑같이 평생토록 확대되는 것이다. 그러므로 경건한 사람들은 일생동안 자기의 죄과를 알고 괴로울 때마다 단호하게 세례받은 것을 회고하며 그리스도의 피로 우리가 유일하고 영원한 씻음을 받았다는 확신을 새롭게 해야 한다"(IV.15.4).

세례가 우리에게 주는 두 번째 도움에 대해 칼뱅은 "가지가 그 접붙인 뿌리에서 수분과 영양을 취하듯이, 바른 믿음으로 세례를 받는 사람들은 그들의 육을 죽이는 일에 있어서 그리스도의 죽음이 효과적으로 역사하는 것을 참으로 느끼며, 성령이 생명을 주시는 사실에서 그리스도의 부활이 역사하는 것을 느낀다(롬 6:8)"라고 말하고 있다(IV.15.5). 세례가 우리에게 주는 세 번째 도움에 대해 칼뱅은 "우리가 그리스도의 죽음과 생명에 접붙임이 될 뿐 아니라 그리스도 자신과 밀접하게 연합되어 그의 모든 축복을 나누게 된다는 확실한 증거이다"라고 설명하고 있다(IV.15.6).

칼뱅은 우리가 세례를 받는 목적이 우리의 육을 죽이는 것이라고 말하고 있다. "이 죽이는 일은 우리의 세례와 동시에 시작해서 우리가 매일 추구해야 하며, 우리가 이 세상을 떠나 주에게로 옮겨갈 때에 완성될 것이다"(IV.15.11). 칼뱅은『기독교 강요』여러 곳에서 로마서 7장에서 바울이 중생한 자신에 대해서 말한다고 주장하고 있다(II.2.27; III.3.11; III.11.11; IV.15.12). 앞에서 언급한 것처럼 이 부분에서 알미니우스는 칼뱅과 의견을 달리했다. 알미니우스는 로마서 7장에 묘사된 사람이 중생한 사람이 아닐 수도 있다는 견해를 피력하였다.

고대 교회의 도나투스파Donatism는 세례의 가치가 그 시행자에게 달려 있다는 잘못된 주장을 하였다. 칼뱅은 종교개혁 당시 가톨릭교회에서 받은 세례가 잘못된 것이므로 다시 세례를 받아야 된다는 재세례파의 주장에 대해 "세례는 집행하는 사람의 공로에 달린 것이 아니다"라고 주장하고 있다(IV.15.16). 여하한 경우에도 재세례는 있을 수 없는 것이라고 생각한 칼뱅은 사도행전 19장에서 과거에 요한의 세례를 받았던 사람들에게 바울이 다시 세례를 베풀었다는 주장을 반대하여 "그들이 받은 것은 요한의 참 세례였으며 그리스도의 세례와 똑같은 것"이었으며, 그들이 다시 세례를 받았다는 것을 부정한다. 칼뱅은 그들이 "성령의 세례"를 받은 것이라고 해석하고 있다. 즉 칼뱅은 바울이 "안수함으로써 성령의 보이는 은혜를 받게 된 것을 의미한다"고 주장하고 있다(IV.15.18).

세례의 구체적인 양식, 즉 "세례받는 사람을 완전히 물에 잠그느냐, 세 번 잠그느냐, 한 번만 잠그느냐 또는 물을 부어 뿌리기만 하느냐" 하는 것과 관련하여 칼뱅은 "다양한 풍토에 따라서 교회들의 재량에 따라서 시행하여야 할 것"이라고 주장한다. 아울러 칼뱅은 "'세례를 주다baptize'라는 말은 잠근다는 뜻이며 고대 교회에서는 침례를 행한 것이 분명하다"라고 말하고 있다 (IV.15.19).

칼뱅은 구원을 위해서는 세례가 필요하다는 교리는 잘못되었다고 비판한다. 그런 잘못된 생각에서 "사람이 죽을 위기에 처하여 있고 당장에 성직자가 없을 때에는 평신도가 세례를 주는 것"을 허용하게 되는데 이를 옹호할 만한 건전한 이론이 없다고 칼뱅은 보고 있다. 동시에 칼뱅은 여자는 세례를 베풀 수 없다고 주장하고 있다(IV.15.20). 칼뱅에 의하면 고대 교회 이단자였던 마르시온Marcion, c. 85-c. 160은 여자들이 세례를 주는 것을 허락하였는데, 살라미스의 감독이었던 에피파니우스Ephiphanius, 315-413의 책망을 받았다(IV.15.21).

유아세례를 다루고 있는 16장은 15장의 세례론에 대한 부록이라고 할 수 있다. 개신교 종교개혁은 당시 가톨릭교회의 오류를 바로잡기 위한 것이었다. 그런데 어디까지 개혁을 할 것인가에 대해 종교개혁자들은 서로 의견을 달리했다. 기본적으로 개혁자들은 삼위일체와 기독론은 가톨릭교회와 같은 입장을 고수하였다. 성상에 대해 루터는 관용하는 편이었다면 츠빙글리는 부정적이었다. 루터와 츠빙글리, 그리고 칼뱅은 모두 유아세례를 "그리스도께서 설립하신 제도와 표적의 본질"에 부합된다고 보았다. 하지만 이에 대해 유아세례를 가톨릭교회의 잘못된 관행으로 보고 폐지를 주장하는 사람들이 있었다. 이른바 재세례파 Anabaptist가 그들인데 삼위일체론을 부정하였다가 제네바에서 처형당한 세르베투스도 재세례파라고 할 수 있다. 당시에 유아세례를 부정하는 것은 사회질서를 어지럽히는 행동으로 이해되었던 것 같다. 지금의 상황에서는 유아세례를 부정하는 것이 종교개혁 당시만큼 심각한 문제를 야기하는 문제는 아니라고 할 수 있다. 그래서 유아세례를 부정하는 것에 대해 많이 관용하는 분위기로 흘러가고 있다. 대표적으로 현대에 유아세례를 부정한 대표적인 신학자로는 칼 바르트나 웨인 그루뎀Wayne Grudem, 1948-같은 사람이 있다.

칼뱅은 "그리스도인에게서 태어난 유아들은 직접 언약의 상속자로서 태어났으며 하나님께 받아들여졌으므로 세례를 주어야 한다"(IV.16.24)라고 주장하고 있다. 당시의 재세례파에서는 예수님을 성인 세례의 원형으로 제시하였다. 예수님은 서른 살에 세례를 받으셨다. 이에 대해 칼뱅은 "서른 살로 정하는 것이 좋다면, 그들은 왜 이대로 행하지 않고 그들이 보기에 적당한 나이라고 생각되는 때에 세례를 받는가? 이 나이를 고집한 그들의 한 교사인 세르베투스까지도 스물한 살이 되기 전에 벌써 예언자라고 자랑하기 시작했다"라고 비판하고 있다(4.16.29). 세르베투스가 삼위일체론을 반대하는 책을 쓴 때는 그의 나이 스물한 살이던 1531년이었다고 한다.

유아세례를 반대하는 사람들의 항의는 계속된다. "유아들에게 성찬을 허락하지 않는다면 세례를 허락할 이유도 없다"는 것이다. 이런 항의에 대해 칼뱅은 "사실 고대 교회에서는 유아들에게 성찬을 허락하는 것이 보통이었다는 것은 키프리아누스와 아우구스티누스의 글에 분명히 나타나 있다"고 말한 후 "다행히 이 관습은 폐지되었다"고 주장하고 있다. 칼뱅은 세례가 "교회에 들어가는 문이며 일종의 입문식"이라면, 성찬은 "유아기를 지나 단단한 음식을 먹을 수 있는 사람들에게만 주어지는 것"이라고 주장하고 있다: "세례에 대해서는 주께서 일정한 연령을 말씀하시지 않았다. 그러나 성찬은 모든 사람에게 제공하시지 않고, 다만 주의 몸과 피를 분간하며 자기의 양심을 검토하고 주의 죽으심을 선포하며 그 힘을 생각할 수 있는 사람들에게만 제공하신다"(IV.16.30).

3) 성 찬

일반적으로 잘 알려져 있는 것처럼 성찬식에 그리스도께서 어떻게 현존하시는가 하는 문제는 종교개혁 진영을 양분시켜 놓았다. 가톨릭교회의 화체설을 반대한 면에서는 동일하였지만 루터는 공재설로 알려진 견해를 주장하였고 츠빙글리는 상징설을 주장하였고 칼뱅은 영적 임재설을 주장하였다는 것이다. 그래서『기독교 강요』IV권 17장의 내용은 화체설의 허구에 대한 폭로와 공재설의 논리에 대한 반박을 담고 있다.

칼뱅은 성찬이 "그리스도와 신자가 은밀하게 연합된다는 신비"를 보여 주는 가장 적합한 표징이라고 제시하고 있다. "이 신비를 아는 것은 정말 필수적이며, 또한 그 중요성을 볼 때에 그것을 매우 정확하게 해명하는 일이 필수적이다"(IV.17.1). 이 성례를 통해 측량할 수 없는 자비하심으로 그리스도와 우리 사이에 "놀라운 교환"이 이루어진다.

그가 우리와 함께 인자가 되셔서 우리를 자기와 함께 하나님의 아들들이 되게 하셨고, 스스로 이 땅에 내려오심으로써 우리를 위하여 하늘로 올라가는 일을 준비하셨으며, 친히 우리의 유한한 운명을 취하심으로써 자기의 영생을 우리에게 베풀어 주셨으며, 우리의 연약함을 받아 취하시고서 그의 능력으로 우리를 강건케 하셨으며, 친히 우리의 궁핍함을 취하시고서 자기의 부요하심을 우리에게 베풀어 주셨으며, 우리를 억누르는 그 무거운 우리의 불의를 스스로 지시고서 자기의 의로 우리를 옷 입혀 주신 것이다(IV.17.2).

한마디로 성찬을 통하여 그리스도께서는 자기 자신과 아울러 그의 모든 은택을 우리에게 주시며, 또한 우리는 믿음으로 그를 받아들이게 된다고 칼뱅은 주장하고 있다(IV.17.5).

그리스도의 육체는 지금 하나님의 보좌 우편에 있다. "우리와 그렇게도 멀리 떨어져 있는 그리스도의 육체가 우리에게 침투하여 우리의 양식이 된다는 사실"은 도저히 믿기지 않는 것처럼 보인다. 하지만 "우리로서는 성령의 그 은밀한 능력이 우리의 모든 지각을 무한히 뛰어넘기 때문에 측량할 길 없는 그의 능력을 우리의 척도로 가늠하기를 바라는 것"은 어리석은 일이다. "그러므로 우리의 지성이 이해하지 못하는 것 즉 공간적으로 서로 떨어져 있는 것을 성령께서 참으로 결합하신다는 것을 우리의 믿음이 생각하도록 해야 한다"(IV.17.10).

칼뱅은 "화체설을 꾸며 낸 것은 불과 얼마 전의 일이다"라고 말하고 있다(IV.17.14). "베르나르(1090-1153)의 시대에도 비록 무딘 표현들이 만연되어 있기는 했으나, 화체설은 아직 모르고 있었다"(IV.17.15). 가톨릭의 화체설은 제4차 라테란 공의회(1215년)에서 공식화되었다.

화체설에 이어 칼뱅은 그리스도의 몸의 편재성에 근거한 루터파의 공재설에 대한 반론을 제기하고 있다. 공재설은 "그리스도의 몸 그 자체를 떡 속에 있는 것으로 봄으로써 그 몸에다 그 본질과는 상반되는 편재성ubiquity을 부여하며, 또한 '떡 밑에under the bread'라고 덧붙임으로써 그 몸이 거기에 감추어져 있다"라고 주장한다(IV.17.16). 말하자면 이들은 그리스도의 육체의 공간적 임재local presence를 주장한다. "이것이 내 몸이니라"는 그리스도의 말씀을 "그리스도의 몸이 떡과 함께, 떡 안에 그리고 떡 밑에 있다"는 의미로 이해하는 것이다(IV.17.20). 이 유명한 표현은 후대 루터파 성찬론을 대변하는 문구가 되었는데 루터가 사용한 것이 아니라 인문주의자 빌리발트 퍼크하이머Willibald Pirckheimer, 1470-1530가 처음 사용하였다고 알려져 있다.

칼뱅의 성찬에 대한 견해는 보통 영적 임재설로 알려져 있다. 하나님 보좌 우편에 계신 그리스도께서 성령을 통해 성찬에 함께하신다는 것이다. 칼뱅은 공간적인 결합이나 접촉 또는 조잡한 형태의 포괄 관계에 집착하는 이들을 비판한다(IV.17.16).

만일 그들이 주의 몸과 피를 떡과 포도주에 고착시키고자 한다면, 이 둘은 필연적으로 서로 떨어질 것이다. … 그러나 만일 우리가 눈과 마음을 가진 채 하늘로 들려 올라가서 그리스도의 나라의 영광 속에서 그를 찾는다면, 상징들이 완전하신 그에게로 우리를 초대하는 것과 같이 우리는 떡이라는 상징 하에 그의 몸을 먹게 되며 포도주라는 상징 하에 그의 피를 따로 마시게 되어 결국에는 그를 완전히 즐길 수 있을 것이다. 그는 비록 그의 살을 우리에게 주시지 않고 몸으로 승천하셨지만 지금은 아버지의 오른편에 앉아 계신다. 즉 아버지의 권능과 존귀와 영광으로 다스리신다. 이 나라는 공간 가운데 위치가 한정되거나 경계로 제한되지 않는다. 그래서 그리스도께서는 하늘에서나 땅에서나 어디서든지 뜻대로 권능을 행사하시며 아무런 방해도 받으시지 않는다. 권능과 힘으로 자신의 임재를 알리시며 자신의 백성 중에 항상 계시고 그들에게 자신의 생명을 불어넣으시며 그들 안에 계시고 마치 육체로 계시듯이 그들을 지탱하고 강화하며 살리며 해를 받지 않게 하신다. 요약하면, 자신의 몸으로 자신의 백성을 먹이시며 자신의 영의 힘으로 자신의 몸을 그들에게 나눠 주신다. 그리스도의 몸과 피는 이런 모양으로 성찬을 통하여 우리에게 제시되는 것이다(IV.17.18).

칼뱅은 성찬에 대한 견해를 살피며 우리가 결코 빼앗겨서는 안되는 두 가지 제한이 있다고 주장한다: "① 그리스도의 하늘 영광을 감해서는 안 된다.—그리스도를 끌어내려 이 세상의 썩을 요소들 밑에 두거나 지상의 피조물에 고착시킨다면 그리스도의 하늘영광을 감하게 된다. ② 인성에 합당하지 않은 것을 그리스도의 몸에 돌려서는 안 된다. 그리스도의 몸은 무한하다고 하든지 동시에 여러 곳에 계시다고 한다면 이 둘째 제한을 어기게 된다"(IV.17.19). 칼뱅은 그리스도가 성찬에 임재하신다고 주장한다. 그러나 그것은 위엄의 임재이지 육체의 임재는 아니다. 칼뱅이 인용하고 있는 아우구스티누스의 말을 살펴보자: "위엄의 임재로 말하자면, 그리스도께서는 우리와 항상 함께 계신다. 그러나 육체의 임재로 말하면, '나는 항상 너희와 함께 있지 아니하리라'(마 26:11)는 말씀이 옳다"(IV.17.26).

이런 루터파와 개혁파 사이의 성찬에 대한 견해 차이는 기독론이 그 배후에 있다고 할 수 있다. 특별히 승천에 대한 이해가 첨예하게 대조되고 있기 때문이다. 승천을 개혁파에서는 장소적인 이동으로 보는 반면에 루터파에서는 하나의 상징으로 이해하여 그리스도의 몸의 편재를 주장하고 있는 것이다. "그리스도께서는 결코 땅을 떠나신 것이 아니라 여전히 자기 백성 사이에 보이지 않게 계시며, 그때가 되면 보이는 형태로 나타나신다"라고 루터파들은 생각한다. 이에 대해 칼뱅을 비롯한 개혁파에서는 "부활하신 때부터 그리스도의 몸이 유한하며 마지막 날까지 하늘에 보관되어 머무신다는 것은(행 3:21 참조) 아리스토텔레스가 아니라 성령께서 가르치신다"(IV.17.26)라고 주장한다. "참으로 성령의 강림과 그리스도의 승천은 반대 현상이다. 따라서 그리스도께서는 그의 영을 보내시는 것과 같은 방법으로 육으로 우리와 함께 계실 수 없다"(IV.17.26).

칼뱅은 교부들이 사용하였던 "속성의 교류"을 멸시하는 자들을 비판하고 있다. "영광의 주가 십자가에 못박혔다고(고전 2:8) 한 바울의 말은 그리스도의 신성이 수난을 당했다는 뜻이 아니라 배척과 모욕을 당하며 육신으로 수난을 당한 그 그리스도는 하나님이시며 영광의 주시라는 뜻이다." 이 속성의 교류에 의해

"우리의 중보자는 그 전체가 어디든지 계시므로 항상 그의 백성들과 함께 계시며 성찬에서는 특별한 방법으로 자신을 나타내신다." 하지만 "그리스도 전체가 계시지만 완전히 계시는 것이 아니다. 이미 말한 바와 같이 심판하러 나타나실 때까지 그리스도는 육신으로 하늘에 계시기 때문이다"(IV.17.30). 이런 칼뱅의 입장은 전형적인 개혁신학의 견해를 대변한다고 할 수 있다.

칼뱅은 "그리스도께서 강림하시지 않으면 그가 임재하시는 것 같지 않다"고 여기는 사람들에 대하여 "그가 우리를 들어 올리셔서 자기에게 나아가게 하셔도 그의 임재를 똑같이 누릴 수 있는 것"이라고 답하며 "구태여 그리스도를 땅으로 끌어내리지 않아도 그가 얼마든지 우리와 함께하실 수 있다"고 주장하고 있다 (IV.17.31).

칼뱅은 바울이 각기 자기 자신을 살핀 다음에, 이 떡을 먹으며 이 잔을 마셔야 한다고 명령하고 있는 것(고전 11:28)을 해석함에 있어 "합당하게 먹도록 사람들을 준비시키려고 할 때" 빠지게 되는 오류에 대해 경고하고 있다. "은혜의 상태"에 있는 사람들은 합당하게 먹는다고 말하는데 그 "은혜의 상태"를 모든 죄를 깨끗이 씻어 버린 상태라고 해석하게 되면, 이런 주장은 지상에 있는 모든 사람을 성찬에서 제외하게 된다. "만일 우리가 우리의 힘으로 합당하게 되어야 한다면 우리에게는 소망이 없다. 우리에게 남는 것은 절망과 멸망뿐이다"(IV.17.41).

칼뱅은 "성찬을 헛되고 불필요한 것으로 만들 정도의 완전성을 성찬을 받는 사람에게서 요구한다는 것은 미련한 짓일 뿐만 아니라 너무나도 우둔한 짓"이라고 주장하고 있다. 그 이유는 성찬이 "완전한 사람들을 위하여 제정하신 것이 아니라, 약한 사람들을 위해서" 제정된 것이기 때문이다. 성찬은 "약한 사람들을 각성시키며 고무하고 자극하며 그들의 믿음과 사랑을 훈련시키기 위해, 아니 그들의 믿음과 사랑의 결함을 시정하기 위해서 제정하신 것"이다(IV.17.42)

그러므로 우리가 하나님 앞에 가지고 갈 수 있는 유일한 타당성은, 우리의 추악함과 우리의 소위 합당치 못함을 하나님에게 드림으로써 하나님의 자비가 우리를 그의 앞에 서기에 합당하도록 만들게 하는 것이며, 우리 자신에게 실망함으로 하나님 안에서 위로를 얻는 것이고, 우리 자신을 낮춰서 하나님께서 들어 올리시게 하는 것이며, 우리 자신을 고발해서 하나님께서 우리를 의롭다고 인정하시게 하는 것이고, 그뿐 아니라 하나님께서 성찬에서 권면하시는 그 연합을 갈망하는 것이며, 하나님께서 우리 모든 사람을 그 안에서 하나로 만드시므로 우리도 우리 모든 사람을 위해서 한 정신과 한 마음과 하나의 말을 원하는 것이다 (IV.17.42).

성찬식의 횟수와 관련하여 칼뱅은 "일 년에 한 번 성찬에 참여하라고 하는 이 관습은 누가 처음으로 시작했든 간에 분명히 마귀가 만든 것이다"(IV.17.46)라고 주장하고 있다. 칼뱅이 매주 성찬을 행해야 한다고 주장한 것은 잘 알려진 사실이다. 물론 제네바 시에서 칼뱅은 의회의 반대로 매주 성찬을 시행하지는 못했다. 칼뱅은 "성찬을 교회 앞에 자주 —적어도 일주일에 한 번씩— 집행"할 것을 주장하고 있다(IV.17.43).

칼뱅은 가톨릭교회가 잔은 사제들만 나누고 회중에게는 떡만을 나누는 것을 비판하고 있다. "주께서는 우리의 연약함을 도우시려고 떡과 따로 잔을 제정하셔서 자신은 우리의 양식과 동시에 음료로도 완전무결하시다는 것을 가르치신다. 절반을 빼앗긴다면 그가 주시는 영양도 절반밖에 되지 않는다는 것을 우리는 깨닫게 될 것이다"(IV.17.47).

4) 가톨릭의 미사와 다섯 가지 거짓 성례에 대한 비판

칼뱅은 가톨릭교회의 미사Mass는 성만찬을 더럽힐 뿐 아니라 그것을 말살하는 모독 행위라고 비판한다. 주님은 우리에게 "제물을 바치는 제단 대신에 잔치상을" 주셨으며, "제물을 드리는 제사장들 대신에 목회자들을 성별하셔서 거룩한 잔치를 분배하게 하신다"(IV.18.12).

칼뱅이 가톨릭의 다섯 가지 거짓 성례를 다루고 있는『기독교 강요』최종판의 IV권 19장의 내용은 몇 개의 문장을 제외하고는 1536년의『기독교 강요』의 초판의 5장의 내용과 동일하다. 루터는『교회의 바벨론 유수』(1520년)에서 비성경적 성례들을 고해, 견진, 혼배, 신품, 종부의 순서로 논하였는데 칼뱅과 같이 고해에 대해서는 2차적인 성사의 지위를 부여하였다.

가톨릭에서 말하는 견진례는 세례를 받은 후 일정 기간이 경과한 후 안수에 의해 성령을 받아 완전한 그리스도인이 되는 것으로 세례는 모든 사제들이 행할 수 있지만 견진례는 주교들에 의해서만 가능하다. 이에 대해 칼뱅은 견진례가 "세례의 기형적 유형"이라며 비판하고 있다. 칼뱅은 이 견진례가 나타나기 전에 고대 그리스도인들 사이에 있었다고 말하는 관심이 보존되기를 충심으로 원하고 있다. "오직 어린이들이나 청년기에 가까운 사람들이 교회 앞에서 신앙을 고백하게 하는 교육 방법으로서 보존하자는 것이다. 최선의 교육 방법은 이 일을 위해서 지도서를 준비하는 것이며, 거기에는 모든 기독교회가 찬성하며 반대하지 않는 신조의 대부분을 단순하게 요약해서 포함시켜야 한다." 이런 과정을 통해 칼뱅은 "모든 사람이 기독교 교리에 대해서 어느 정도의 조직적인 교육을 받게 될 것"을 기대하고 있다 (IV.19.13).

종부성사에 대한 것을 다루는 문맥에서 칼뱅은 병 고치는 은사에 대해 "주께서 일시적으로 베푸셨던 것들로서, 복음의 새로운 선포를 영원토록 놀랍게 만들기 위하여 지금은 사라졌다"라고 말하며 은사중지론적인 입장을 다시 한 번 천명하고 있다 (IV.19.18).

결혼을 성사로 간주하면서 사제들의 결혼을 금지하고 있는 가톨릭의 이율배반을 지적하며 칼뱅은 "결혼을 성례의 칭호로 높여 놓고는 후에 가서는 그것을 부정과 오염과 정욕의 더러움이라 부르고 있으니, 어떻게 이다지도 경솔하단 말인가?"라고 개탄해 하고 있다(IV.19.37).

6. 세속 정부

『기독교 강요』 IV권의 마지막 장 20장에서 칼뱅은 "세속 정부"에 대해 다루고 있다. 지금의 신학의 분과로 말하자면 국가 또는 사회와 교회의 관계, 그리고 사회윤리에 대한 토론에 해당한다고 볼 수 있다. 이 세속 정부에 대한 토론은 1536년의『기독교 강요』초판의 결론에 해당하는 부분이라고 할 수 있다. 특별히 모든 판의 앞부분에 붙어 있는 프랑스왕 프랑수아 I세에 대한 헌사와 관련하여 볼 때 칼뱅은 개신교 세력에 대한 박해를 시작하고 있는 이 왕에게 자신이나 개신교 세력이 재세례파들처럼 국가질서를 어지럽히는 사람들이 아니라 악한 왕에게마저도 기꺼이 순복하는 사람들임을 천명하고 있다. 다만 한 가지 예외가 있다면 그것은 "인간에 대한 복종이 하나님께 대한 불복종이 되어서는 안 된다"는 것이다. "그분을 위해서 우리는 사람들에게 복종하는 것인데 사람들의 비위를 맞추기 위해서 그분을 불쾌하게 한다면 그것은 얼마나 미련한 짓이겠는가?"라고 칼뱅은 반문하고 있다. 하나님은 모든 왕들의 욕망도 그 앞에 마땅히 복종해야 할 분이시다(IV.20.32).

칼뱅은 이런 원칙을 지키는 데 있어 큰 위험이 따른다는 것을 인정하고 있다. 베드로는 "사람보다 하나님을 순종하는 것이 마땅하니라"(행 5:29)고 말하였으며 그렇기 때문에 우리는 경건을 버리기보다는 차라리 고통을 받는 편이 주께서 요구하시는 순종을 실천하는 것이라는 생각으로 위로를 얻어야 한다. 칼뱅은 바울의 말을 통해 우리의 용기가 꺾이지 않도록 또 다른 자극을 주어 우리를 격려하고 있다. "이는 곧 우리는 그리스도에 의해서 구원을 받았고 그리스도께서는 우리의 구원을 위해서 자신을 희생하셨으므로, 우리는 사람들의 악한 욕망의 종이 되어서는 안 되며 더욱이 그들의 불경건한 명령에 복종해서는 안 된다고 하는 것이다(고전 7:23)"(IV.20.32).

칼뱅은 우리가 이중의 통치 하에 있다고 주장하고 있다. "영혼 즉 속사람에 대한 그리고 영생에 관계된 통치"가 있는가 하면 "시민 생활에서의 정의와 외적인 도덕성만을 확립하는 통치"가 있다. 칼뱅은 "몸과 영혼을 구별하며 덧없는 현세와 영원한 내세를 구별할 줄 아는 사람은 그리스도의 영적인 왕국과 세속적인 지배권은 전혀 다르다는 것을 안다"고 주장하고 있다(IV.20.1). 소위 말하는 국가의 공권력에 대해 칼뱅은 기꺼이 인정하고 있는 것이다.

이른바 재세례파에서는 "그리스도로 말미암아 이 세상의 초

등 학문에 대해서 죽은 우리는 (골 2:20) 하나님 나라에 옮겨져 하늘 존재들 사이에 앉아 있으므로, 그리스도인과는 상관없는 일에 대한 비열하고 세속적인 근심 걱정에 얽매인다는 것은 우리의 훌륭한 처지에 맞지 않는 아주 하찮은 짓"이라고 주장하였다 (IV.20.2). 이에 대해 칼뱅은 "인간 사회에서 정부가 하는 일은 빵과 물과 태양과 공기가 하는 일 못지않게 중요하다"라고 반론을 제기하고 있다. 심지어는 종교를 바로잡는 임무를 칼뱅은 정부에 맡기고 있다(IV.20.3).

칼뱅은 정부에는 세 부분이 있는데, 법의 수호자인 집권자와 집권자가 통치할 때의 표준이 되는 법, 그리고 법에 의해 통치를 받으며 집권자에게 복종하는 국민이 있다고 말하고 있다. 먼저 칼뱅은 주께서 집권자의 지위를 시인하시며 기뻐하실 뿐만 아니라 가장 영예로운 칭호로 장식하시며 우리에게 극구 천거하신다고 주장한다. "권세가 하나님의 정하신 바"요(롬 13:2), 그렇기 때문에 "하나님에게서 오지 않는 권세는 없다"(롬 13:1)라고 칼뱅은 주장하고 있다(IV.20.4).

플라톤은 철인이 지배하는 독재정치를 선호하였다면 칼뱅은 "귀족 정치, 혹은 귀족 통치와 민주 정치가 혼합된 체제가 다른 것들보다 훨씬 뛰어난 체제"라고 주장하고 있다. 왜냐하면, 왕정은 폭정으로 전락하기 매우 쉽고, 소수의 통치는 몇 사람의 당파 정치로 전락하기 쉽고, 대중의 통치는 폭동으로 전락하기가 쉬운데, "한 사람보다는 여러 명이 함께 돕고 가르치고 권면하여 통치"하는 것이 더 안전하고 더 견디기 쉽기 때문이다(IV.20.8).

칼뱅은 통치자의 무력 사용과 정부의 전쟁 수행권의 정당성을 옹호하고 있는데 이는 아우구스티누스의 입장을 그대로 이어받은 것이라고 할 수 있다. 현대신학에서는 라인홀트 니버Reinhold Niebuhr, 1892-1971의 기독교 현실주의Christian realism의 입상이 바로 아우구스티누스와 칼뱅을 이어받은 것이라 할 수 있다. 전통적인 개혁신학의 입장에서는 사형제 존치는 기독교의 입장과 양립할 수 있으며 의로운 전쟁이 있을 수 있다는 입장인데 이에 반대하여 사형제 폐지와 절대평화주의를 주장하는 존 하워드 요더 John Howard Yoder, 1927-1997나 스탠리 하우어워스Stanley Hauerwas, 1940- 의 입장도 이에 못지않게 설득력을 얻고 있다.

"어떻게 집권자들은 경건하면서도 동시에 피를 흘리는 자가 될 수 있겠는가?"라는 문제에 대해 칼뱅은 "집권자가 벌을 주는 것은 자기 마음대로 하는 일이 아니라 하나님의 공평을 실시하는 것임을 깨닫는다면 우리는 이 문제에 구애되지 않을 것이다"라고 답하고 있다. "주의 율법은 살인을 금한다. 그러나 살인자는 벌을 받아야 하기 때문에 입법자이신 하나님께서는 그의 일꾼들에게 칼을 주어 모든 살인자를 치게 하신다"(IV.20.10).

칼뱅은 "자기들의 통치 영역 내의 평화를 보존하고, 불온한 자들의 선동적인 교란을 억제하며, 강제로 눌려 있는 자들을 돕고, 악행을 벌하기 위한 것이라면 … 왕과 백성들은 때때로 무기를 들어야 한다"라고 주장하고 있다. "개개인의 안정을 해치고 모두의 공동의 평화를 깨뜨리며 횡포를 부리며 압제하고 악행을 일삼는 자들의 격렬한 횡포를 막는 일"은 통치자들의 권세를 사용하기에 적합한 기회가 아닐 수 없다(IV.20.11). 물론 칼뱅은 "우리는 무기에 호소하기 전에 모든 방법을 강구해야 한다"라고 주장하고 있다(IV.20.12).

세금 징수와 관련하여 칼뱅은 그것이 "군주들의 합법적인 수입이며, 이것을 그들은 주로 공무의 공적 경비에 사용하겠지만 호화로운 가정생활에도 쓸 수 있다"라고 말하고 있다. 하지만 칼뱅은 "군주들 편에서도, 그들의 수입은 개인 재산이 아니라 국민 전체의 재산이란 것(롬 13:6)과 "그것을 낭비하거나 약탈하면 반드시 분명한 불의가 된다"는 것을 기억해야 하며, "국민의 고혈膏血"을 아끼지 않는 것은 극도의 잔혹 행위가 될 것이며 "이유 없는 과세는 전제적 착취"라고 주장하고 있다(IV.20.13).

칼뱅은 구약의 모세의 정치 체제를 모든 시대와 장소에 합당한 모델로 제시하기를 거부하고 있다. 그런 면에서 보면 칼뱅이 구약성경에 있는 재판에 관한 율법을 기초로 신정 정치를 시도하려고 했다는 생각은 잘못이라고 할 수 있다. "모세의 정치 체제를 무시하고 각 국가의 관습법으로 통치하더라도 나라는 바르게 구성될 수 있다"는 것을 부정하는 사람들의 생각에 대해 칼뱅은 그러한 생각이 매우 위험하고 선동적인 생각이며, 잘못되고 어리석은 생각이라고 거부하고 있다(IV.20.14). "확실히 각 민족은 자체에 유익이 있다고 예상되는 법을 만들 자유가 있다." 물론 "이런 법은 사랑이라는 영원한 표준에 일치해야 하며 형태는 다를지라도 목적은 같아야 한다"라고 칼뱅은 주장한다(IV.20.15). 이런 사실에 근거하여 칼뱅은 "모세를 통해서 주신 하나님의 법을 폐기하고 새로운 법을 채택하는 것은 하나님의 법을 모욕하는 것"이라는 생각을 전혀 무가치한 발언이라며 배격하고 있다(IV.20.16). 모세의 법은 "원래 우리를 위해서 정한 것이 아니다. 주께서 모세의 손을 통해서 법을 주신 것은 그 법을 모든 민족에게 선포하며 모든 시대에 실시하라는 것이 아니었다." 하나님께서 모세의 법을 주신 이유는 "유대 민족을 그의 보호하심과 보살피심 속에 두시면서 특별히 그 민족에게 자신이 입법자가 되기를 원하셨고, 지혜로우신 입법자가 되셔서 특별히 그 민족을 향하여 그들에게 맞는 법을 제정하신 것이다"(IV.20.16).

마지막으로 칼뱅이 다루고 있는 것은 저항권에 대한 것이다. "집권자들에 대해서 그 지배 하에 있는 국민이 해야 할 첫째 의무는 그들의 지위를 가장 존귀하게 생각하는 것이다." 왜냐하면 "통치자들의 권력은 하나님에게서 왔기 때문이다"(IV.20.22). "통치자들을 충심으로 존경하는 사람은 그들에 대한 복종을 증명해야 하며, 그들의 포고에 순종하거나 세금을 내거나 공직과 방위임무를 맡거나 그 밖의 명령을 이행함으로써 복종심을 실증해야 한다"라고 칼뱅은 주장하고 있다(IV.20.23). 심지어 악한 왕에게까지 우리는 복종해야 한다. "아무 영예도 받을 가치가 없는 심히 악한 인간이라도, 만일 공적 권력을 잡고 있다면 그에게도 하나님께서 그 말씀으로 그의 공의와 심판의 사자에게 주신 저 고귀하고 거룩한 권능이 있는 것이다"(IV.20.25). 이른바 "왕답지 못한 왕"에게 피지배자로서의 예를 다하라는 요구를 불공평하다고 주장하는 것은 선동적인 생각이다(IV.20.27).

하지만 칼뱅은 수동적인 자세로 수수방관할 것을 말하고 있지는 않다. "하나님은 뜻밖의 사람들을 통해서 개입하시는 때가 있다." 때로 하나님은 "거만한 왕들의 피비린내 나는 홀을 꺾으시고 용인할 수 없는 정부를 전복시키신다. 군주들은 듣고 떨라"고 칼뱅은 말하고 있다(IV.20.31).

칼뱅이 인정하고 있는 저항권은 지금의 우리가 볼 때는 한계가 있다. 왜냐하면 저항권을 "임금들의 전횡을 억제할 목적으로 임명된 국민의 관리들"에게 제한하고 있기 때문이다. 칼뱅은 "그들이 자기들의 의무에 따라서 왕들의 맹렬한 방종을 대적하는 것을 절대로 반대하지 않는다"라고 말하고 있다. 칼뱅은 말한다: "오히려 지체 낮은 평민들에 대한 군주들의 횡포를 그들이 눈감아 준다면, 그것이야말로 극악스러운 배신행위라고 선언할 것이다. 그들은 하나님의 명령에 의하여 호민관으로 지명을 받았음을 잘 알고 있으면서도 스스로 백성의 자유를 부정직하게 배반하고 있는 것이기 때문이다"(IV.20.31).

『기독교 강요』의 내용을 살피는 일을 마무리하며 스탠리 그렌츠Stanley J. Grenz, 1950-2005가 『기독교 윤리학의 토대와 흐름』이라는 책에서 언급하고 있는 루터주의 윤리에 대한 "칼뱅주의적 수정"을 소개하는 것이 도움이 될 것 같다. 그렌츠는 고전적 기독교 윤리학에 대해 다루면서 "하나님의 사랑으로서의 윤리"를 주장한 아우구스티누스와 "목적의 완성으로서의 윤리"를 주창하였던 아퀴나스, 그리고 "믿음에 의한 순종으로서의 윤리"를 주장하였던 루터에 대해서 다룬 후, 칼뱅이 루터주의 윤리를 발전시킨 기초는, 다른 개신교 운동 지도자들로부터 받아들인 사상으로부터 이끌어 낸, 서로 연관된 두 가지 확장에 있다고 설명하고 있다. 첫 번째 윤리적 확장은 율법의 이해와 관련이 있는데, 율법의 '제3용법'의 부가는 성화를 하나님의 가르침, 특히 십계명에 계율화된 교훈에 순종하는 면에서 자라고 성숙하는 것으로 보는 개혁신학의 성화관의 토대를 마련했다는 것이다. 두 번째 확장은 세상질서(자연법) 안에 있는 신법神法에 대한 루터의 이해를 진일보시킨 것인데, 칼뱅은 궁극적으로 자연법과 신법의 내용이 동일하다고 선언함으로써 자연법을 성경 계시와 연결시켰다는 것이다. 자연법과 성경적 교훈을 연결시킴으로써 칼뱅주의자들은 일반적으로 루터주의자들에 비해서 더욱 강력한 사회 윤리를 만들어 냈다. 칼뱅은 그리스도인의 직무는 개인적 삶을 연단함과 동시에 성화된 사회를 창출하는 것이라고 믿었다.[28]

6장
『기독교 강요』를 닫으며

우리는 루터와 츠빙글리, 그리고 칼뱅에 대한 이야기로 『기독교 강요』를 열었다. 왜냐하면 종교개혁이라고 하는 배경을 떠나서는 『기독교 강요』에 대한 바른 이해가 불가능하기 때문이다. 『기독교 강요』는 초판이 6장으로 구성되었지만 최종판은 무려 80장에 이르는 방대한 분량의 책이 되었다. 한글 국판으로 2천 페이지에 가까운 분량이다. 그러니 마음먹고 정독하는 데 상당한 시간이 소요된다. 이 방대한 내용의 책을 우리가 굳이 읽어야 하는 이유는 무엇인가? 과연 우리는 500년 가까운 시간적인 간격과 공간적인 간극을 뛰어넘어 이 책을 바로 읽어 낼 수 있기나한 것일까? 분명 『기독교 강요』는 역사적인 의의를 가지고 있는 귀한 책이다. 하지만 그것만으로는 오늘 우리 시대에 우리가 이 책을 읽어야 할 이유가 되지는 못한다.

『기독교 강요』를 닫으며 우리는 오늘의 한국교회, 특별히 개신교를 생각하지 않을 수 없다. 가톨릭이나 불교에 비해 개신교의 공신력은 현저하게 떨어지고, 그야말로 이 땅의 개신교회들은 안과 밖으로 전방위적인 압박을 받고 있다. 거기에 인구절벽에 저출산이라고 하는 악재가 겹치면서 한국교회의 앞날에 먹구름이 끼어 있는 상황이다. 이 시대에 우리는 이『기독교 강요』를 어떤 식으로 읽어야 할까? 단순한 당파적인 충성심을 강화시키기 위해서라면 아무런 의미가 없을 것이다. 그러면 무슨 생각으로 우리는 이『기독교 강요』를 읽어야만 하는 것일까? 그런 면에서 『기독교 강요』를 처음 열 때보다『기독교 강요』를 닫으려고 하는 지금 보다 근본적인 질문을 던지지 않을 수 없다. 우리가 오늘 21세기 대한민국에서『기독교 강요』를 읽어야 하는 이유는 16세기 가톨릭교회의 잘못을 확인하기 위함도 아닐 것이다.

우리는 지금 기독교를 개독교로 조롱하는 시대에 살고 있다. 아니 여기서 말하는 개독교는 가톨릭은 제외한 개신교를 특정화해서 부르는 말이기에 사태는 더욱 심각하다. 이런 시대에 우리가『기독교 강요』를 읽어야 하는 이유가 있다면 그것은 보다 근본적인 것에 대한 관심 때문일 것이다. 그래서『기독교 강요』

를 열 때보다 『기독교 강요』를 닫으며 더 많은 고민을 하게 된다. 『기독교 강요』에서 말하고 있는 그 근본적인 것은 과연 무엇인가? 이신칭의인가? 루터는 이신칭의 교리가 그 위에서 "교회가 서고 넘어지는 조항"이라고 생각하였다. 하지만 근래에는 이신칭의 교리가 기독교 복음을 너무 협소하게 이해한 것이라는 비판 또한 적지 않다.

근래에 루터나 칼뱅에 대한 새로운 해석이 등장하고 있다. 루터나 칼뱅 공히 칭의가 아니라 그리스도와의 연합이 그들의 중심사상이었다는 주장이 바로 그것이다. 『기독교 강요』를 덮으며 그런 새로운 칼뱅 읽기를 시도할 수 있는지 생각해 보았다. 본문의 객관성도 중요하겠지만 읽는 사람의 관심 여하에 따라 어느 정도의 유동성을 본문이 가진다고 볼 수도 있을 것 같다.

종교개혁에 중요한 추진력을 제공하였던 인문주의의 구호 중 하나였던 근원*Ad fontes*으로 돌아가자는 말을 우리는 고전에 대한 관심으로 이해할 수 있을 것이다. 하지만 고전은 역사적인 유물과는 다르다. 역사적 유물은 박물관에 전시하고 보관하여 보여 주는 것이라면 고전은 오늘의 시각에서 그것을 읽어 낼 때에만 진정한 가치가 있다. 고전이 세월의 풍상을 이기고 오늘도 우리에게 읽히는 이유는 우리가 서 있는 자리를 알려 주기 때문일 것이다. 우리가 서 있는 자리를 비로소 알고 난 이후에 우리는 어디를 향해 가야 하는지 알게 될 것이다. 『기독교 강요』는 고전이다. 여느 고전과 마찬가지로 『기독교 강요』 읽기의 진정한 묘미도 이전의 역사적 사실의 확인에 있는 것이 아니라 '지금 여기'의 관점에서 읽어 낼 때 배가될 수 있을 것이다.

주석

1 Alister E. McGrath, 『기독교, 그 위험한 사상의 역사』 (서울: 국제제자훈련원, 2009), 19.

2 Alister E. McGrath, 『기독교, 그 위험한 사상의 역사』, 150f.

3 Huldrych Zwingli, "참된 종교와 거짓 종교에 대한 주해," 『츠빙글리 저작선집 3』 (서울: 연세대출판문화원, 2017), 41.

4 Jaques Courvoisier, 『개혁신학자 츠빙글리』, 이수영 역(서울: 한국장로교출판사, 2002), 31.

5 Alister E. McGrath, 『기독교, 그 위험한 사상의 역사』, 154.

6 Louis Berkhof, 『조직신학 상』 (고양: 크리스챤다이제스트, 2000), 196.

7 Louis Berkhof, 『조직신학 상』, 195f.

8 Alister E. McGrath, 『기독교, 그 위험한 사상의 역사』, 115.

9 Gerald Bray, 『신론』 (서울: 기독학생회, 1999), 263.

10 Gerald Bray, 『신론』, 195.

11 Gerald Bray, 『신론』, 236.

12 차영배, 『개혁교의학: 삼위일체론(신론)』 (서울: 총신대학출판부, 1982), 247.

13 Herman Bavinck, *Dogmatiek*, 2:601. Anthony A. Hoekema, 『개혁주의 인간론』 (서울: 기독교문서선교회, 2012), 123에서 재인용.

14 John Webster, "Providence," *Mapping Modern Theology: A Thematic and Historical Introduction* (Grand Rapids: Baker Academic, 2012), 203.

15 John Webster, "providence," 215f.

16 Anthony A. Hoekema, 『개혁주의 인간론』, 87f.

17 Anthony A. Hoekema, 『개혁주의 인간론』, 315.

18 Alister E. McGrath, 『루터의 십자가 신학』 (서울: 컨콜디아사, 2015), 69.

19 Louis Berkhof, *Systematic Theology* (Grand Rapids: Eerdmans, 1984), 333.

20 Louis Berkhof, *Systematic Theology*, 333f.

21 Louis Berkhof, *Systematic Theology*, 333f.

22 Louis Berkhof, *Systematic Theology*, 356.

23 Louis Berkhof, 『조직신학 하』 (고양: 크리스챤다이제스트, 2000), 696.

24 Anthony A. Hoekema, 『개혁주의 구원론』 (서울: 기독교문서선교회, 1990), 113.

25 Jochem Douma, 『개혁주의 윤리학: 책임있는 행동을 위한 기독교적 원리』 (서울: 기독교문서, 2003), 162ff.

26 Alister E. McGrath, 『역사 속의 신학』 (서울: 대한기독교서회, 1998), 588.

27 Alister E. McGrath, 『역사 속의 신학』, 586.

28 Stanley J. Grenz, *The Moral Quest: Foundations of Christian Ethics* (Downers Grove, IL: Intervarsity Press, 1997), 162f.